한서 본기

평사리 클래식 4

한서 본기 漢書 本紀

펴낸날 | 2025년 10월 10일

지은이 | 반고
옮긴이 | 윤지산·강민우·서진희·차영익·권민균

기획 | 석하고전연구소
편집 | 정미영
디자인 | Jipeong
마케팅 | 홍석근

펴낸곳 | 도서출판 평사리 Common Life Books
출판신고 | 제313-2004-172 (2004년 7월 1일)
주 소 | 경기도 고양시 덕양구 중앙로558번길 16-16. 7층
전 화 | 02-706-1970   팩 스 | 02-706-1971
전자우편 | commonlifebooks@gmail.com

2025 ⓒ 윤지산·강민우·서진희·차영익·권민균
ISBN 979-11-6023-357-5 (93910)

잘못된 책은 바꾸어 드립니다.
책값은 뒤표지에 있습니다.

반고

한서 본기 漢書 本紀

윤지산·강민우·서진희·차영익·권민균 옮김

평사리 클래식 4

평사리
Common Life Books

석하 고전 번역 총서를 내며

'낙수천석落水穿石'이라고 했던가? 만감이 교차한다. 석하고전연구소를 출범하고 첫 역서 『순자 교양 강의(돌베개)』를 낸 것이 2013년이었다. 이목(교토대), 차영익(고려대), 서세영(한국외대)과 매주 모여, 정확하게 번역했는지 원문을 따라가며 검토했다. 당연히 의견이 갈렸고, 그때마다 논쟁이 격렬했다. 또 표현을 두고 얼마나 치열하게 다투었던가? 그 과정에서 서로 내상을 입었다. 하지만 그만큼 실력도 늘었다. 번역 원고를 출판사에 보내고 축하하는 자리에서 훗날을 기약하며 모임을 해산하기로 했다. 피로도 쌓였고, 또 생업이 걸린 이도 있었고, 학위 논문을 정리해야 하는 이도 있었다.

그 무렵 필자의 서재인 독선재獨善齊로 서진희(서울대), 권민균(고려대)이 찾아왔다. 서진희는 노동 현장으로 잠시 외도(?)하다 학계로 돌아왔고, 권민균은 박사 논문을 손질하고 있을 때였다. 필자는 어떤 활로를 모색해야 했기에 그저 침잠하고 있었다. 첫 모임에서 『한서漢書』를 번역하기로 어렵지 않게 결의했다. 서진희는 '동중서의 『춘추번로春秋繁露』'

로 석사 논문을 썼고, 권민균은 '한대 박사博士 제도'에 관해서 연구하고 있었으며, 필자는 '유교의 관학화'가 관심사였으므로, 공통분모가 있었다. 또 당시 국내에 『사기史記』 완역본은 나왔지만, 『한서』 완역은 없었다. 일본에서 완역이 한 번 나왔지만, 이후 세계 어느 곳에서도 전체를 번역한 사례는 없었다. 물론 중국에서는 『이십사사전역二十四史全譯(漢語大詞典出版社)』 같은 책이 쉴새 없이 나온다. 번역 초창기에는 현대 중국어 번역을 많이 이용했지만, 갈수록 사용 빈도가 떨어졌다. '어렵고 애매한' 부분은 그들 역시 불분명했기 때문이다.

따라서 『한서』 완역의 도전은 명분도 의미도 있었으니 시작은 순조로웠다. 본격 작업에 앞서 몇 가지 원칙에 합의했다. "원문을 철저히 독해할 것, 한글 어법을 충분히 고려할 것, 재독과 교정, 수정을 주저하지 말 것" 등이었다. 막상 실전으로 들어가니, 예기치 못한 갈등과 난관이 기다리고 있었다. 우선 글쓰기 습관이 서로가 달라도 너무 달랐다. 또 그 습성은 마치 "자아의 정체성identity"이라도 되는 마냥, 완고했으며 변화를 거부하는 고집불통이었다. 복수 접미사 '들', '한 잔의 커피'와 '커피 한 잔'의 차이, 명사와 명사 사이에 오용하는 '~의', '적的'의 남용, '~기/~음' 같은 동명사형, '자동사와 타동사' 구분 등등 어쩌면 지극히 사소한 문제가 자주 떠올랐고, 그때마다 신체가 거부하는 듯 좀체 변화가 따라오지 않았다. 이 과정에서 필자의 입김이 많이 들어갔다. 후배인 필자의 다소 무례한 요구를 서진희는 묵묵히 따라주었다. 인고의 세월을 감내하자 극적인 순간, 장자의 목표인 '화이위조化而爲鳥'의 그 '화'가 예고 없이 찾아왔다. 선학의 고귀한 뜻을 어찌 저버릴 수 있겠는가! 동학同學 권민균도 자연스럽게 보조를 맞추고 리듬을 같이 탔다. 「본기本紀」 번역이 잘되었다면, 변화를 주저하지 않는 두 선생의 인품 덕분이다.

「열전列傳」 번역을 들어갈 무렵, 막 학위를 끝낸 차영익과 태동고전연구소를 갓 졸업한 강민우(성균관대)가 합류했다. 복 속에 화가 웅크리고 있다고 했던가[福兮禍之所伏]! 독회가 어느 정도 자리를 잡아가는데, 필자의 업에 문제가 발생한다. 모임의 공간이 사라진다는 뜻이다. 시작했으니 끝을 내려고 했다. 중도이폐中道而廢하고 싶지 않았다. 사무실을 접고 경복궁 근처 통인동을 배회하다 인왕산에서 하산하던 석민石民 최원경 선생을 우연히 만났다. 인사동에 이아서실爾雅書室을 열고 30년 가까이 서예에만 집중하신 분이다. 필자의 사정을 듣고 선생께서 흔쾌히 자리를 내주셨다. 인사동 시대의 개막이었고, 『한서』 「본기」의 번역 대부분은 이아서실에서 이루어진 셈이다. 이 자리를 빌어 다시 한번 감사의 말씀 전한다.

「열전」 번역을 반쯤 끝냈을 때 원고는 이미 3,000매가 넘었다. 원고를 그냥 묵혀 둘 수 없어 세상에 내보고자 출판사를 물색하기 시작했다. 여러 곳을 접촉했으나, 분량이 많고 시장성이 없다는 이유로 모두들 거절하기에 바빴다. 난감했다. 출판을 통해 세상에 공개해야, 질정도 비판도 받으며 질을 높일 수 있다고 생각했다. 나아가 회원을 독려하려면 무엇보다도 가시적 성과가 필요했다. 고민이 깊어 가던 차, 황호동 선생이 나타난다. 필자가 꽃피는 학교에서 가르친 제자의 부형이었다. 황호동 선생과 여러 인연이 교차하는 터라, 필자의 걱정을 격 없이 털어놓았더니 평사리 출판사 홍석근 대표를 소개해 줬다. 홍 대표는 사학을 전공했으니, 우리 사정을 누구보다도 잘 헤아렸고 도서비를 지원하며 출판의 길을 열어 줬다. 또 권민균과 학교와 전공이 겹치는 기연도 있었다. 황호동, 홍석근 두 분께 진심으로 감사의 말씀 올린다.

「본기」는 서진희, 권민균 두 선생께서 번역하셨다. 필자는 거칠게 목소리만 높였을 뿐 한 일이 없다. 겸사가 아니라 사실이다. 서진희 선생은 하문下問을 부끄러워도 하지 않고 독회를 이끌었고, 권민균 선생은 말석을 자처하며 궂은 살림을 도맡았다. 이 모두 범인의 경계를 넘어선 것으로, 학문 자체를 향한 가없는 열정이 동력일 것이다. 번역은 시쳇말로 '잘해야 본전인 장사'이다. 공로를 알아주는 이도 없을 뿐만 아니라, '녹祿'도 '명名'도 생기지 않는다. 대신 '오역을 공격하는 비난의 화살'만 무수히 날아들 뿐이다. 그럼에도, 이 땅의 학문을 위해선 번역이 꼭 필요하기에 고난의 행군을 감내한 것이다. 이는 '위기지학爲己之學'의 진정한 본령이 아니던가!

승선이 늦었지만, 차영익 선생과 강민우 선생의 공도 빼놓을 수 없다. 앞서갔던 이들의 질책을 달게 받아들이며 차근차근 한 걸음씩 따라왔다. 평소 익숙한 것을 제쳐 두고 타자의 강요를 군말 없이 수용하는 것, 그 역시 공부의 길이고 변화를 향한 비상이 아니던가! 두 분의 손길로 마지막 원고가 다듬어졌다. 소위 화룡점정畵龍點睛이다.

이상이 이 역서가 나오기까지의 여정이다. 필설로 다 형용할 수 없는 사연도 많지만, 이 또한 우리 학회의 성장에 밑거름이므로 안고 가겠다. 석하고전연구소가 이 작업을 할 수 있었던 것은 모두 태동고전연구소 설립자이신 청명青溟 임창순任昌淳 선생님 덕분이다. 선생이 계시지 않았더라면 다른 이들은 모르겠지만 필자는 까막눈을 면치 못했을 것이다. 어쨌든, 역자 모두 선생의 문하에서 나왔다. 이 역서가 선생님 이름에 누가 되지 않기를 간절히 바란다. 『한서』를 완역해서 선생의 은택에 조금이라도 보답하고자 한다. 끝으로 불민한 필자에게 서문을 맡긴 선·후배께 감사드린다.

24년 가을, 북경에서
윤지산이 삼가 서문을 쓰다.

한서서례漢書敍例

안사고顔師古[1]

태자[2]께서는 자질이 뛰어나시며, 나라를 지키려는 큰 뜻을 품으셨고, 삼선三善[3]이라는 인간의 도리를 다하셨다. 구류九流[4]에 두루 능통하셨고, 한 나라의 유풍을 살피시며 그 시작과 끝을 연구하셨다. 맹견孟堅[5]의 저술을 좋게 보시고, 깊고

1 581~645. 이름은 주籒, 자는 사고師古이다. 경조京兆 만년萬年 출신. 당나라 때 명유名儒 안지추顔之推의 손자이다. 가학이 있었고 할아버지의 가르침에 따라 어릴 적부터 유학 서적을 포함해 널리 공부했다. 훈고학訓詁學, 성운학聲韻學, 교감학校勘學에 뛰어났다. 수隋 문제文帝 때 출사했으나, 파직되고 10여 년 동안 관직에 나가지 못했다. 이 동안 가세도 기울었는데, 제자를 가르치면서 근근이 생계를 유지한다. 당 태종 즉위 후 중용되어 비서소감秘書少監에 제수되고, 고서古書를 교감하는 일을 맡았다. 정관貞觀(637년) 박사로 임명받아『오례五禮』를 편수한다. 이후 태자 승건承乾의 명으로『한서』에 주석을 단다. 태종이 요동으로 출정할 때 동행했다가 도중에 병사한다. 향년 65세.
2 당 태종의 적장자이자 태자였던 이승건(李承乾, 619~645)을 말한다. 정관貞觀 16년(624년)에 모반을 꾸미다 적발되었지만, 태종이 사형을 면해 주었다. 서인으로 강등되었고 검주黔州에서 생을 마감한다.
3 신하가 군주를, 자식이 어버이를, 아이가 어른을 섬기는 규범.
4 『한서漢書』「예문지藝文志」에서 분류한 아홉 학파를 말한다. "도가, 유가, 음양가, 법가, 농가, 명가, 묵가, 종횡가, 잡가."
5 반고班固의 자字.

풍부하다고 높게 평가하셨다. 복건服虔[6]과 응소應劭[7]의 주석은 양은 많지만 성글고 정연하지 못하며, 소림蘇林[8]과 진작晉灼[9]의 주석은 많지도 않고 연결이 자연스럽지 않으며, 채모蔡謨[10]의 『한서집해漢書集解』는 더욱 문제가 많다고 평가하셨고, 또 이후 다른 주석이 없다고 하셨다. 앞 세대가 치밀하지 못하다고 한탄하시며, 뒤 세대가 혼란스러울까 염려하셨다. 미천한 저를 불러 있는 힘을 다해 틀린 곳을 바로잡고 막힌 곳을 뚫으라고 하셨다. 하여, 온 나라에 두루 퍼져 어린 학생을 깨우치고, 학자에게 널리 알려 학생들을 가르치게 하라

---

6 생몰 미상. 동한東漢 때 경학자. 자는 자신子愼. 영양榮陽 출신. 상서시랑尙書侍郎, 고평高平의 령令, 구강九江의 태수太守를 지냈다. 초명은 중重, 다시 지祇로 고쳤다가 나중에 건虔으로 정한다.
7 생몰 미상. 동한 때 법학가. 자는 중원仲援/仲遠이며, 여남汝南 남돈南頓 출신. 후한後漢 때 소蕭의 령令, 어사영령禦史營令, 태산泰山의 태수를 지냈다.
8 생몰이 확실하지 않으나. 서기 220년 전후로 활동한 것 같다. 자는 효우孝友, 진유陳留 외황外黃 출신. 위魏나라 때, 급사중령비서감給事中領秘書監, 산기상시散騎常侍, 영안永安의 위위衛尉, 태중대부太中大夫를 지냈다. 황초黃初 (220~226, 위魏 문제文帝 조비曹조의 연호) 연간에 박사博士로 천거되었으며, 안성정후安成亭侯로 봉해졌다.
9 생몰 미상. 서진西晉 때 하남河南 출신. 상서랑尙書郎을 역임. 『한서』의 여러 주석을 모아 『한서집주』을 썼다고 한다. 지금은 전하지 않는다. 음운학과 훈고학에 뛰어났고, 행적은 『수서隋書·예문지藝文志』, 『당서唐書·예문지』에서 볼 수 있다.
10 281~356. 자는 도명道明. 진유陳留 고성考城 출신. 동진東晉 때부터 집안 대대로 고위직을 역임했다. 동진 때 시중오병상서侍中五兵尙書, 태상령비서감太常領秘書監, 서주徐州 자사刺史, 좌광록대부左光祿大夫, 개부의동삼사령開府儀同三司領, 양주揚州의 목牧 등을 지냈다. 시호는 문목공文穆公이다.

고 하셨다. 바른길을 제시해 주시는 큰 은혜를 입고서, 영광스럽게도 『한서』를 다시 볼 기회를 얻었고, 이름이 거듭 알려지게 되었다. 재주는 얕지만 전력을 다하기로 다짐했고, 능력이 부족해 부끄럽지만 이 머나먼 길을 걷게 되었다. 신축년(641년)[11] 12월 섣달에 이 글을 시작한다. 뜻만 크고 실천이 따르지 못하는 것을 부끄러워하지 않으며, 태자께서 하신 말씀을 듣고 그 내용을 거칠게 정리하면서 요점만 간략하게 남겨 둔다.

이전에는 『한서』에 주석을 달지 않았었고, 복건, 응소 등 몇몇이 각자 음의音義를 연구해서 별도로 사용했다. 전오典午[12] 중기에 와서야 비로소 진작이 이들을 모아 14권으로 편집하면서 자기 견해를 덧붙이고 앞 사람의 견해가 타당한지 따졌다. 이를 『한서집주漢書集注』라고 명명했다. 이어서 영가永嘉[13] 연간에 진나라[金行[14]]는 난을 겪으면서 수도를 옮겨야

---

11 당 태종 정관貞觀 15년.
12 "사마司馬"씨를 일컫는 은어. '전典'에 '사司'라는 뜻이 있고, '마馬'는 시간으로 '오午'에 해당한다. 후대에 '전오'라고 하면 위진남북조 시기 '진晉'을 지칭하는 말로 사용했다.
13 307~313. 서진西晉 3대 황제인 사마치司馬熾의 연호. 서진 회제懷帝 영가 5년(311년) 유연劉淵의 아들 유총劉聰이 흉노 군대를 이끌고 서진 수도 낙양을 공격한 것을 두고 '영가의 난永嘉之亂'을 일컫는다. 회제 및 공신 여럿이 포로로 잡혔고, 이듬해 서진은 멸망한다.
14 진나라는 오행 중 '금덕金德'을 받들었으므로, '금행'은 곧 진나라를 지칭한다.

했는데, 이때에도 『한서집주』는 남아 있었지만, 강좌江左[15]까지 가져오지는 못했다.

이런 연유로, 동진東晉에서 양梁, 진陳에 이르기까지 남방 학자들은 이 책을 볼 수 없었다. 신찬臣瓚[16]이라는 학자가 있었는데, 그 집안 내력은 알 수 없지만, 그가 활동한 시기를 살펴보면 역시 진晉나라 초기이다. 그는 여러 학자의 '음의'를 모으고, 자기 견해를 말미에 덧붙이면서 전대 학자의 견해를 반박했는데, 『죽서기년竹書紀年』을 즐겨 인용했다. '명확하며 오류가 없다'라고 자평했다. 총 24권을 두 질로 나눠 편집했다. 지금의 『(한서)집해음의』가 바로 이 책인데, 후대 학자들은 신찬이 이 책을 지은 줄 모르고 응소 등이 쓴 『집해』라고 잘못 판단했다. 왕씨[17]의 『칠지七志』, 완씨[18]의 『칠록七

---

15 장강長江 왼쪽을 말하며, '강동江東'이라고도 한다.
16 생몰, 출신, 성씨 미상. 서진西晉 때 학자이다. 복건, 응소 등 학자 10여 명이 쓴 『한서』에 관한 주석을 모아, 『급총고문汲冢古文』을 바탕으로 그것을 반박하면서 『한서집해음의漢書集解音義』 24권을 썼다. 안사고顔師古가 『한서』에 주석을 달 때 이 책을 많이 참고했다 한다. 현재는 전하지 않는다.
17 왕검(王儉, 452~489). 자는 중보仲寶이고 낭야군琅邪郡 임기현臨沂縣 출신. 남조 제나라 때 명신, 문학가이자 목록학자이다. 동진東晉 때 승상丞相을 지낸 왕도王導의 5세손이며 왕증작王僧綽의 아들이다. 『칠지』 70권을 지었고 시호는 문헌文憲이다.
18 완효서(阮孝緒, 479~536) 자는 사종士宗. 진유陳留 울씨尉氏 출신. 남조南朝 제齊, 양梁 때 처사이며 목록학자로 명성을 떨쳤다. 보통普通 4년(523년)에 『칠록七錄』 12권을 완성했다. 『칠록』의 서목序目은 『광홍명집廣弘明集』에 실려 있는데 지금까지 전하며 중국 목록학에서 중요한 문헌이다. 시호는 문정文貞이다.

錄』에서 그렇게 보고 있는데, 자세히 살피지 않은 탓이다. 어떤 학자는 '찬瓚'을 성으로 보면서 견강부회하기도 하며, 또 어떤 학자는 '부傅'씨라고도 하는데, 명확한 증거도 없으니 믿을 수 없어 취하지 않는다. 채모가 신찬의 책 일부를 『한서』 주석에 끌어 썼는데, 이때부터 비로소 『한서』 주석본이 등장하게 된 것이다. 하지만 (신찬의 글을 보면) 견해가 얕고 성과도 없다. 교정한 것도 없고, 편집도 어긋나는 등 오류가 매우 많다. 본문의 뜻과 달리 끊어 읽으면서 제멋대로 깊이 파고들었을 뿐이다. 이런 까닭으로 주석이 있기 전과 별 차이가 나지 않는다. 채모 역시 두세 곳에서 오류를 범했다. 끝내 후학들에게 도움이 되지 않는다.

『한서』 원래 글에는 고자古字가 많았는데, 해설을 거치면서 (모양과 뜻이) 바뀌기도 했고, 뒤 세대가 자주 읽으면서 마음대로 고치기도 했으며, 옮겨 쓴 것이 많아지면서 더욱 질이 나빠졌다. 지금 자세하게 검토하면서 바로잡았고, 한 번 보아 알기 어려운 것은 그때마다 해석을 덧붙였다.

옛과 지금은 말이 다르고, 풍속도 지방마다 제각각이므로, 직접 겪지 않으면 제대로 이해할 수 없다. 의심 가는 부분이 있으면 그때마다 더하고 덜어서 제멋대로 흘러가면서 돌아올 줄 모르니, 실로 오류투성이이다. 지금 그 오류를 모두 삭제하고 원본대로 돌려놓았다.

(원래 『한서』에서는) 모든 표를 열로 정리했는데, 조목을 나눠

분류했지만 글자가 매우 많아 이리저리 섞이게 되었다. 전후가 바뀌거나, 상하가 뒤집히거나, 소목昭穆[19]이 틀리거나, 명실名實이 어긋난 곳이 많았다. 지금 글을 살피고 법례를 연구하여 거의 다 바로잡았다. 어지러운 것을 정리하고 틀린 부분은 삭제하면서 논두렁처럼 가지런히 정리하면서 구획을 짓고 경계를 분명히 했다. 깊이 읽지 않더라도 쉽게 이해할 수 있도록 했으며, 필사하더라도 모호한 부분이 없도록 했다.

예, 악, 시, 가歌는 당시 율려律呂에 따라 마디를 자르고 나눴는데, 통상적 법례를 일괄적으로 적용할 수 없었다. 독자가 수준이 높지 않다면 단장斷章을 헤아릴 길 없고, 해설하는 자가 수준이 낮으면 구운句韻을 틀리게 된다. 결국, 당대當代를 휩쓸었던 문장을 탁월한 부분과 알맹이를 빼 버린 쭉정이로 만들어 버렸다. 대대로 깊이 연구하더라도, 제대로 깨칠 수가 없게 되었다. 지금 그 곡절을 살피고, 논리를 분석하면서 알기 쉽고 의심 가거나 막히는 곳이 없도록 했다. 암송할 만하고 그러면 마음도 귀도 즐거울 것이다.

옛날 주석이 바른 것이라면 흠잡지 않고 그대로 두어 숨김없이 드러냈다. 취지를 간략히 열거하면서 요점만 정리하거나 덧붙여 통하게 하는 등 (여러모로 손을 보아) 문맥을 통하

---

19 종법제도宗法制度에서 사당에 신위를 모시는 순서와 묘지의 배치 순서를 말한다.

게 했다.

 글이 문제가 있거나, 견해가 지나치게 치우쳤거나, 이치를 벗어나거나, 진실을 어지럽혔으면 고쳐서 바로잡아 의혹을 해소하고 은폐된 것을 드러나게 했다. 타당하지 않은 주장을 여럿 내놓거나, 그릇된 말만 경쟁하듯 쏟아 내면, 오직 이단만 자라게 되므로, 그것은 쓸모없고 잡될 뿐만 아니라 책을 더럽힐 뿐이니, 취하지 않았다. 옛 주석에서 빠트리고 해석하지 않은 부분은 거의 다 상세하게 해석을 덧붙여 뜻이 모두 통하게 했다.

 옛 시대로 거슬러 올라가 전모典謨[20]를 참고하고, 『창힐蒼』[21], 『아雅』[22]를 두루 연구하여, 함부로 주장하지 않고 모두 전거典據를 두고 설명했다. 육예六藝[23]에 관한 것은 온전하게 남아 있지 않아 전문全文을 볼 수 없어, 학파 혹은 학자가 제각각 저마다의 길로 내달리는 실정이었다. 이런 탓에 유향劉向[24],

---

20 『상서尙書』의 「요전堯典」, 「순전舜典」, 「대우모大禹謨」, 「고요모皐陶謨」를 병칭한 말로 '경전' 혹은 '법언法言'을 가리키는 말로 사용한다.
21 한나라 초기, 이사李斯의 『창힐편倉頡篇』, 조고趙高의 『원력편爰曆篇』, 호모경胡母敬의 『박학편博學篇』을 묶어서 한 권으로 만들었는데, 보통 '삼창三倉'이라고 하며, 『창힐편』이라고 통칭하기도 한다.
22 『이아爾雅』를 말한다. 중국 최초의 사전으로 『한서』 「예문지」에 그 서명이 처음 등장한다. 소위 13경 중 하나로 유학에서 매우 중시한다. '이아' 자체가 '바른 말[雅言]'이라는 뜻이다.
23 『주례周禮』 「지관사도地官司徒·보씨保氏」에 따르면, "예禮, 악樂, 사射, 어禦, 서書, 수數"를 말한다.
24 B.C.77~B.C.6. 자는 자정子政이고 패군沛郡 풍읍豊邑 출신. 고조 유방의 이

유흠劉歆[25], 반고班固, 사마천司馬遷, 동중서董仲舒[26], 양웅揚雄[27]이 경전을 인용하더라도 저마다 달랐으며 또 근래 학자가 보는 뜻과 의미도 같지 않았다. 따라서 전 시대 학자들을 추궁하고 반박하면서 무턱대고 허물을 지적해서는 안 된다. 또 후대 학자의 학설을 추종하면서 잘못된 길로 들어가서는 안 된다. 지금은 (『한서』) 본문에 근거해서 그 뜻을 널리 알리려

> 복동생인 유교劉交의 현손으로, 아들 유흠劉歆과 함께 중국 서적 목록학의 비조로 꼽힌다. 서한 성제成帝 때 문헌 정리 사업을 대규모 진행했는데 책임을 맡은 이가 유향이다. 그는 철저하게 문헌을 검증한 것으로 유명한데, 마치 '책을 원수 보듯 째려본다'라고 해서 이를 '교수학校讎學'이라고 불렀다. '교수학'을 후대에서 '교감학校勘學'이라고 고쳐 부른다. 또한, 그는 목록학의 전범典範을 만든 것으로 크게 평가받는다. 이 성과가 바로 『별록別錄』이다. 이 책은 지금 남아 있지 않고, 다만 『전국책戰國策』, 『안자춘추晏子春秋』, 『순자荀子』, 『관자管子』, 『등석자鄧析子』, 『설원說苑』, 『열자列子』의 서록敍錄만 전한다. 이를 『칠서별록七書別錄』이라고 한다.
> 25 약 B.C.50~A.D.23. 후에 '수秀'로 개명. 자는 자준子駿, 또는 영숙穎叔이다. 아버지 유향과 함께 목록학에 공헌이 크다. 『상산해경표上山海經表』가 유명하나 전해지지 않는다.
> 26 B.C.179~B.C.104. 광천廣川(현재 하북성) 출신. 한 경제景帝 때 박사를 지냈다. 한 무제武帝가 치국책을 구하자 올린 상소 「거현량대책擧賢良對策」으로 유명하다. 저서로는 『춘추번로春秋繁露』가 있고, '천인감응天人感應, 대일통大一統' 설은 후대에 미친 영향이 지대하다. '독존유술獨尊儒術' 같은 주장으로 '유교의 관학화官學化'에 앞장섰다. 중국의 중앙 집권적 황제 전제 정치의 토대를 그가 구축했다고 해도 과언이 아니다.
> 27 B.C.179~A.D.18. 자는 자운子雲. 촉군蜀郡 성도成都 출신. 당시 명사였던 엄평군嚴君平의 제자. 왕망王莽과 친교가 두터웠는데, 왕망이 황위를 찬탈하고 세운 신新나라에서 고위직으로 승승장구한다. 왕망 폐위 이후에도 연좌되지 않았다. 유물론적이며 무신론 관점에서 저술한 『법언法言』이 유명하다.

고 숙고를 거듭했으니, 이치가 진실로 그렇다. 또 정현鄭玄[28]의 『예기』 주석이 『상서尙書』, 『주역周易』과 어긋나며, 두예杜預[29]의 『춘추좌씨전』 해석과 『모전毛傳』[30], 『정전鄭箋』[31]과 관련이 없는데 이런 경우도 참고했다. 분류해서 살펴보면 이 뜻

28 127~200. 자는 강성康成. 북해군北海郡 고밀현高密縣 출신. 동한東漢 말기 유학자이자 경학자이다. 정현은 동한 말 거유 마융馬融에게서 배웠고, 마융은 반고 동생 반초班超에게 사사했으니, 『한서』를 중심으로 사승 관계가 이어진다. 당시 격렬했던 금고문今古文 논쟁에 종지부를 찍은 이도 바로 정현이다. 그만큼 경학에 대한 그의 수준을 가늠할 수 있는 일례이다. 한나라 경학經學을 집대성했는데, 후대에서 이를 높이 평가하면서 그의 학문을 두고 '정학鄭學'이라고 칭송했다. 삼례三禮에 대한 주석서인 『삼례주』가 특히 유명하다.
29 222~285. 자는 원개元凱, 경조군京兆郡 두릉현杜陵縣 출신. 조조의 위나라에서 산기상시散騎常侍를 지낸 두서杜恕의 아들로, 시호는 성成이다. 당시 "두무고杜武庫"라는 별칭을 얻을 정도로 경전을 깊이 연구했고, 또한 매우 박학다식했다고 한다. 『춘추좌씨경전집해春秋左氏經傳集解』는 『춘추좌씨전』에 관한 최초의 주석으로 두예의 작품이다. 이 책이 후대에 미친 영향은 지대하다.
30 모형毛亨과 조카인 모장毛萇이 지은 『모시고훈전毛詩故訓傳』을 줄여서 『모전』이라고 한다. 이 숙질에 대한 이력은 자세하지 않은데, 보통 전국 말기의 인물로 추정한다. 순자荀子에게 시를 배웠다고 하는데 이 역시 확실하지 않다. 『시경』에 관한 최초의 주석으로 후대에 미친 영향이 지대하다. 당나라 때 공영달孔穎達이 『모시정의毛詩正義』를 지을 때 정현의 『정전』과 이 『모전』을 저본으로 했다. 『모시毛詩』는 곧 『시경詩經』과 『모전毛傳』을 병칭하는 말로, 경학사에서 이 책의 위치를 짐작하게 한다.
31 정현이 『모전』을 위주로 당시 금문삼가今文三家의 학설을 채용해서 지은 책. 원명은 『毛詩傳箋모시전전』이다.

을 헤아릴 수 있다. 진승陳勝[32]과 항우項羽부터, 애제哀帝[33]와 평제平帝[34]까지 상당히 긴 시간이고 범위도 꽤 넓어서, 기紀, 전傳, 표表, 지志에 나오는 시간이 서로 맞지 않는다. 따라서 여기에 대한 가필이 그치지 않았는데, 그래서 더욱더 쓸모없는 것이 많아졌다. 뒷사람이 이를 이어받으면서 선후가 섞이기도 하고 마음대로 고기도 해서 더 나빠졌다. 지금 『한서』 원본을 더 깊이 연구하여 잘못을 바로잡고 분명하게 해석했다.

글자 자체도 알기 어렵고, 또 차음借音한 것도 있어 (전모를 파악하기 어려우니) 의미가 유래하는 바를 잠시라도 놓아서는 안 된다. 만약 다른 책에서 구하다가 책 읽기를 포기하는 경우도 발생할 수 있다. 지금 글자 아래에다 음을 부기했다. 만약 평소 늘 쓰던 것처럼 알 수 있고 의심 가거나 모호한 부분이 없어 많은 사람이 알게 된다면 이 글을 쓰는 것이 수고롭지 않을 것이다.

역사서에 대해 근래 주석을 단 것을 보면, 해박한 것을 다투어 자랑하려는 듯, 여기저기서 잡다한 학설을 끌어와서 본래 글을 공격한다. 심지어 욕설에 가까운 언사로 우열을 다투려 하면서 전 시대 학자의 잘못을 들추고, 제 지식의 장

---

32 ?~B.C.209. 진秦나라에 저항하여 중국 최초로 농민 반란을 일으켰다. 훗날 한 고조 유방이 은왕隱王이라는 시호를 내렸다.
33 한나라 황제 유흔劉欣. 재위 B.C.7~B.C.1.
34 한나라 황제 유간劉衎. 재위 B.C.1~A.D.6.

점을 뽐내려고 한다. 결국, 자기 창과 자기 방패가 더 낫다고 다투는 원수들 같은 꼴이고 또 화장한 것처럼 꾸며서 억지로 빛을 내는 꼴에 지나지 않는다. 지금 주석을 달면서 옛 책을 이해할 수 있도록 조금 거들었고, 옛 책의 궤적을 철저하게 따르면서, 곁가지를 모두 잘라 냈다. 『한서』 주석서를 쓴 학자의 이름과 성은 파악할 수 있더라도, 관직과 고향에 대해서 알아내기 어려웠다. 전해 내려오는 것도 없다. 이들에 대해서 아래에 간략히 부기한다[35].

2025년 여름

구복龜伏 윤지산尹芝山 번역

---

35 앞서 주석에서 대강을 설명했으므로 본 역서에는 이 부분을 싣지 않았다.

『한서漢書』에 관한 짧은 글

『한서』[36]는 반표班彪(3~54), 반고班固(32~92)와 반소班昭(약 49~120), 마속馬續[37]이 쓴 단대사斷代史이다. 반씨 가문에서 2대에 걸쳐 썼고, 반소의 제자 마속이 당시 황제인 화제和帝의 명으로 「천문지天文志」를 보충함으로써 『한서』를 완성한다. 제자를 자식으로 본다면 반씨 가문이 3대에 걸쳐 쓴 셈이

---

36 필자가 사용한 저본과 번역본, 해설서는 다음과 같다. ① 安平秋, 張傳璽主編, 『二十四史全譯漢書』, 漢語大詞典出版社, 2004. ② 班固, 『漢書(全十二冊)』, 「敍傳」, 中华书局, 1988. ③ (南朝宋) 范曄撰著, (唐) 賢等注, 『后漢書(全十二冊)』, 「班彪列傳」, 中华书局, 1988. ④ 班固編纂, 王先謙注, 『漢書補注(共12冊)』, 上海古籍出版社, 2012.; 大木康著, 『"史記"と"漢書": 中国文化のバロメーター』, 岩波書店, 2008. ⑤ 『사기와 한서—중국 정사正史의 라이벌』, 오키 야스시, 김성배 옮김, 천지인, 2010. ⑥ Chinese Text Project: https://www.ctext.org.

37 생몰 미상. 자는 계측季則. 부풍扶風 무릉茂陵 출신. 아버지는 장작대장將作大匠을 지낸 마엄馬嚴이고, 작은할아버지는 동한東漢의 개국 공신인 마원馬援이다. 마원의 딸이 명제明帝에 출가해서 황후가 된다. 황후가 마속에게 당고모이다. 반씨 집안과 마찬가지로 황제를 중심으로 외척 관계로 얽혀 있다. 반씨와 마씨는 동향으로, 지연도 『한서』 성립에 중요한 고리가 된다. 『한서』는 혈연과 지연을 배경으로 두고 읽으면 "중앙 집권적 전제 정치"를 향한 그들의 무의식을 읽을 수 있다.

다. 마속은 반소와 동향으로 천문학에 뛰어났으며, 형 마융馬融(79~166)과 함께 반소에게 『한서』를 배웠다. 마융은 정현鄭玄(127~200)과 노식盧植(?~192) 등을 가르쳤는데, 특히 정현은 한漢대 경학의 집대성자로 칭송하는 대학자이다. 정현과 노식은 『삼국지연의三國志演義』에 등장해서 우리에게도 친숙한 인물이다. 이로써 본다면, 『한서』 집필의 역사는 후한(後漢, 25~220년)의 흥망과 궤를 같이한다. 따라서 『한서』의 성립 과정을 보면 후한의 역사가 보인다.

황제黃帝(B.C. 2550년)에서 명나라 숭정崇禎 17년(1644년)까지 인간이라는 장대한 드라마를 글로 묶은 것을 소위 "이십사사"라고 한다. 어떤 때는 『신원사新元史』 혹은 『청사고淸史稿』를 합쳐서 "이십오사"라고 부르기도 한다. 역사를 보는 관점, 혹은 집권자의 취향에 따라 "이십사사" 또는 "이십오사"가 되었다고 한다. 4천 년을 책으로 기록했다는 자체가 역사이다. 기획, 집필, 전승 자체가 기적이다. 이 물길을 튼 이들은 바로 사마담司馬談(?~110)과 사마천司馬遷(B.C.145/B.C.135?~?) 부자이다. 『사기』 「태사공자서」와 『한서』 「사마천전」을 보면 역사서를 개창한 이들 부자의 이력을 자세히 볼 수 있다. 이들의 업적은 다양하지만, 무엇보다도 '기전체紀傳體'라는 형식을 창조한 것을 첫손으로 꼽을 수 있다. 이후 역사서는 모두 이 형식을 따른다. 『한서』도 예외는 아니다. 차이가 있다면, 『사기』가 황제부터 한 무제까지 역사를

분류|편	사기|권	분류|편	한서|권	비고
본기 本紀	12	기紀	12	『사기』 황제~한 무제武帝 초 『한서』 한 고조 원년(B.C. 206년)~왕망의 신 멸망(A.D. 23년) 『사기』 '혜제본기' 없음. 『한서』「혜제기惠帝紀」
표表	10	표表	8	『한서』「고금인표古今人表」
서書	8	지志	10	『한서』「형법지刑法志」,「식화지食貨志」,「오행지五行志」,「지리지地理志」,「예문지藝文志」
세가 世家	30		없음	『사기』「공자세가孔子世家」
열전 列傳	70	전傳	70	『사기』「항우본기項羽本紀」 『한서』「진승항적전陳勝項籍傳」 『사기』「화식열전貨殖列傳」
합계	130 약 52만 자		100 약 80만 자	안사고 분류 120

다룬 통사通史이고, 『한서』는 한 왕조만을 다룬 단대사라는 정도이다. 형식상 기본 골격은 다르지 않다. 우선 위 표를 보자.

사마천은 자기 시대 이전의 모든 역사를 기록하려 했기에, 어디서부터 시작해야 하는지 태초가 매우 중요했다. 사마천은 최고最古 역사서인 『상서尚書』「요전堯典」에서 시작하지만, 황제에 대한 전설을 많이 들었으며, 또 공자의 말씀이라는 「재여문오제덕宰予問五帝德」,「제계성帝繫姓」을 언급하는 학자도 있고 또 그렇지 않은 학자가 있어 직접 발로 뛰면서 사실을 확인한다. 북쪽 탁록涿鹿에서 남쪽 강회江淮까지 답사하고 전설을 채록해 보니, 『춘추春秋』나 『국어國語』의 기록과 차이가 없어 '황제'를 시초로 잡고 시작한다. 이 실증 정신은 후세 사학가에게 영향을 크게 미친다. 반면 반고는 이런 수고가 필요 없었다. 이것이 통사와 단대사의 큰 차이다.

하지만 이 차이는 작가가 처한 시간적, 공간적 상황에서 빚어진 부득이한 결과이지, 작가의 의지가 반영된 것도 무의식이 투영된 것도 아니다. 분류를 통해서 이 의지와 무의식이 드러난다. 사마천이 기紀와 전傳으로 나눈 것이 하나의 실례이다. 이 분류를 범주範疇(category)라고 할 수 있으며, 범주는 최상의 범주에 그 아래 종속되는 하위 범주로 나눈다. 예를 들자면, 「본기」가 최상위 범주라면 그 아래 각 황제를 배치하는 것이 하위 범주이다. 「열전」도 마찬가지다.

이 범주를 보면 작가의 의식/무의식을 엿볼 수 있다. 즉, 『사기』와 『한서』의 가장 두드러진 차이는 여기에 있다. 『사기』에는 엄연한 황제인 '혜제기'를 「본기」 목록에 넣지 않았다. 반면 『한서』에서는 실권은 없는 명분뿐인 황제이지만 황제는 황제인지라 「혜제기」를 실었다. 대신 『사기』는 「항우본기」를 비중 있게 다뤘고, 『한서』는 「항적전」으로 등급을 격하시켰다. '항우項羽', '항적項籍'이라는 호명이 이 주장을 뒷받침한다. 고대 중국에서 성인의 이름을 직접 거론하는 것은 굉장한 실례이며 경멸의 의미까지 담고 있다. '적籍'은 이름이고 '우羽'는 자이다. 호명에서 한 인물을 두고 두 사람의 시각 차이가 극명하게 드러난다. 또, 『사기』는 제후의 역사인 「세가」를 중요하게 다뤘지만, 『한서』는 아예 그 범주 자체를 없애 버렸다. 또 사마천은 제후도 아닌 공자를 「세가」에 넣기도 했다.

이를 거칠게 정리하면 사마천은 '실력, 실제 권력의 유무'를, 반고는 '명분'을 중시했다고 평가할 수 있다. '항우項羽'를 예로 들어보자, 실력이나 출신을 기준으로 두고 보면 '유방劉邦'과 비교가 안 된다. 『초한지』의 주인공은 일견 항우 같을 때도 있다. 물론 여기에 사마천의 기막힌 전략이 숨어 있기도 하다. 신출귀몰한 항우를 제압한 유방은 얼마나 더 뛰어나겠는가? 유방을 높이려고 항우를 먼저 높여 둔 것. 반면, 반고는 항우가 아무리 출중하더라도 사슴 사냥에 실패했으므로, 즉 천하를 제패하지 못했으므로 황위의 반열에 넣을 명분이 없다고 판단한 것이다. 사마천이 공자를 「세가」에 슬쩍 끼워 넣은 것도 이런 맥락이다. 인품과 실력으로 봐서는 분명 황제에 상당하는 등급이지만, 차마 황제와 같은 위치에 둘 수는 없었다. 그것은 곧 모반이다. 그래서 공자를 황제 아래 등급에 두고 제후로 격을 높인 것이다. 반고는 황제의 권위를 더 강화하려고 「세가」라는 범주 자체를 삭제해 버렸다.

사마천이 '실實'을, 반고가 '명名'을 중시한 것에는 목적과 의도가 다양하겠지만, '황제 일인 독재'에 대한 시각 차이가 주요 원인일 것이다. 사마천은 친구 이릉을 변호하다 무제의 분노를 사서 궁형宮刑(생식기를 절단하는 형벌)이라는 치욕을 견디며 『사기』를 쓰려고 살아남아야 했다. 반면 반고는 '사사로이 국사를 짓는다[私作國史]'라는 음해로 투옥되었을 때, 명제明帝는 집필 중인 『한서』를 읽어 보고는, 재물을 더 내리고 벼슬을 올려서 오히려 격려했다. 나아가 사마천은 황제의 권위뿐만 아니라 '천리天理' 같은 절대적 법칙도 의심했다. 「백이열전」을 첫머리에 배치한 것도 이 까닭이다. '인을 쌓고 행동을 깨끗하게 했는데도 하늘은 보우하지 않고 굶어 죽도록 내버려둔 것[積仁潔行如此而餓死]'이다. 이 사건은 사마천으로 하여금 절대적 존엄인 하늘조차 회의하게 만들었다.

반표, 반고 부자가 대를 이어가면서 사마천을 비판한 곳이 바로 이 부분이다. "문장은 좋으나 유학에 충실하지 않았다는 것, 황로를 내세우고 육경六經을 뒷전에 둔 것, 공자를 존중했지만 시비是非 판단의 기준으로 삼지 않았다는 것"이다. 표현은 다르지만 내포한 의미는 하나이다. 유학/육경/공자를 중심으로 어떤 절대적 기준을 설정하지 않아, 이단에 가까운 황로 사상에 물들었다는 것이다. 자신을 유학자라 인식했던 사마천은 반표 부자의 주장을 받아들이지 않겠지만, 이 비판 자체가 부당하지만은 않다. 황로의 비조 『도덕경道德經』은 포문을 '도가도비상도道可道非常道'라고 열지 않았던가! 이 구절은 여러 갈래로 읽히지만, '세계 전체를 아우르는 절대적 법칙의 부정'으로 해석해도 과언이 아니다(졸저,『노자 도덕경(지식여행)』 서문 참고).

반표, 반고의 이런 시각은 『한서』 편집에도 고스란히 드러난다. 「세가」를 왜 지워 버렸겠는가? 황제 아래 백성은 모두 한갓 신민臣民일 뿐 그들 사이의 위계는 의미가 없다. 제후를 일개 신하로 치부함으로써 제후의 권력을 최소화하고 황제 중심의 중앙 권력을 강화하려는 계략이 숨어 있다.

이 전략은 사마천의 「서」를 참고해서 「형법지刑法志」, 「식화지食貨志」, 「오행지五行志」, 「지리지地理志」, 「예문지藝文志」 등을 편찬한 것에도 잘 드러난다. '법률, 경제, 천문, 지리, 도서 목록'이 일인 전제 구축과 무슨 관련이 있는가? 이 모두는 "황극을 벼리로 삼는 것[皇極爲綱]"이 목표이다. 황극은 국가나 백성이 아니라, 황제라는 하나의 점임을 유념할 필요가 있다. 달리 말하면 모든 분류는 황제라는 일점一點을 향하며, 황제는 이 모두를 수렴하는 절대 기준으로 존재한다. 이와 같은 '표준화, 규격화, 절대화'라는 일련의 장치들은 백성의 복지를 위한 것이 아니라, 백성을 통제하고 수탈하는 것으로 악용되었다는 사실은 굳이 지적하지 않더라도 역사에서 흔하고 흔하게 목격할 수 있다. 사마천은 이 황극을 의심하고, 반고는 강화하고 절대화했다. 이 차이는 절대 화해할 수 없는 거리에 있다.

이런 흐름은 문체에서도 잘 드러난다. 앞서 반표, 반고 부자가 사마천의 문장을 두고 '좋다'라고 비꼰 것을 기억하시리라. 사학자 혹은 철학자에게 가장 치명적인 것은 '문장은 좋다'라는 비난이다. 사학자와 철학자는 사실 혹은 진실/진리를 다루려고 한다. '사실/사건을 정확하게 기록하는 것'이 사학자의 기본적 목표라면, '진리가 존재하는지, 존재한다면 어떻게 알 수 있는지를 연구하는 것'이 철학자가 지향하는 작업이다. 이런 이들을 두고 소위 '겉만 번지르르하고 속은 없다'라고 비판하면 그 얼마나 모욕이겠는가!

　『한서』와 『사기』는 '한 고조에서 무제'까지 사적을 기록하고 있으므로 두 책이 겹치는 부분이 많다. 『한서』 작가가 『사기』를 참고하면서 글을 썼다. 이들은 이 팩트를 부인하지 않지만, 문장이 '자유분방하다'라고, 달리 말하면 '지저분하다'라고 비판하면서 수정을 가한다. 이를테면, 『사기』의 "拔劍擊斬蛇"를 『한서』에서는 "拔劍斬蛇"로, "蛇遂分爲兩"을 "蛇分爲兩"으로, "項王則夜起, 飮帳中"을 "起飮帳中" 등 4글자로 끊어 맞춰 버린다(김성배, 앞의 책, 41~43쪽). 생동감 넘치는 고문古文을 형식적 틀을 강조하는 변려문騈儷文으로 원저자의 허락도 없이 무단으로 고쳐 쓴 것이다.

　고문과 변려문을 두고 가치를 평가할 수 없다. 그 문체마다 고유한 장단점이 있기 때문이다. 한 가지 지적하고 싶은 것은 변려문에 익숙하지 않으면 고문보다 독해가 훨씬 더 어렵다는 사실이다. 글자 수를 제한하다 보니, 생략도 축약도 많다. 즉, 한 두 글자로 의미를 많이 담아내려다 보니 자연히 어려워진다. 필자가「한서서례」를 번역할 때 고생했는데, 이 글이 변려문이기 때문이었다. 과장하면, 매 글자를 찾지 않고는 다음으로 도저히 넘어갈 수 없었다. 반면『사기』는 고대 중국 글에 어느 정도 숙달되어 있다면 힘들여 사전을 찾지 않더라도 잘 들어온다. 하나 더 지적하고 싶은 것은 '변려문'이라는 규격화는 '황권 강화'와 절대 무관하지 않다는 것이다. 황제는 모든 것을 규준 아래 두고 통제하려 했다. 변려문은 곧 욕망의 집적이다. 이 고문과 변려문의 대립은 역사 내내 심지어 현재까지 이어진다는 사실도 잊지 말아야 한다. '표준화의 폭력'에 저항하는 이들은 항상 나오기 마련이다. 어떤 시대가 더 생기발랄한가? 더 자유로운가? 독자께서 판단할 몫이리라.

반씨 가문이 이토록 '황제'에게 마음이 기운 것은 집안 내력과 깊은 연관이 있다. 반표를 중심으로 가계를 잠시 살펴보면, 할아버지가 '반황班況'이고, 황은 아들 셋 '백伯, 유斿, 치穉'를 두었고, 딸은 성제成帝에 출가하여 첩여倢伃(B.C.48?~B.C.6?)가 된다. 반표는 치의 아들이고 첩여가 고모이다. 첩여는 이름이 아니라 후비后妃의 작위이다. '작장중무作掌中舞'의 고사 주인공인 조비연趙飛燕과 동시대 인물이다. 성제는 원래 반첩여를 총애했으나 나중에 조비연에게 빠져 멀리했다고 한다. 어쨌든 반씨는 황실과 외척 관계를 맺을 만큼 배경이 든든한 집안이라는 사실이다.

반황의 아들 셋 중 특히 반유가 재주가 뛰어났는데, 유향 劉向(B.C.77~B.C.6)과 친분이 두터웠다. 잘 아시다시피 유향은 중국 최초의 도서 목록인 『별록』의 저자이다. 이런 후광에서 「예문지」가 탄생한 것이다. 유향 또한 고조 유방의 이복동생의 후손이다. 황실과 귀족, 권세가와 학자와의 만남은 늘 이렇게 뒷배가 탄탄한 가문끼리 다반사처럼 일어난다. 또, 서한을 무너뜨리고 신新을 건국한 왕망과 반유, 반치가 매우 친했다. 왕망은 반유를 형으로 모셨고, 반치를 동생으로 대했다. 왕망은 반유가 죽었을 때 시마복緦麻服을 입고 조의금도 아주 툭툭히 했다. 이 정도면 친형제와 다를 바 없다. 그렇다면 왕망이 제압당하면 이들 역시 '대역죄'로 연좌되어 마땅히 처벌받아야 할 것이다. 「서전敍傳」에서 반표가 구구하게 변명을 늘어놓지만, 반치는 사형을 면한다. 이는 무엇을 뜻하는가? 반씨 일가의 권력이 황권을 능가할 만큼 막강하다는 것이다.

귀족 문벌이 제 권력을 지속하려면 '황제'라는 명분이 늘 필요하다. 허수아비 황제를 뒤에 업고 권력을 농단하는 것이다. 그래서 이들에게는 '황제'라는 겉으로 드러나는 얼굴이 필요하고, 이 얼굴 아래로 모든 권력을 수렴하려면 통치/통제가 있어야 하며, 통제는 획일화된 준거가 있어야 수월

해진다. 기준에 맞지 않으면, 법률에 저촉되면, 표준에 미달하면 잘라 내면 그만인 것이다. 진시황이 천하를 일통하고 시급히 시행했던 정책은 무엇이었는가? "도량형, 문자, 수레 폭의 통일[法度衡石丈尺, 車同軌, 書同文字]"이었다. 이렇게 『한서』이면에는 문벌 귀족의 야망이란 무의식이 작동하고 있다.

반면 『사기』의 작자들은 상황이 좀 다르다. 사마담은 황제의 '순수巡狩'에 따라가지 못해서 울분을 견디지 못하고 세상을 저버렸고, 사마천은 황제 앞에서 소신 발언을 했다 죽음보다 못한 형벌을 받았다. 이는 사마씨 일가가 권력의 중심에서 배제되었다는 의미이다. 반씨 일가는 이보다 더 심한 죄를 지어도 늘 사면되었다. 이러하니 사마천의 경우 황제를 향한 충성심이 옅을 수밖에 없지 않겠는가? 『사기』 전면에 흐르는 '하늘에 대한 회의'는 이런 측면에서 읽힌다.

『한서』를 명확하게 설명하려고 『사기』와 비교했다. 두 책의 가치나 위상을 평가하려는 의도는 없다. 이는 필자의 몫이 아니다. 필자가 사서史書에 관심을 둔 계기는 우리가 흔히 사용하는 '벌떼처럼 달려든다'라는 말이 『사기』에 나왔다는 것을 알고부터이다. 즉, "봉기蜂起"는 「항우본기」에 나오는 표현이다. 이외에도 사례는 무수하다. 중국 사서가 우리 무의식에 스며든 것이므로, 우리를 더 잘 알려면 중국 사서는 반드시 짚고 넘어가야겠다는 그때 결심이 선 것 같다.

마지막으로 하나 더 당부하고 이 글을 맺고자 한다. '범주화의 폭력'에 관한 것이다. "역사를 사실의 기록이라고 맹신하는 것은 순진하다 못해 심지어 위험하다"는 것을 말씀드리고 싶다. 문자가 현상 및 본질을 정확하게 표현하지 못하는 한계를 말하려는 것이다. 사건과 인물을 선택하고 분류할 때, 곧 범주화할 때, 편집자의 시각과 편견이 스며들기 마련이다. 간단한 실례를 들면, (「골계열전滑稽列傳」등 몇 편을 제외하고) 『사기』와 『한서』 모두 왕과 그 주변 인물, 위인들의 역사로 점철되어 있다. 역사를 왜 왕王 혹은 위인偉人 위주로 기록해야 하는가! 백성 없는 황제가, 병사 없는 장군이 있을 수 있는가? 그렇다면 백성과 병사의 아픔과 고통을 세세하게 기록할 수도 있지 않은가? 사마천과 반표의 선택과 분류 자체가 '폭력'이라는 뜻으로 '범주화의 폭력'이라는 표현을 썼다. 이를 사실을 간과한 채 책을 비판 없이 읽으면, 타자가 나를 좌지우지하는 폭력에서 벗어날 수 없다. 자아는 자아가 아니라 곧 타자인 셈이다. 『한서』도 이런 맥락에서 읽어주시길 바란다. 완역을 들고 곧 찾아뵙겠다.

25년 여름 베이징에서
구복龜伏 윤지산尹芝山

일러두기

1. 원본과 번역본은 다음과 같다.
   - 班固, 『漢書(全十二册)』, 中华书局, 1988.
   - 安平秋, 張傳璽主編, 『二十四史全譯漢書』, 漢語大詞典出版社, 2004.
   - (南朝宋) 范曄撰著, (唐) 賢等注, 『后漢書(全十二册)』, 中华书局, 1988, 2016.
   - 班固編纂, 王先謙注, 『漢書補注(共12册)』, 上海古籍出版社, 2012.
   - 北宋 景祐本 影印本.
2. 서명은 '『시경』'으로, 편명은 '「대아」'로 표기했다.
3. 고유명사는 처음 나올 때 한자를 병기하는 것으로 원칙을 정했다. 필요한 경우 중간에 다시 병기했다. 한자의 한국 발음은 안사고顏師古의 견해를 참고하고 따랐다.
4. 연호와 서기를 병기했다.
5. 두음 법칙은 일률적으로 적용하지 않았다.
6. 역자의 개성을 존중해 문체는 통일하지 않았다.
7. 『한서』는 변려문으로 이를 고려했지만, 현대 한국 독자를 위해 풀어 쓴 부분도 많다.

차례

석하 고전 번역 총서를 내며 4
한서서례 9
『한서』에 관한 짧은 글 20

1. 고제기 高帝紀 35
2. 혜제기 惠帝紀 111
3. 고후기 高后紀 119
4. 문제기 文帝紀 131
5. 경제기 景帝紀 161
6. 무제기 武帝紀 177
7. 소제기 昭帝紀 229
8. 선제기 宣帝紀 245
9. 원제기 元帝紀 281
10. 성제기 成帝紀 305
11. 애제기 哀帝紀 333
12. 평제기 平帝紀 347

1

고제기

高帝紀

고조高祖는 패현沛縣 풍읍豐邑 출신이며 성은 유劉씨이다. 어머니가 큰 호숫가에서 쉬다가 꿈에 귀신을 만났다. 그때 어둑해지며 번개와 우레가 쳤는데 아버지 태공이 가서 보니 교룡이 배 위에 있었다. 이 일이 있고 나서 임신해 고조를 낳았다.

고조는 코가 높고 이마가 용의 머리를 닮았다. 멋지게 수염을 길렀고 왼쪽 다리에 점이 72개 있었다. 너그럽고 남을 아낄 줄 알며 대범했다. 도량이 넓었고 생계는 크게 신경 쓰지 않았다. 장년이 되어 임시 관직인 사수泗水 정장亭長[38]이 되었고 관부官府 관리 모두와 가까이 지냈다. 술을 좋아하고 여색을 밝혔다. 왕온王媼과 무부武負 집에서 늘 외상술을 마셨고 취하면 드러누웠다. 왕온과 무부는 자주 고조 몸에서 이상한 기운이 이는 것을 보았다. 또 고조가 술을 마시러 오면 매상이 몇 배나 올랐다. 이런 기이한 현상을 본 후로 이

---

38 진나라 법에 10리마다 숙식을 제공하는 정亭을 두었고, 정장은 이 정을 관리했다.

두 집에서는 해가 지나면 고조의 외상값을 삭쳐 줬다.

고조가 함양咸陽으로 요역을 간 적이 있었는데, 마음대로 이탈해 진시황 행차를 보고는 감탄했다.

"아! 대장부가 이 정도는 되어야지!"

선보單父 출신 여공呂公은 패현 현령과 친해서 원수를 피해 손님으로 왔다가 패현에 눌러앉았다. 패현 호걸과 관리가 귀한 손님이 왔다는 소문을 듣고 예물을 들고 앞다퉈 현령을 찾아왔다. 주리主吏[39] 소하蕭何가 예물을 관리했는데, 찾아온 여러 지체 높은 손님에게 이렇게 외쳤다.

"예물이 천 전 아래이면 마당에 앉으시오."

고조는 정장이라 평소에 아전들을 우습게 여겼다. 그래서 거짓으로 '예물 만 전'이라 써냈지만, 실은 한 푼도 없었다. 시종이 들어가 알리자 여공이 깜짝 놀라 일어나서 문까지 맞으러 나왔다. 여공은 관상 보기를 좋아했는데, 고조의 외모를 보고는 귀한 상이라 여겨 상석에 모셨다. 소하가 말했다.

"유계劉季[40]는 큰소리만 쳤지 성과는 별로 없습니다."

고조는 여러 손님에게 눈길도 주지 않고 윗자리를 차지하고는 조금도 주눅 들지 않았다. 술자리가 끝나 갈 즈음에 여공은 고조에게 계속 있으라고 눈짓했다. 술자리가 끝나자

---

39 진과 한나라 때 군과 현의 관리에 속하는 하급 관리.
40 고조 유방劉邦의 젊은 시절 이름.

여공이 말했다.

"어려서부터 관상 보기를 좋아해서 여러 사람의 관상을 봤지만, 당신 같은 사람은 처음이오. 몸조심하시오. 저에게 딸이 하나 있는데 데려가서 허드렛일이라도 시키시오."

손님이 모두 돌아가자 여공 부인이 화를 내며 말했다.

"당신은 원래 딸애를 귀하게 여겨 귀인에게 시집보내려고 하지 않았습니까? 당신을 후대한 패현 현령이 구혼해도 보내지 않더니, 어떻게 저 유계 같은 작자에게 함부로 보내려 하십니까?"

"여자는 몰라도 된다."

여공은 결국 딸을 고조에게 시집보냈다. 여공 딸이 바로 여후呂后인데 혜제惠帝와 노원공주魯元公主를 낳았다.

고조가 휴가를 내고 집에 돌아왔을 때였다. 여후가 아이 둘과 농사짓고 살았는데, 어떤 노인이 지나다 마실 것을 청하자 여후는 밥까지 차려 줬다. 노인이 여후의 관상을 보고 말했다.

"부인은 천하의 귀인이 될 상입니다."

여후가 두 아이의 관상을 보게 하자 노인이 혜제를 보고 말했다.

"부인은 이 아이 덕에 귀하게 되는군요."

그러고는 노원공주를 보고도 귀하게 될 것이라 했다.

노인이 떠나자마자 고조가 이웃에서 돌아왔다. 여후가 지나던 노인이 했던 말을 고조에게 자세하게 들려주자, 어디쯤 갔을까 물었다.

"멀리 가지는 않았을 겁니다."

고조가 바로 쫓아가서 노인에게 물었다. 노인이 말했다.

"당신 덕에 아이와 부인이 귀하게 되니 당신 관상은 볼 것도 없소."

고조가 감사하며 말했다.

"선생 말대로 되면 은혜를 잊지 않겠습니다."

그 뒤 황제가 된 고조가 그 노인을 찾았지만 찾을 수 없었다.

고조가 정장일 때 대나무껍질로 모자를 만들어 썼다. 구도求盜[41]를 설현薛縣으로 보내 만들게 해서 자주 썼고, 지위가 높아져도 늘 쓰고 다녔다. 이 모자를 '유씨관劉氏冠'이라고 한다.

고조가 정장으로서 현의 죄수를 노역시키러 여산驪山으로 데려가던 도중에 죄수들 대부분이 도망쳐 버렸다. 도착할 즈음에는 한 명도 남지 않을 것 같아 고조는 풍읍豐邑 서쪽 택중정澤中亭에 이르렀을 때 눌러앉아 술을 마시고 밤에 죄수를 모두 풀어 줬다.

"너희는 모두 떠나라. 나도 이곳을 떠나겠다!"

죄수 가운데 건장한 사내 십여 명이 고조를 따르려 했다.

---

41 정장 수하의 도둑 잡는 관리.

한밤중까지 술을 마신 고조는 연못을 떠나면서 한 사람을 먼저 보내 앞을 살피게 했다. 그 사람이 돌아와 말했다.

"앞에 큰 뱀이 길을 막고 있으니 돌아가십시오."

고조는 술에 취해 소리쳤다.

"사내대장부 가는 길에 무엇이 두렵겠느냐!"

그러고는 바로 앞장서 칼을 뽑아 뱀을 베었다. 뱀이 두 조각나고 길이 트였다. 몇 리를 더 가다가 고조는 취기가 오르고 피곤해 드러누워 버렸다. 그때 뒤를 따르던 이들이 뱀이 있던 자리에 이르자 한 노파가 한밤에 울고 있었다. 왜 우느냐고 묻자 노파가 말했다.

"어떤 사람이 내 아들을 죽였소."

"어쩌다가 죽었소?"

"내 아들은 백제白帝의 자식이오. 뱀으로 변해 길을 막았는데 오늘 적제赤帝 아들이 죽였소.[42] 그래서 우는 것이오."

그들은 노파가 헛소리한다고 여기고 때리려고 하자 노파는 홀연 사라져 버렸다. 뒷사람들이 도착하자 술에 취해 잠들어 있던 고조가 깼다. 고조에게 이 일을 말하자 속으로 좋아하며 뿌듯해했다. 따르는 사람 모두가 날이 갈수록 고조

---

42 백제의 자식은 진나라 왕실을 말하고, 적제 아들은 한나라 고조 유방을 말한다. 원래 백제는 다섯 방위의 천제天帝 중 가을을 맡아 보는 서쪽의 신이며 진나라를 상징한다. 적제는 다섯 방위의 천제 중 여름을 맡아 보는 남쪽의 신이며 한나라를 상징한다. 여기서는 한나라가 진나라를 멸망시킨다는 것을 의미한다.

를 우러러보았다.

　　진시황제秦始皇帝는 "동남쪽에 천자 기운이 있다."라는 말을 자주 되뇌었다. 이에 고조가 있던 동쪽을 진압하려고 했다. 고조는 망현芒縣과 탕현碭縣 사이의 외진 곳에 숨었는데, 여후는 다른 사람과 함께 찾으러 올 때마다 바로 찾아냈다. 고조가 이상하게 여겨 묻자 여후가 말했다.

　　"당신이 있는 곳은 늘 구름 같은 것이 있어 그것을 따라가기만 하면 당신을 찾게 됩니다."

　　고조는 그 말을 듣고 좋아했다. 그 이야기를 들은 패현 사람들이 그를 더 많이 따라왔다.

　　진 2세(B.C. 209년) 원년 가을 음력 7월, 진섭陳涉이 기현蘄縣에서 봉기하고 진현陳縣에서 초왕楚王으로 즉위하고서 무신武臣, 장이張耳, 진여陳餘를 보내 옛 조나라 땅을 공략했다.

　　8월, 무신은 제멋대로 조왕趙王이 되었다. 관리를 죽이고 진섭에게 호응하는 군과 현이 많았다.

　　9월, 패현 현령이 진섭의 봉기에 가담하려 했다. 그러자 주리 소하와 행정을 보조하는 관리 조참曹參이 말했다.

　　"현령께서는 진나라 관리 신분인데 어째서 나라를 배반하려 하십니까? 그리하면 패현 자제들이 따르지 않을 것입니다. 전에 도망쳤던 자들을 부르면 수백 명이 될 텐데, 이들을 등에 업고 위협하면 틀림없이 따를 것입니다."

현령은 즉시 번쾌樊噲를 보내 고조를 불렀다. 당시 고조 무리는 수백 명에 달했다. 얼마 후 번쾌가 고조와 함께 왔다. 패현 현령은 곧바로 후회하고, 변고가 생길까 걱정해서 성문을 걸어 잠그고는 소하와 조참을 죽이려 했다. 소하와 조참은 겁이 나서 성벽을 넘어가 고조에게 몸을 맡겼다. 고조는 패현 원로들에게 다음과 같은 글을 써서 성 위로 쏘아 올렸다.

"진나라 학정으로 천하가 오랫동안 고통받았습니다. 여러 원로께서는 패현 현령을 위해 성을 지키지만, 제후가 봉기하면 패현을 도륙할 것입니다. 현령을 죽이고 마땅한 사람을 뽑아 제후에게 부응한다면 집안이 무사할 것입니다. 그렇지 않으면 가족이 모두 헛되이 죽을 뿐입니다."

이에 원로들은 바로 자제를 이끌고 가 현령을 죽였다. 그런 뒤 성문을 열고 고조를 맞이하면서 그를 현령으로 추대하려 했다. 그러자 고조가 말했다.

"천하가 어지럽고 제후가 앞다퉈 봉기하는 이때 수령을 잘못 세우면 단번에 망할 것이오. 몸을 사려서가 아니라 능력이 부족하여 내 식구도 제대로 건사하지 못하오. 이것은 중대한 일이니 합당한 사람을 선택했으면 하오."

소하와 조참은 문관이라 몸을 사렸고, 혹시라도 일이 잘못되면 진나라가 온 집안사람을 죽일까 두려워 모두 고조를 추대했다. 원로 모두가 말했다.

"당신이 비범하여 귀하게 될 것이라는 말을 오래전부터 들었고, 또 점을 쳐 보니 제일 길하다고 나옵니다."

고조는 여러 차례 사양했으나 사람들이 받아들이지 않았다. 결국 고조가 패공이 되었다. 패공이 된 고조는 패현 사당에서 황제黃帝와 치우蚩尤에게 제사 지내고 깃발과 전고戰鼓에 피를 발랐다. 깃발은 모두 붉은색이었다. 적제 아들로서 백제 아들을 죽여서였다. 그러고 나서 소하, 조참, 번쾌 등 젊은 사람과 함께 패현 장정을 모으니 3천 명이나 되었다.

같은 달에 항량項梁은 형의 아들 항우項羽와 오현吳縣에서 기병했다. 전담田儋은 아우 전영田榮, 전횡田橫과 제 땅에서 군사를 일으키고 스스로 제왕齊王이 되었다. 한광韓廣은 연왕燕王, 위구魏咎는 위왕魏王이 되었다. 진섭 군대의 장군 주장周章은 서쪽 관중으로 진격하려 했으나 희수戱水에 이르러 진나라 장군 장한章邯에게 패했다.

진 2년(B.C. 208년) 10월, 패공은 호릉胡陵, 방예方與 두 현을 공격하고 돌아와 풍읍에 주둔했다. 진나라 사천泗川 감監인 평平이 군대를 이끌고 풍읍을 포위했다. 이튿날 고조가 출병해 평의 군대를 격파하고 옹치雍齒에게 풍읍豐邑을 지키게 했다.

11월, 패공은 군대를 이끌고 설현으로 갔다. 진나라 사천군수 장壯이 설현에서 패하고 척현戚縣으로 도주했지만 패공 좌사마左司馬 득得이 그를 죽였다. 패공은 항보亢父에서 회군해 방예현으로 갔다. 조왕 무신이 휘하 장수에게 살해당했다.

12월, 초왕 진섭은 마부 장고莊賈에게 살해됐다. 위나라 사람 주시가 풍읍과 패현을 공격하면서 옹치에게 사람을 보냈다.

"원래 위나라 도읍은 대량大梁이었는데, 뒤에 풍으로 천도했다. 지금 그 지역의 성 수십 곳이 평정됐다. 바로 항복하면 너를 후侯에 봉하고 풍읍을 그대로 두겠지만, 항복하지 않으면 도륙해 버리겠다."

옹치는 평소 패공 밑에 있는 것을 탐탁지 않게 여겨 왔던 터라 항복을 권하자 바로 위나라에 풍읍을 바쳤다. 패공이 풍읍을 공격했지만 뜻대로 되지 않자, 패현으로 돌아가면서 배반한 옹치와 풍읍 사람을 원망했다.

1월, 장이 등이 조나라 왕의 후손 조헐趙歇을 조왕으로 세웠다. 동양현東陽縣의 영군甯君과 진가秦嘉는 경구景駒를 초왕으로 세우고 류현留縣에 주둔했다. 패공은 경구에게 합류하러 가다가 장량張良을 만나 수하로 거두었다. 장량과 같이 경구를 만나 군대를 빌려 달라고 청하고 풍읍을 공격했다. 당시 장한은 진현을 공격했고, 별장別將 사마이司馬夷는 초나라 땅을 평정하고 나서 상현相縣을 도륙하고 탕현까지 밀고 갔다. 동양현의 영군과 패공은 서쪽으로 가서 소현蕭縣 서쪽에서 전투를 벌였다. 패하자 후퇴해 류현에 집결했다.

2월에 탕현을 공격해 사흘 만에 점령했다. 탕현에 있던 병사 6천 명을 거둬들여 군사가 모두 9천 명이 되었다.

3월에 하읍현下邑縣을 공격해 점령했다. 다시 풍읍을 공격했지만 함락하지 못했다.

4월에 항량이 경구와 진가를 죽이고 설현에 주둔하자 패공이 가서 만났다. 항량은 패공에게 군졸 5천 명과 오대부五大夫 급의 장수 열 명을 더 주었다. 패공은 다시 풍읍을 공격해 점령했다. 이에 옹치는 위나라로 도망쳤다.

5월에 항우가 양성襄城을 공략하고 돌아왔다. 항량은 별장을 모두 소집했다.

6월에 패공은 설현으로 가서 항량과 함께 초楚 회왕懷王 손자 심心을 초 회왕으로 세웠다. 장한은 임제臨濟에서 위왕 구咎와 제왕 전담을 죽였다.

7월에 연일 큰비가 내렸다. 패공은 항보를 공격했다. 장한은 동아東阿에서 전영을 포위했고, 패공은 항량과 함께 전영을 도와 장한 군대를 대파했다. 전영은 돌아가고 패공과 항우는 북으로 추격해 성양城陽까지 가서 그 성을 도륙했다. 복양濮陽 동쪽에 주둔했다가 다시 장한과 전투를 벌여 또 격파했다. 장한은 전열을 정비하고 복양에 주둔하면서 주위에 물길을 내고 방어했다. 패공과 항우는 정도定陶를 공격했다.

8월에 전영은 전담 아들 전시田市를 제왕으로 세웠다. 정도를 함락하지 못하고 패공은 항우와 함께 서쪽 여러 지역을 공략했다. 옹구雍丘까지 가서 진나라 군대를 크게 패퇴시키고 이사李斯 아들 삼천三川 군수 이유李由를 죽였다. 회군해서 외황外黃을 공격했지만 함락하지 못했다. 항량은 다시 진나라 군대를 격파하자 교만해졌다. 송의宋義가 간언했지만 듣지 않았다. 진나라가 장한에게 군대를 더 보냈다.

9월에 장한이 정도에 있던 항량을 야간에 기습해 크게 격파하고 항량을 죽였다. 7월에서 9월까지 비가 계속 내렸다. 패공과 항우가 진류陳留를 공격하려던 차에 항량이 죽었다는 소식에 병사들이 겁을 먹었다. 그래서 장군 여신呂臣과 함께 군대를 이끌고 동으로 후퇴했고, 회왕을 후이현盱台縣에서 팽성彭城으로 이주시켰다. 여신은 팽성 동쪽, 항우는 팽성 서쪽, 패공은 탕현에 주둔했다. 위구 아우 위표魏豹는 제멋대로 위왕이 되었다.

윤9월에 회왕은 여신, 항우 군대까지 통합해 전군을 직접 거느렸다. 패공을 탕군 군장에 임명하고 무안후武安侯에 봉했으며, 탕군에 주둔한 군대를 이끌게 했다. 항우를 노공魯公에 임명하고 장안후長安侯에 봉했으며, 여신을 사도로, 그 아버지 여청呂靑을 영윤令尹에 임명했다.

장한은 항량을 격파하고 나서 초나라 군대는 걱정할 필요가 없다고 생각했다. 그리고는 바로 황하를 건너 북으로 조왕 헐歇을 공격해 큰 승리를 거두었다. 헐이 거록성鉅鹿城으로 몸을 피하자 진나라 장군 왕리王離가 거록성을 포위했다. 이에 조나라가 여러 차례 원병을 요청했다. 회왕은 송의를 상장上將, 항우를 차장次將, 범증范增을 말장末將에 임명하고 조나라를 구하러 북으로 보냈다.

예전에 회왕은 제일 먼저 관중을 평정하면 왕으로 세워 주겠다고 여러 장수에게 약속했다. 그 당시 진나라 군대는 막강해서 연승하며 북으로 추격해 왔고, 여러 장수는 관중으로 먼저 진격하는 것이 이롭지 않다고 생각했다. 진나라가 항량을 죽인 일로 항우만 원한을 품고 격분해 패공과 함께 서쪽 관중으로 진격하려 했다. 회왕의 여러 노장은 이렇게 말했다.

"항우는 사납고 잔인해서 양성을 공격했을 때 한 사람도 남기지 않고 모두 죽였고, 지나는 길에 있는 모든 것을 파괴했습니다. 또 초나라는 여러 차례 출병했는데, 그때 진왕陳王이나 항량이 모두 패했습니다. 의義를 명분으로 내세워서 덕망 있는 사람을 보내 서쪽 진나라 백성을 달래는 것이 더 좋습니다. 진나라 백성은 황제의 학정으로 오랫동안 고통을 겪었습니다. 지금이야말로 덕망 있는 자가 간다면 무력을 쓰지 않고도 함락시킬 수 있습니다. 항우를 보내면 안 됩니다. 대신에 평소 관대하며 덕망 있다고 평판이 나 있는 패공을 보내십시오."

회왕은 끝내 패공과 함께 관중을 치게 해 달라는 항우의 요청을 받아 주지 않고, 패공을 서쪽으로 보내 진왕과 항량의 흩어진 병사를 모으게 했다. 패공은 탕현으로 가는 길에 성양城陽과 강리杠里에서 진나라 군대의 보루를 공략해 두 현에 주둔한 진나라 군대를 격파했다.

진 3년(B.C. 207년) 10월, 제나라 장수 전도田都가 전영에게 반기를 들고 항우가 조나라를 구원하는 데 합류했다. 패공은 성무成武에서 동군東郡 군위郡尉를 격파했다.

11월에 항우는 송의를 죽이고 그 군대를 합병했다. 그런 다음 황하를 건너 스스로 상장군上將軍에 올랐고, 여러 장군과 경포 등이 항우 예하에 들어갔다.

12월, 패공은 율현栗縣으로 가다가 강무후剛武侯 병사 4천여 명을 강제로 휘하에 편입시키고, 위나라 장수 황흔皇欣, 무만武滿 군대와 함께 진나라 군대를 격파했다. 예전 제왕 전건田建의 손자 전안田安은 제나라 북쪽을 점령하고 항우를 따라 조나라를 구하러 갔다. 항우가 거록성 부근에서 진나라 군대를 대파하고 왕리를 포로로 잡자 장한은 도망갔다.

2월에 패공은 탕현에서 북으로 창읍昌邑을 공격하러 가다가 팽월彭越을 만났다. 팽월이 창읍 공격을 도왔지만 함락하지 못했다. 패공이 서쪽 고양읍高陽邑을 지나는데 마을 문지기인 역이기酈食其가 이렇게 말했다.

"여러 장수가 이곳을 지나갔지만, 패공의 도량이 제일

이군."

 그러고는 바로 패공을 만나러 갔다. 패공은 침상에 꼿꼿하게 앉아 있었고, 여자 둘이 패공의 발을 씻기고 있었다. 역이기는 절하지 않고 가볍게 인사만 했다.

 "무도한 진나라를 멸하려면, 이렇게 앉아서 덕 있는 사람을 맞아서는 안 됩니다."

 이 말을 듣고 패공은 일어나 옷을 걸치고 사죄하며 자리를 권했다. 역이기는 패공에게 진류성陳留城 기습을 권했다. 패공은 역이기를 광야군廣野君에 봉하고 그 동생 역상酈商을 장군에 임명해 진류 군대를 이끌게 했다.

 3월에 패공은 개봉현開封縣을 공격했지만 함락하지 못했다. 서쪽 백마현白馬縣에서 진나라 장군 양웅楊熊과 전투를 벌였고, 구옹曲遇 동쪽에서도 전투를 벌여 크게 승리했다. 양웅이 형양滎陽으로 도주하자 진 2세는 사자를 보내 양웅을 참수하고 병사들에게 보였다.

 4월, 패공은 남으로 영천潁川을 공격해 도륙했다. 한韓나라 출신 장량 덕에 한나라 땅을 점령했다. 이때 조나라 별장 사마앙司馬卬이 황하를 건너 함곡관函谷關으로 진입하려 했는데, 패공이 북으로 평음현平陰縣을 공격하고 황하 나루를 막아 버렸다. 그런 뒤 패공은 남으로 가 낙양雒陽 동쪽에서 전투를 벌였다. 불리해지자 환원산轘轅山에서 퇴각하고 양성에 이르러 부대의 기병을 수습했다.

6월, 남양군수南陽郡守 의齮를 주현犨縣 동쪽에서 격파했다. 남양군을 격파하자 남양군수는 도주해서 완현宛縣에 성을 쌓고 방어했다. 패공이 완현 서쪽을 지나쳐 갈 때 장량이 간언했다.

"패공께서는 관중으로 급하게 진격하려 하십니다. 하지만 진나라 군대 병사 수가 여전하니 지형이 험한 곳에 진을 치고 대치만 하십시오. 완현도 함락하지 못한 데다가 완현 주둔군이 후방에서 공격하고 앞에서 막강한 진나라 군대까지 가로막는다면 정말로 위험해집니다."

패공은 그날 밤 다른 길로 몰래 행군해 날이 밝기 전에 완성宛城을 세 겹으로 포위했다. 남양군수가 자살하려 하자 사인舍人 진회陳恢가 이렇게 말했다.

"아직 그럴 때가 아닙니다."

그러고 나서 바로 성을 몰래 넘어 패공에게 가서 말했다.

"함양에 먼저 들어가면 왕이 된다는 약속을 했다 들었는데 아직도 완성 근처에 머물며 공격 중이시군요. 완의 군현에는 성이 수십 개 있으며, 관리와 백성은 투항하면 죽는다고 생각해서 모두 성에 올라 굳게 지키려 합니다. 당신이 계속 여기에서 공격만 한다면 사상자가 많이 날 뿐이고, 그렇다고 완성을 떠나면 완성에 주둔한 진나라 군대가 추격할 것입니다. 그렇게 되면 앞으로는 함양을 잃고, 뒤로는 강한 완성이 근심거리가 됩니다. 당신에게 계책 하나를 말씀드리겠습니다. 항복을 약속받고 군수를 그 자리에 봉하여 계속 지키게 하십시오. 그러고 나서 그곳 군대를 이끌고 함께 서쪽으로 진군하십시오. 항복하지 않은 성은 모두 소문을 듣고 앞다투어 성문을 열고 기다릴 것이니 행군에 아무런 장애가 없을 것입니다."

"좋다."

7월, 남양군수 의가 항복하자 은후殷侯에 봉했고, 진회를 1천호에 봉했다. 패공이 서쪽으로 진군하자 모두 투항했다. 단수丹水에 이르자 고무후高武侯 새鰓와 양후襄侯 왕릉王陵이 항복했다. 회군해 호양胡陽을 공격했고, 번군番君 오예吳芮의 별장 매현梅鋗을 만나 함께 석析, 력酈 두 성을 공격해 항복을 받았다. 패공이 행군하는 길에 노략질을 하지 않아 진나라 백성이 좋아했다. 그 뒤 위나라 사람 영창甯昌을 진나라 사신으로 보냈다. 이달에 장한은 항우에게 항복했고, 항우는 장한을 옹왕雍王에 봉했다. 하구瑕丘 사람 신양申陽은 하남군을 점령했다.

8월, 패공은 무관武關을 공격하고 진秦나라로 진격했다. 진 승상 조고趙高는 두려워서 2세를 죽이고 사람을 보내 관중을 나누어 차지하자는 약속을 받으려 했지만 패공이 승낙하지 않았다.

9월, 조고는 2세인 형의 아들 자영子嬰을 왕으로 세웠다. 자영은 조고를 죽이고 요관嶢關으로 군대를 보내 지키게 했다. 패공이 공격하려 하자 장량이 말했다.

"진군秦軍은 여전히 강해서 가벼이 보면 안 됩니다. 먼저 사람을 보내 산 위에 군기를 더 많이 꽂고 병력이 많은 것처럼 하십시오. 또 역이기와 육가陸賈를 진나라 장수에게 보내 재물로 달래십시오."

진나라 장수가 정말로 화친을 맺으려 하자 패공이 승낙하려 했다. 장량이 말했다.

"이번 일은 장수 홀로 배반하려는 것이니 병사들이 따르지 않을 것입니다. 허술한 틈을 타서 공격하는 것이 낫습니다."

패공은 요관을 우회해서 궤산蕢山을 넘어 진군을 공격했고, 남전藍田 남쪽에서 큰 승리를 거뒀다. 남전까지 갔다가 다시 북진해서 전투를 벌였고 진군은 크게 패했다.

한 원년(B.C. 207년) 겨울 10월, 별 다섯이 동정東井 자리에 모였다.[43] 패공이 패상霸上에 이르렀다. 진나라 왕 자영이 흰 말이 끄는 수레를 타고 인끈을 목에 맨 채 황제의 옥새, 부, 절을 받들고 지도정枳道亭 부근에서 항복했다. 장수 하나가

---

43 오성五星은 세성(歲星:목성), 형혹(熒惑:화성), 태백(太白:금성), 진성(辰星:수성), 진성(鎭星:토성)의 다섯 개 행성을 말하는데, 각각 동, 남, 서, 북, 중앙에 위치한다. 동정東井은 별자리로 28수 중 하나인 정수井宿를 말한다. 오성이 동정 자리인 목성에 모인다는 것은 동쪽에서 온 유방을 중심으로 천하가 통일된다는 것을 암시한다.

왕을 죽여야 한다고 하자 패공이 말했다.

"내가 너그러워서 회왕이 나를 보냈다. 게다가 이렇게 항복까지 했으니 죽여서 좋을 것이 없다."

그러고는 부하를 보내 보살피게 했다. 마침내 서쪽 함양에 들어가서는 그곳에 눌러앉으려 했다. 번쾌와 장량이 말리자 진나라의 보물과 재물을 창고에 봉하고 나서 패상으로 돌아갔다. 소하는 진나라 승상부의 책과 서류를 모두 거둬 갔다.

11월, 여러 현의 호걸을 불렀다.

"여러분은 진나라 학정에 오랫동안 고통받았고, 황제를 비방하면 일족이 몰살당하고, 모여서 이야기만 해도 기시형棄市刑[44]을 받았소. 관중에 먼저 들어온 사람이 왕이 된다는 약속이 있었으니 내가 관중의 왕이오. 여러분에게 약속하건대 법은 세 가지뿐이오. 살인은 사형, 상해와 절도는 법대로 처리하겠소. 나머지 진나라 법은 모두 폐지하겠소. 관리와 백성은 예전대로 지내면 되오. 나는 여러분을 해치러 온 것이 아니라 부형에게 해로운 것을 없애 주러 왔으니 두려워 마시오. 제후들이 오면 약속을 다시 하려고 패상에 주둔하고 있을 뿐이오."

진나라 관리와 함께 현, 향, 읍으로 사자를 보내 백성에게 알리고 달랬다. 진나라 백성이 아주 기뻐하며 앞다퉈 소, 양,

---

44 죄인의 목을 베고 그 시체를 길거리에 버리던 형벌.

술, 음식을 병사들에게 대접하려 했지만 패공은 받지 않았다.

"창고에 곡식이 많으니 백성의 재물을 축내고 싶지 않소."

백성은 더 좋아하며 패공이 진나라 왕이 되지 않을 것만을 걱정했다. 누군가가 패공에게 말했다.

"진나라는 천하보다 열 배나 더 부유하고 지형도 유리합니다. 장한이 항우에게 항복하자 옹왕에 봉하고 관중을 다스리게 했다고 합니다. 그가 바로 오면 패공께서 관중을 차지하지 못할 수도 있습니다. 급히 함곡관을 수비하여 제후 군대가 들어오지 못하게 하고, 관중의 병사를 징발해 대치해야 합니다."

패공은 그 말대로 했다.

12월, 항우가 정말로 제후 군대를 거느리고 서진해서 관중으로 진격하려 하자 관문關門을 봉쇄했다. 패공이 관중을 평정했다는 보고를 듣고 항우는 크게 성을 냈다. 그리고는 경포黥布 등을 보내 함곡관을 돌파해 희하戱下까지 진군하게 했다. 패공의 좌사마 조무상曹毋傷은 항우가 성냈다는 소식을 듣고 패공을 공격하려고 항우에게 사람을 보냈다.

"패공이 관중을 차지하고 자영을 승상에 임명하여 진귀한 보물을 다 차지하려고 합니다."

조무상이 항우에게 상을 받으려고 이렇게 말했다. 아보亞父 범증이 항우에게 말했다.

"패공이 산동에 주둔했을 때는 재물을 빼앗고 여색을 밝했습니다. 그런데 이번에 관중에 들어가서는 보물도 탈취하지 않고 부녀자도 건들지 않았습니다. 무언가 큰일을 도모할 모양입니다. 저희가 사람을 보내 살폈는데, 패공에게 오색찬란한 용의 기운이 감돌았다고 하니 그건 바로 천자의 기운입니다. 조금이라도 빨리 공격해서 때를 놓치지 말아야 합니다."

항우는 범증의 말을 듣고는 바로 병사들을 먹이고 다음 날 새벽에 전투를 벌였다. 이때 항우의 병사 수는 40만이었지만 100만이라 했고, 패공은 10만이었지만 20만이라 부풀렸으니 힘으로 대적하기는 어려웠다. 마침 항우의 숙부 좌윤左尹 항백項伯이 장량과 친분이 있었다. 그가 밤중에 급하게 말을 타고 와서 장량을 만나 자세한 사정을 알려 주고, 헛되이 죽을 것이 아니라 같이 떠나자고 했다. 그러자 장량이 말했다.

"저는 한왕韓王을 위해 패공에게 왔으니 이런 사실을 패공에게 반드시 보고해야 합니다. 도망치는 것은 옳지 않습니다."

그러고 나서 항백과 함께 패공을 만났다. 패공은 항백과 사돈을 맺자고 약속했다.

"저는 관중에 들어와서 터럭만큼도 함부로 빼앗지 않았고, 호적을 작성하고 창고를 잠근 채 항우 장군을 기다렸습니다. 다른 도적을 막으려고 함곡관을 지키고 있었습니다.

밤낮으로 장군이 도착하기를 기다렸고 배반할 생각은 조금도 하지 않았습니다. 제가 절대로 배신하지 않았다고 분명하게 말씀드려 주십시오."

항백이 승낙하고는 그날 밤에 바로 돌아가면서 말했다.

"내일 새벽에 직접 와서 해명해야 할 거요."

항백은 돌아가 패공이 한 말을 항우에게 해 주고 나서 말했다.

"패공이 먼저 관중 군대를 격파하지 않았다면 네가 어떻게 관중에 들어올 수 있었겠느냐? 또 사람이 큰 공을 세웠는데 도리어 공격한다면 좋을 것이 없으니, 이번 기회에 잘 대해 주는 편이 낫겠다."

항우는 그 말대로 하겠다고 했다.

이튿날 아침 패공은 기병 백여 기와 함께 홍문鴻門으로 가서 항우를 만났다.

"저와 장군이 함께 진나라를 공격해서 장군께서는 하북, 저는 하남에서 전투를 벌였습니다. 생각지도 않게 먼저 관중으로 들어와 진나라를 무너뜨리고 장군과 다시 만나게 되었습니다. 그런데 어떤 소인이 장군과 저의 사이를 이간질했습니다."

항우가 말했다.

"당신 좌사마 조무상이 그랬다. 그렇지 않았다면 내가 어찌 이렇게까지 하겠는가?"

항우는 패공과 술을 마셨다. 범증이 여러 차례 눈짓으로 패공을 죽이라고 했지만, 항우는 무시했다. 범증은 자리를 박차고 나와 항장項莊에게 말했다.

"군왕께서는 차마 패공을 죽이지 못하시는 것 같으니 자네가 들어가 검무를 추다가 틈을 봐서 패공을 죽이게. 안 그러면 자네들은 패공의 포로가 될 거야."

항장이 들어가 술잔을 올렸고 다 마시자마자 이렇게 말했다.

"군대에서는 즐길 거리가 따로 없으니 제가 검무를 추겠습니다."

그러고는 바로 검을 뽑아 춤을 추었다. 항백도 같이 일어나 춤을 추면서 몸으로 계속 패공을 막아 줬다. 번쾌가 상황이 다급하다는 소식을 듣고 바로 들어와 크게 성을 냈다. 항우는 그를 장사로 여기고 술을 권했다. 번쾌는 내친김에 항우에게 따졌다. 잠시 후 패공은 일어나 측간으로 가면서 번쾌를 불러냈다. 수레와 말 그리고 관속은 내버려두고 패공만 말을 탔다. 그리고 번쾌, 근강靳彊, 등공滕公, 기성紀成 등은 걸어서 샛길을 따라 본대로 돌아갔고, 장량은 남아서 항우에게 용서를 구했다. 항우가 물었다.

"패공은 어디 있는가?"

장량이 대답했다.

"장군께서 책망하실 거라는 말을 듣고 혼자 빠져나가 샛길로 돌아갔습니다. 그리고 신에게는 장군께 벽옥璧玉을 바치라고 했습니다."

항우가 그것을 받았다. 또 범증에게는 옥잔을 바쳤다. 범증은 버럭 화를 내면서 옥잔을 깨부수고 일어서며 말했다.

"우리는 이제 패공 포로가 될 것이다."

며칠 뒤 항우는 함양을 도륙하고, 항복해 온 진나라 왕 자영을 죽였으며, 궁궐을 불태우고 지나는 길에 있는 모든 것을 허물었다. 진나라 백성은 크게 실망했다. 항우가 사신을 보내 회왕에게 보고하자 회왕이 말했다.

"약속대로 패공을 관중의 왕으로 삼아라!"

항우는 회왕이 북으로 가서 조나라를 구원하라고 명령해서 패공과 함께 서쪽 관중으로 진격하지 못했다. 그래서 관중에 먼저 들어가면 관중 왕이 된다는 약속에 늦어지게 됐다고 회왕을 원망했다.

"회왕은 우리 집안에서 세워 줬다. 공도 세우지 않았는데 어떻게 맹약을 혼자 주관하는가? 나와 여러 장수가 천하를 평정했다."

봄 정월, 항우는 겉으로는 회왕을 높여 의제로 세웠지만 실제로는 명령을 따르지 않았다.

2월, 항우는 스스로 서초패왕西楚霸王이 되어 양梁, 초楚 지역 아홉 개 군을 다스리고 팽성을 도읍으로 삼았다. 약속을 어기고 패공을 한왕으로 세워 파巴, 촉蜀, 한중漢中의 현 41곳을 다스리게 하고 남정南鄭에 도읍하게 했다. 또한 관중을 셋으로 나눠 진나라 세 장군에게 다스리게 했다. 장한은 옹왕이 되어 폐구廢丘에 도읍하고, 사마흔司馬欣은 새왕塞王이 되어 역양櫟陽에 도읍했으며, 동예董翳는 적왕翟王이 되어 고노高奴에 도읍했다. 초나라 장수 하구 출신 신양은 하남왕河南王이 되어 낙양에 도읍했다. 조나라 장수 사마앙은 은왕이 되어 조가朝歌에 도읍했다. 당양군當陽君 영포英布는 구강왕九江王이 되어 육六에 도읍했다. 회왕 주국柱國 공오共敖는 임강왕臨江王이 되어 강릉江陵에 도읍했다. 번군 오예는 형산왕衡山王이 되어 주邾에 도읍했다. 옛 제나라 왕 전건의 손자 전안은 제북왕濟北王이 되었다. 위왕 표豹는 서위왕西魏王으로 옮겨가 평양平陽에 도읍했다. 연왕 한광은 요동왕遼東王으로 옮겨갔다. 연나라 장수 장도臧荼는 연왕이 되어 계薊에 도읍했다. 제왕 전시田市는 교동왕膠東王으로 보냈다. 제나라 장수 전도는 제왕이 되어 임치臨菑에 도읍했다. 조왕 헐은 대代왕으로 보냈다. 조나라 승상 장이는 상산왕常山王이 되었다. 한왕은 항우가 약속을 지키지 않자 원한을 품고 공격하려 했지만, 승상 소하가 간언해 그만두었다.

여름 4월, 제후는 희하를 떠나 각자 봉국으로 갔다. 항우는 병사 3만을 한왕에게 딸려 보냈다. 초나라 백성과 제후국 백성 중에 한왕을 흠모한 자 수만 명이 두현杜縣에서 남쪽의 역중蝕中으로 따라갔다. 장량은 한왕에게 사의를 표하고 한

韓나라로 돌아갔다. 한왕이 포중褒中까지 전송 나오자 잔도를 태워 끊어서 제후의 기습에 대비하는 한편 항우에게는 동으로 진출할 의사가 없음을 보이라고 권했다.

한왕이 남정에 도착했을 때 장수와 병사 모두가 고향 노래를 부르며 동쪽 고향으로 돌아가기를 바랐고, 도중에 도망친 자도 많았다. 한신韓信을 치속도위治粟都尉에 임명했더니 못마땅하게 여기고 도망쳤다. 소하가 쫓아가 다시 데려왔고 한왕에게 대장군감이라 추천했다.

"천하를 놓고 다투시려면 한신이 있어야 합니다."

그래서 한왕은 재계하고 단을 세운 다음 한신을 대장군에 임명하고 계책을 물었다. 한신이 대답했다.

"항우는 약속을 저버리고 군왕을 남정으로 보냈으니 좌천입니다. 관리와 병사는 모두 산동 출신이어서 늘 돌아가고 싶어 하니 이들의 날카로운 기세를 이용하면 큰 공을 세울 것입니다. 천하는 이미 평정됐고 백성은 모두 안정을 찾았으니 다시 동원해서는 안 됩니다. 동쪽으로 일을 도모할 방법을 생각해 보셔야 합니다."

그러고 나서 항우를 패배시키고 삼진을 쉽게 병합할 계책을 풀어놓았다. 한왕은 매우 좋아하며 한신의 계책대로 하기로 하고 장수를 배속시켰다. 소하는 파촉에 남아서 세금을 걷어 군량을 보급하게 했다.

5월, 한왕은 고도현故道縣에서 출전해 옹나라를 갑자기 공격했다. 옹왕 장한은 진창陳倉에서 한왕을 맞아 싸웠지만 패하고 후퇴했다. 호치好畤에서도 싸웠지만 또 크게 패하고 폐구로 달아났다. 한왕이 마침내 옹 땅을 평정했다. 함양으로 동진해 폐구에 있는 옹왕을 포위하면서 여러 장수를 보내 각 지역을 공략하도록 했다. 전영은 항우가 제왕 전시田市를 교동왕으로 옮기고 전도를 제왕에 세웠다는 소식을 듣고 크게 성을 냈고, 제나라 군대로 전도를 맞아 싸웠다. 전도는 도주해 초나라에 투항했다.

6월, 전영은 전시를 죽이고 스스로 제왕이 되었다. 당시 팽월은 거야鉅野에 있었는데, 병력이 1만여 명이나 됐지만 어디에도 소속되지 않았다. 전영은 팽월에게 장군인을 주고 양 땅에서 항우에게 반란을 일으키게 했다. 팽월은 제북왕 전안을 죽였고, 전영은 마침내 제, 제북, 교동 삼제三齊의 땅을 다 차지했다. 연왕 한광도 요동으로 옮겨 가는 것을 탐탁지 않게 여겼다.

가을 8월, 장도는 한광을 죽이고 그 땅을 차지했다. 새왕 사마흔과 적왕 동예는 모두 한漢에 투항했다. 예전에 항량이 한韓나라 왕의 후손인 공자 성成을 한韓 왕으로 세웠을 때 장량은 사도였다. 항우는 장량이 한漢 왕을 따른다고 생각했고, 또 한韓 왕 성은 공을 전혀 세우지 못했다. 그래서 봉국으로 돌려보내지 않고 팽성까지 데려갔다가 죽여 버렸다. 한왕이 관중을 점령하고 제나라, 양나라와 함께 반기를 들었다는 보고를 받자 항우는 크게 성을 냈다. 바로 오현 현령이었던 정창鄭昌을 한韓 왕에 봉하고 한漢과 대치하게 했다. 소공蕭公 각角에게 팽월을 공격하게 했지만, 팽월은 각의 군대를 물리쳤다. 이때 장량은 한韓나라 땅을 공략하면서 항우에게 서신을 보냈다.

"한漢이 관중을 차지하려 하니 약속대로 하면 바로 중단하고 더 이상 동쪽으로 진격하지 않겠습니다."

항우는 서쪽으로 진격할 생각은 않고 북쪽 제나라를 공격했다.

9월, 한왕은 장군 설구薛歐, 왕흡王吸을 무관으로 보내 왕릉 부대와 함께 남양에서 패현으로 가 태공과 여후를 모셔오게 했다. 항우가 이 말을 듣고 군대를 양가陽夏로 보내 막았지만, 한발 늦었다.

한 2년(B.C. 206년) 겨울 10월, 항우는 구강왕 영포를 보내 임현郴縣에서 의제義帝를 죽였다. 진여는 자기만 왕으로 세워주지 않자 항우를 원망하고, 전영에게 군대를 빌려 상산왕 장이를 공격했다. 장이가 패배하고 한왕에게 투항하자 후하게 대우해 줬다. 진여는 대代 왕 조헐을 조나라로 다시 맞아들였고, 조헐은 진여를 대代 왕으로 세웠다. 장량은 한韓나라에서 몰래 샛길로 돌아왔고, 한왕은 그를 성신후成信侯에 봉했다. 한왕은 섬현陝縣으로 가서 관외關外의 원로를 위로했다. 하남왕 신양이 항복하자 하남군을 설치했다. 한韓나라 태위太尉 한신에게 한韓을 공격하게 하자 한韓 왕 정창이 항복했다.

11월, 한왕은 한韓의 태위 한신을 한韓 왕에 봉했다. 한왕은 관중으로 돌아와 역양에 도읍을 정하고 여러 장수에게 각 지역을 공략하게 해서 농서군隴西郡을 차지했다. 1만 명을 거느리고 또는 군 하나 전체를 가지고 투항하면 1만 호에 봉해 주겠다고 했다. 그리고 하상군河上郡 변경을 정비했다. 또한 옛 진나라 원유苑囿[45]를 개방해 백성이 경작하게 했다.

봄 정월, 항우는 성양城陽에서 전영을 공격했고, 전영은 패해 평원군平原郡으로 도주했는데 평원 백성이 그를 죽였다. 제나라가 초나라에 항복했는데도 성곽을 모두 태워 버리자 제나라 백성이 다시 등을 돌렸다. 여러 장수가 북쪽 지역을 공략해 옹왕 장한의 아우 장평을 사로잡았다. 죄인을 사면했다.

2월, 계미일에 백성에게 진나라 사직을 허물고 한나라 사직을 세우게 했다. 그리고 은덕을 베풀고 백성에게 작위를 내렸다. 촉군蜀郡과 한중군漢中郡 백성은 군량을 보급한 노고를 인정받아 2년간 부역과 조세가 면제됐다. 관중으로 종군한 병사도 1년간 집안의 조세와 부역을 면제받았다. 백성 가운데 50세 이상인 자로 품행이 바르고 군중을 잘 통솔하는

---

45 왕실의 식물원과 동물원.

자를 추천받아 삼로三老⁴⁶에 임명하고 향마다 한 명씩 두었다. 향 삼로 중 한 명을 현 삼로에 임명해 현령縣令, 현승縣丞, 현위縣尉와 함께 정사를 돕는 고문으로 삼고 요역을 면제해 줬다. 그리고 매년 10월 삼로에게 술과 고기를 하사하기로 했다.

3월, 한왕이 임진臨晉에서 황하를 건너자 위魏 왕 위표가 투항해 한왕을 따랐다. 하내河內를 공략해 은殷 왕 사마앙을 포로로 잡았고, 하내군河內郡을 설치했다. 수무현脩武縣에 도착했을 때 진평이 초나라에서 도망쳐 투항해 왔다. 한왕이 이야기해 보고 나서 마음에 들어 수레에 동승하게 한 뒤 여러 장수를 감독하게 했다. 남으로 평음진平陰津을 건너 낙양에 이르렀을 때 신성新城의 삼로인 동공董公이 한왕을 막아섰다.

"신은 '덕이 있으면 번창하고 덕이 없으면 패망하며', '명분 없는 전쟁은 이길 수 없다'라고 들었습니다. 그러므로 '그가 역적임을 분명히 하면 그 적을 이길 수 있다'라고 했습니다. 항우는 무도하여 주군을 시해했으니 천하의 적이 확실합니다. 인한 사람은 용맹함에 의지하지 않고, 의로운 사람은 무력에 의지하지 않는 법입니다. 한왕께서는 전군에게 의제를 위해 상복을 입게 하십시오. 제후에게 알리고 이 명분으로 동쪽을 정벌하신다면 모든 백성이 그 덕을 떠받들 것입니다. 이것이 바로 하, 은, 주 삼왕을 따르는 의거입니다."

---

46 중국 한나라 때 마을의 교화를 맡아보던 사람.

한왕이 말했다.

"좋다. 당신이 아니면 그런 이야기를 듣지 못했을 것이다."

한왕은 사흘 동안 의제 상을 치렀다. 어깨를 드러내고 슬퍼하며 크게 통곡했다. 그리고 사신을 보내 제후에게 다음과 같은 내용을 알렸다.

"천하가 함께 의제를 황제로 세워 받들었다. 그런데 항우가 강남에서 마음대로 의제를 시해했으니 정말로 대역무도한 짓이 아닐 수 없다. 과인은 직접 상을 치렀고 모든 병사가 상복을 입었다. 관중과 삼하三河(하내, 하동, 하남) 지역, 남으로 장강, 한수 이하로부터 모든 병사를 동원하여 여러 제후왕을 따라 의제를 시해한 저 초나라 사람을 치려 하노라!"

여름 4월, 전영 아우 전횡이 수만 명을 모아 전영 아들 전광田廣을 제나라 왕으로 세웠다. 항우는 한나라 군대가 동진한다는 보고를 받았지만, 제나라를 공격하던 터라서 확실하게 패배시킨 다음 한나라를 공격하려 했다. 한나라는 초나라가 비어 있는 틈을 타 강제로 위왕魏王, 하남왕河南王, 한왕韓王, 은왕殷王, 상산왕常山王 등 다섯 제후의 군대를 거느리고 초나라를 치러 동진했다. 외황外黃에 도착하자 팽월이 3만 명을 데리고 귀순했다. 한왕은 팽월을 위나라 상국相國에 임명하고 양나라 지역을 평정하게 했다. 한왕은 팽성으로 들어가 항우의 미인과 재물을 차지하고 술잔치를 크게 벌였다. 항우는 이 소식을 듣자 수하 장수에게 제나라 공격을 맡겨 놓고서 정예 3만을 직접 이끌고 노나라 지역에서 호릉현胡陵縣으로 진출해 새벽에 소현蕭縣에서 한나라 군대를 공격했다. 팽성 영벽靈壁 동쪽 휴수睢水 가에서 한나라 군대를 크게 격파하여 휴수가 흐르지 못할 정도로 병사를 많이 죽였다. 그리고는 한왕을 세 겹으로 포위했다. 그때 갑자기 서북풍이 아주 강하게 불어 나무가 꺾이고 지붕이 날아가고 모래와 돌이 날렸으며, 낮인데도 어두워지자 초나라 군대가 큰 혼란에 빠졌다. 그 틈을 타서 한왕은 기병 수십 기와 함께 도망쳤다. 한왕이 패현을 지나면서 사람을 보내 식구를 구하려 했는데 이미 피한 뒤여서 찾지 못했다. 한왕은 도중에 혜제와 노원공주를 만나 수레에 태우고 갔다. 그러다 초나라 기병이 추격해 오자 한왕은 급한 나머지 두 아이를 밀어 떨어뜨렸다. 등공이 내려 다시 혜제와 노원공주를 태우고 간신히 벗어났다. 심이기는 태공, 여후와 샛길로 가다 초나라 군대에 잡혔다. 항우는 이들을 인질로 삼아 군중에 두었다. 제후들은 한나라가 패한 것을 보고 모두 도망쳤다. 새왕 사마흔, 적왕 동예는 초나라에 투항했고, 은왕 사마앙은 죽었다.

한왕은 하읍현에 주둔한 여후 오빠 주여후周呂侯에게 가서 따라다녔다. 그리고는 조금씩 병사를 모아 탕현에 주둔했다.

한왕은 서쪽 양나라 땅을 지나 우현虞縣에 이르자 알자謁者[47] 수하隨何에게 말했다.

47 관직 이름. 춘추전국시대에 처음으로 설치되고 진나라와 한나라가 그대

"구강왕 영포가 초나라에 반기를 들도록 네가 설득하면 항왕은 틀림없이 그곳을 공격하느라 발이 묶일 것이다. 몇 달만 붙들어 둘 수 있으면 내가 천하를 차지한다."

수하는 영포를 설득하러 갔고, 정말로 초나라에 반기를 들게 했다.

5월, 한왕은 형양에 주둔했고 소하는 관중에서 노약자와 나이가 차지 않은 사람 모두를 징병해 군대로 보냈다. 한신도 병력을 수습한 뒤 한왕과 합류해 사기가 크게 진작됐다. 초나라 군대와 형양 남쪽 경현京縣과 색현索縣 일대에서 전투를 벌여 이겼다. 용도甬道[48]를 쌓고 황하로 연결해 오창敖倉의 군량을 확보했다. 위왕 위표는 병든 친속을 보살핀다는 핑계로 돌아갔고, 돌아가자마자 황하 나루터를 폐쇄하고 다시 초나라에 투항했다.

6월, 한왕은 역양으로 돌아갔다. 임오일(19일)에 태자를 세우고 죄인을 사면했다. 관중에 있던 제후 자제를 모두 역양으로 불러 호위하게 했다. 폐구로 물을 끌어들여 공격해 폐구를 함락했고 장한은 자살했다. 옹주雍州를 평정해 80여 개 현이 수중에 들어왔고, 그곳에 하상河上, 위남渭南, 중지中地, 농서隴西, 상군上郡을 설치했다. 사관祠官을 시켜 천지, 사

로 계승했다. 전례를 행할 때 의식을 안내하거나 천자의 명을 전달하는 역할을 했다.
48 왕이 행차할 때 사용하던 담을 양쪽에 쌓아 만든 통로.

방, 상제, 산천에 제사 지냈고 또 계속해서 때에 맞춰 지내게 했다. 더불어 관중의 병사를 징발해 변경을 지키게 했다. 그러다 관중에 기근이 크게 들어 쌀 10말 값이 1만 전이나 되었고, 사람이 사람을 먹는 일도 발생했다. 백성에게 촉군과 한중군으로 이주해서 먹고살 수 있게 했다.

가을 8월, 한왕은 형양으로 가서 역이기에게 말했다.

"위왕 위표에게 가서 넌지시 투항하게 하면 위나라 땅 1만 호를 봉토로 주겠소."

역이기가 갔지만 위표는 들으려 하지 않았다. 한왕은 한신을 좌승상에 임명하고 조참, 관영과 함께 위나라를 공격하게 했다. 역이기가 돌아오자 한왕이 물었다.

"위나라 대장이 누군가?"

"백직柏直입니다."

"젖비린내 나는 녀석이군. 한신한테는 안 돼. 기병 장수는 누구지?"

"풍경馮敬입니다."

"진나라 장군 풍무택의 자식인데, 쓸 만하지만 관영한테는 어렵지. 보병 장수는?"

"항타項它입니다."

"걔는 조참을 못 이겨. 그럼, 걱정할 것이 없네."

9월, 한신 등이 위표를 사로잡아 형양으로 보냈다. 이어 위나라 땅을 평정하고 하동河東, 태원太原, 상당군上黨郡을 설치했다. 한신은 북으로는 연나라와 조나라, 동으로는 제나라를 공격하고, 남으로는 초나라 군대의 보급로를 차단하겠다며 병사 3만을 청했다. 한왕이 승낙했다.

한 3년(B.C. 205년) 겨울 10월, 한신과 장이가 동으로 정형井陘을 함락하고 조나라를 공격해 진여를 죽이고 조왕 헐을 사로잡았다. 그리고는 상산常山과 대군代郡을 설치했다. 그믐 갑술일에 일식이 있었다.

11월, 그믐 계묘일에 일식이 있었다. 수하가 경포를 설득해 초나라를 공격하게 했다. 초나라는 항성項聲과 용저龍且를 보내 경포를 공격했고 경포는 이기지 못했다.

12월, 경포는 수하와 샛길로 몰래 한나라로 돌아왔다. 한왕은 병력을 나눠 주고 흩어진 병력을 모아 성고成皐로 갔다. 항우는 한나라 군대의 용도를 여러 차례 빼앗았다. 한나라 군대는 군량이 부족해지자 역이기와 함께 초나라 군대를 약화시킬 방법을 모색했다. 역이기는 6국의 후손을 왕으로 세워 동맹을 맺자고 했고, 한왕은 옥새를 새겨 역이기 편에 보내 왕을 세우게 했다. 이를 장량에게 자문하자 여덟 가지 이유를 들어 반대했다. 한왕은 밥을 먹다 말고 뿜었다.

"역이기 이 유생 새끼가 내 일을 거의 망칠 뻔했군!"

그리고는 쫓아가 옥새를 녹여 버리게 했다. 또 진평에게 자문하자 계책대로 하고 황금 4만 근을 주어 초나라 군신을 이간질하게 했다.

 여름 4월, 항우가 형양을 포위했고, 한왕이 화친을 요청하자 형양 서쪽 땅을 한나라에 주었다. 범증은 항우에게 형양을 빨리 공격하라고 간언했고 한왕은 상당히 걱정했다. 진평의 이간질이 효력을 나타내서 항우는 범증을 의심했다. 범증은 크게 화를 내고 떠났고 그 뒤 병에 걸려 죽었다.

 5월, 장군 기신紀信이 말했다.

 "급합니다! 제가 초나라 군대를 속여 볼 테니 왕께서는 그 틈을 타서 탈출하십시오."

 진평이 밤중에 동쪽 문으로 여자 2천여 명을 내보내자 초나라는 사방에서 공격해 왔다. 기신은 황색 비단을 덮고 깃털 깃발을 왼쪽에 꽂은 왕의 수레에 타고 소리쳤다.

 "군량이 바닥나서 한왕께서 초나라에 항복하신다."

 초나라 병사는 모두 만세를 부르며 성 동쪽으로 가서 지켜보았다. 한왕은 이 틈을 타서 기병 수십 기와 함께 서쪽 문으로 도망쳤다. 그리고는 어사대부御史大夫 주가周苛, 위표, 종공樅公에게 형양을 지키게 했다. 항우가 기신에게 물었다.

 "한왕은 어디 있느냐?"

 "성을 나갔소."

 항우는 기신을 태워 죽였다. 주가와 종공이 말했다.

 "한왕을 배반한 자와 함께 성을 지키기는 어렵겠습니다."

 그러고 나서 위표를 죽였다.

한왕은 형양을 떠나 성고로 갔다. 성고에서 관중으로 들어가 병사를 모으고 동쪽을 수복하려 했다. 원생轅生이 한왕에게 말했다.

"한나라와 초나라가 형양을 두고 대치한 뒤로 몇 년간 한나라는 항상 곤란을 겪었습니다. 폐하께서 무관武關으로 나가시면 항왕은 반드시 남진할 것이니 그 사이에 성벽을 두텁게 쌓고 형양과 성고 부근에서 잠시 휴식을 취할 수 있습니다. 그리고 한신 등을 시켜 황하 북쪽 조나라 지역을 안정시키고 연나라, 제나라와 연합하게 한다면 폐하께서는 다시 형양으로 돌아가실 수 있습니다. 이렇게 하면 초나라는 방어해야 할 지역이 더 많아져서 병력이 분산됩니다. 한나라 군대가 휴식을 취하고 나서 다시 초나라와 전투를 벌인다면 반드시 이깁니다."

한왕은 계책대로 완현과 섭현葉縣 중간 지역으로 출병해 경포와 함께 행군하며 병사를 모았다.

항우는 한왕이 완현에 있다는 보고를 받자 예상대로 남진했는데, 한왕은 성벽을 굳게 지키기만 하고 나와서 싸우지는 않았다. 이달에 팽월은 휴수睢水를 건너 항성項聲, 설공薛公과 하비下邳에서 전투를 벌이고 설공을 죽였다. 항우는 종공終公에게 성고 수비를 맡기고 직접 동진해 팽월을 공격했다. 그러자 한왕은 북진해 종공을 격파하고 다시 성고에 주둔했다.

6월, 항우는 팽월을 물리치고 한왕이 성고를 점령했다는 보고를 듣고 서진해 형양성을 함락하고 주가를 생포했다. 항우가 주가에게 말했다.

"그대가 내 장수가 되면 상장군에 임명하고 작읍 3만 호를 주겠소."

그 말을 들은 주가가 욕을 하며 소리쳤다.

"빨리 한왕에게 항복하지 않으면 포로가 될 것이다. 너는 한왕 상대가 되지 않아!"

항우는 주가를 삶아 죽이고 종공도 같이 죽였으며, 또 한韓 왕 한신을 사로잡고 바로 성고를 포위했다. 한왕은 도주해 겨우 등공만 데리고 수레로 성고 북쪽 문인 옥문을 빠져나와서 북으로 황하를 건너 소수무읍小脩武邑에서 하룻밤 묵었다. 새벽에 사신이라 자칭하는 사람이 장이와 한신이 있는 벽루에 들어와 군대를 빼앗아 갔다. 한신은 바로 장이를 북으로 보내 조나라 지역에서 병사를 모았다.

가을 7월, 대각성[49] 자리에 혜성이 출현했다. 한왕은 한신 군대를 얻어 다시 사기가 크게 진작됐다.

8월, 황하에 도착해 남쪽을 바라보며 소수무읍에 주둔하고 다시 싸우려 했다. 낭중郎中[50] 정충鄭忠이 보루는 높이고

---

49 아르크투루스Arcturus. 목동자리에서 가장 밝은 별로 북두칠성의 꼬리에서 중천을 향해 연장해 나가면 볼 수 있는 밝은 오렌지색의 별이다.
50 관직 이름. 전국시대에는 제후를 모시고 호위했고, 진나라와 한나라 때는 낭중령郎中令의 속관이 된다.

참호는 깊게 하며 나가 싸우지 말라면서 한왕을 말렸다. 한왕은 그의 계책을 따라 노관盧綰, 유가劉賈에게 병사 2만, 기병 수백으로 백마진白馬津을 건너 초나라로 들어가서 팽월을 도와 초나라 군량을 태우게 했다. 다시 연현燕縣 성곽 서쪽에서 초나라군을 격파하고 수양睢陽과 외황外黃의 성 17곳을 함락했다.

9월, 항우가 해춘후海春侯 대사마大司馬 조구曹咎에게 말했다.

"성고를 잘 지키시오. 한왕이 도발해도 그냥 지키기만 하면서 싸우지 마시오. 한나라 군대가 동진하지 못하게만 하면 충분하오. 보름 정도면 양나라 지역을 평정하고 다시 장군과 합류할 것이오."

항우는 동진해 팽월을 공격했다. 한왕은 역이기를 제왕 전광에게 보내 방어를 풀고 한나라와 화친을 맺도록 설득하게 했다.

한 4년(B.C. 204년) 겨울 10월, 한신은 괴통蒯通의 계책을 받아들여 제나라를 기습했다. 제왕은 역이기를 삶아 죽이고 동쪽 고밀高密로 도주했다. 항우는 한신이 제나라를 격파하고 초나라를 공격하려 한다는 보고를 받고 용저를 제나라로 보냈다. 한나라 군대가 성고에서 여러 번 초나라 군대를 도발했지만 대응하지 않자 사람을 풀어 며칠에 걸쳐 욕을 했다. 초나라 대사마 조구는 화가 나서 사수汜水를 건넜으나 군대가 채 건너기도 전에 한나라가 초나라 군대를 크게 격파하고 금은보화를 다 차지했다. 결국 대사마 조구, 장사 사마흔 둘 다 사수에서 자결했다. 한왕은 황하를 건너 다시 성고를 점령했고, 광무성廣武城에 군대를 주둔시켜 오창의 군량을 확보했다.

항우는 양나라 지역의 성 십여 곳을 함락했는데, 해춘후가 패했다는 보고를 듣자 급히 군대를 이끌고 돌아왔다. 한나라 군대가 형양 동쪽에서 종리매鍾離昧를 막 포위했을 때 항우가 온다는 소식을 듣고 지세가 험난한 지역으로 달아났다. 항우는 광무성에 주둔하고 한나라 군대와 대치했다. 대치 상황이 지속되자 장정은 전투로 고통받았고 노약자는 군수 보급에 지쳤다. 한왕과 항우는 광무성을 사이에 두고 담판을 벌였다. 항우가 한왕과 단독으로 한판 붙으려 하자 한왕은 조목조목 따져 가며 항우를 비난했다.

"나는 전에 너와 함께 회왕에게서 먼저 관중을 평정하면 그곳의 왕으로 봉한다는 명을 받았다. 그런데 너는 약속을 저버리고 나를 촉한 왕으로 책봉했으니 이것이 첫 번째 죄다. 너는 왕명을 날조하여 경자관군卿子冠軍 송의를 죽이고 스스로 상장군이 되었으니 이것이 두 번째 죄다. 너는 조나라를 구하고 돌아와 보고해야 했는데 마음대로 제후 군대를 협박해서 관중으로 진입하게 했으니 이것이 세 번째 죄다. 회왕은 관중에 들어가면 포학하게 굴지 않고 약탈하지 않겠다고 약속했지만 너는 진나라 궁궐을 태우고 진시황 무덤을 파내어 재물을 혼자서 다 차지했으니 이것은 네 번째 죄다. 또 항복해 온 진나라 왕 자영子嬰을 죽인 것이 다섯 번째 죄다. 신안현新安縣에서 진나라 자제 이십만 명을 속여서 묻어 죽이고 그 장수를 왕에 책봉한 것이 여섯 번째 죄다. 수하의 장수를 비옥한 곳의 왕으로 책봉하고 이전의 왕을 다른 곳으로 보내 신하가 권력을 다퉈 반역하게 한 것이 일곱 번째 죄다. 의제를 팽성에서 내쫓고 그곳을 도읍으로 삼았으며 한韓 왕의 영토를 빼앗고 양나라, 초나라까지 합병해 차지한 것이 여덟 번째 죄다. 사람을 시켜 강남에서 의제를 몰래 죽인 것이 아홉 번째 죄다. 신하로서 군주를 시해하고 항복한 사람을 죽였으며, 정치는 공정하지 않았고, 왕이 정한 약속을 지키지 않는 등 천하가 용납하지 못할 대역무도한 짓을 한 것이 열 번째 죄다. 내가 의병을 이끌고 제후를 따라 잔학한 역적을 치는 데 죄수들을 동원하여 너를 공격하면 되지, 무엇 때문에 힘들게 너와 싸울 필요가 있겠느냐!"

항우는 너무나 화가 나서 매복한 궁노수에게 한왕을 쏘라고 했다. 한왕은 가슴을 맞았지만, 일부러 발을 만지며 말했다.

"어떤 놈이 내 발가락을 맞췄느냐!"

한왕이 부상으로 병상에 누웠지만, 장량은 병사를 안심시키고 초나라 군대가 승기를 잡지 못하게 하려면 억지로라도 군대를 위문하러 가야 한다고 청했다. 한왕이 군중을 돌다가 병이 심해져서 성고로 급하게 들어갔다.

11월, 한신은 관영과 함께 초나라 군대를 격파하고 장수 용저를 죽였으며, 성양城陽까지 추격해 제나라 왕 전광을 사로잡았다. 제나라 승상 전횡은 스스로 제나라 왕에 올랐고 팽월에게로 도주했다. 한왕은 장이를 조나라 왕에 책봉했다. 한왕은 병이 조금 나아지자 서쪽 관중에 들어가 역양에서 원로의 안부를 묻고 잔치를 벌였다. 죽은 새왕塞王 사마흔의 머리를 역양 저잣거리에 걸었다. 한왕은 그곳에서 나흘간 머물다 군대로 돌아갔고, 군대를 광무성에 주둔시켰다. 관중의 병사가 늘어났고 팽월과 전횡은 양나라 지역을 점거해 수시로 초나라 군대를 괴롭히며 보급로를 차단했다. 한신은 제나라를 격파하고 나서 한왕에게 사신을 보냈다.

"제나라는 초나라에 접해 있는데 제 권한이 약하니 임시로라도 왕으로 세워 주지 않으면 제나라를 안정시킬 수 없습니다."

한왕은 화가 나서 한신을 공격하려 했으나, 장량이 말렸다.

"이렇게 된 김에 한신을 제나라 왕으로 세우고 알아서 방어하게 하는 것이 더 낫습니다."

봄 2월, 장량에게 옥새를 가지고 가게 해서 한신을 제나라 왕에 책봉했다.

가을 7월, 경포를 회남왕으로 세웠다.

8월, 처음으로 인두세를 징수했다. 북맥北貉과 연나라에서 용맹한 기병을 보내 한나라를 도왔다. 한왕이 명령을 내렸다.

"불행히 병사가 죽으면 관리는 죽은 병사에게 수의를 입히고 입관하여 고향으로 보내도록 하라."

천하 백성이 한왕을 좋아했다.

항우는 도움을 받을 데도 없고 군량도 다 떨어져 간다는 것을 잘 알고 있었다. 그러던 중 한신이 또 쳐들어오자 걱정했다. 한나라가 육가를 보내 태공을 돌려보내 줄 것을 청했지만, 항우는 들어주지 않았다. 다시 후공侯公을 보내 항우를 설득하자, 항우는 그제야 한왕과 약정을 맺어 천하를 둘로 나눠, 홍구鴻溝 서쪽은 한나라가, 동쪽은 초나라가 다스리기로 했다.

9월, 태공과 여후가 돌아오자 군대가 모두 만세를 불렀다. 후공을 평국군平國君에 봉했다. 항우는 군대를 해산시키고 동쪽으로 돌아갔다. 한왕이 서쪽으로 돌아가려 하자 장량과 진평이 간언했다.

"한나라는 천하의 절반을 차지하고 제후가 모두 따르지만, 초나라 군대는 지치고 군량도 다 떨어졌으니 하늘이 항우를 버린 것입니다. 이 기회에 항우를 치지 않는다면 그것이야말로 호랑이를 키워 우환을 자초하는 일입니다."

한왕은 이들의 간언을 따랐다.[51]

---

51 『한서』 원본에서는 여기까지 '고제기제일상高帝紀第一上'으로, 5년조부터

한 5년(B.C. 203년) 겨울 10월, 한왕은 양가陽夏 남쪽까지 항우를 추격하고 진군을 멈췄다. 제왕 한신, 위 상국 팽월과 함께 초나라를 공격하기로 하고 고릉固陵으로 갔지만 모두 모이지 않았다. 그때 초나라가 한나라를 공격해 크게 이겼다. 한왕은 다시 벽루로 들어가 참호를 깊게 파고 지켰다. 한왕이 장량에게 말했다.

"왜 제후가 따르지 않을까?"

"초나라를 패망시켜도 땅을 나눠 받지 못할 것이니 오지 않는 것도 당연합니다. 폐하께서 천하를 나눠 준다면 바로 올 것입니다. 한신을 제나라 왕으로 세운 것은 폐하의 뜻이 아니었고, 한신도 자신의 자리가 불안하다고 여깁니다. 양나라 땅은 원래 팽월이 평정했는데, 폐하께서는 위표가 있어서 팽월을 상국으로 임명할 수밖에 없었습니다. 위표가 죽고 팽월은 왕이 되기를 바라는데도 폐하께서 빨리 결정해 주지 않았습니다. 수양睢陽에서 북으로 곡성穀城까지 팽월에게 주고, 진현陳縣부터 동으로 바다에 이르는 지역을 제왕 한신에게 주십시오. 한신은 고향이 초나라 땅에 있어서 그곳을 다시 찾으려 할 것입니다. 이 땅을 두 사람에게 줘 버리고 각자 초나라와 싸우게 하면 초나라는 쉽게 패망할 것입니다."

그래서 한왕은 한신과 팽월에게 사신을 보냈다. 그러자

'고제기제일하高帝紀第一下'로 제목이 달려 있다.

바로 두 사람이 왔다.

　11월, 유가劉賈가 초나라로 진군해 수춘壽春을 포위했다. 한나라도 초나라 대사마 주은周殷을 회유하러 사람을 보냈다. 주은이 초나라를 배반하고 서舒에 주둔한 군대로 육현六縣을 도륙했고, 구강九江에 있던 군대를 이끌고 경포를 영접해 함께 성보현城父縣을 함락한 다음 유가와 합류했다.

　12월, 해하垓下에 있는 항우를 포위했다. 항우는 밤중에 한나라 군대가 사방에서 초나라 노래를 부르자 한나라가 초나라 땅을 다 점령한 것을 알았다. 항우는 기병 수백 기와 도주했고 이에 초나라 군대는 크게 패했다. 관영은 동성東城까지 항우를 추격해 죽였다. 한왕이 초나라를 모두 평정하고 노나라만 남았다. 한왕은 전 병력을 동원해 도륙하고 싶었지만, 노나라는 절개를 숭상하고 예의를 지키는 나라여서 항우 머리를 들어 원로와 형제에게 보이자 노나라는 바로 항복했다. 전에 회왕이 항우를 노공魯公에 봉했으므로, 노나라는 항우가 죽은 뒤에도 그에 대한 예를 굳게 지켰다. 그래서 노공의 예로 항우를 곡성에 장사 지냈다. 한왕은 장례를 치르게 하고 같이 곡한 다음 떠났다. 항백 등 네 사람을 열후列侯에 봉하고 유씨 성을 하사했다. 그리고는 초나라에 잡혀 온 백성을 돌려보냈다. 한왕은 정도로 돌아오자 바로 제왕 한신의 성으로 달려가 군대를 빼앗았다. 전에 항우가 임강왕臨江王으로 세운 공오共敖가 죽자 아들 공위共尉가 왕위를 물려받았는데, 한나라에 항복하지 않았다. 노관과 유가를 보내 공위를 사로잡았다.

봄 정월, 한왕은 형 유백劉伯을 무애후武哀侯로 추존했다. 그리고는 다음과 같이 명령을 내렸다.

"초나라는 평정되었고 의제는 죽었으니 초나라 백성을 위해 왕을 정하겠다. 제왕 한신은 초나라 풍습에 익숙해서 초나라 왕으로 보내니 회북淮北을 다스리고 하비下邳에 도읍을 정하도록 하라. 위나라 상국 건성후建城侯 팽월은 위나라 백성을 위해 애쓰고 병사와 가깝게 지냈으며, 늘 적은 병력으로 대군을 공격하여 여러 차례 초나라 군대를 격파했다. 그러므로 위나라 옛 땅을 다스리게 한다. 그에게 양왕梁王 칭호를 내리며 정도에 도읍하도록 하라."

또 이렇게 명령했다.

"8년 동안 전쟁이 계속되어서 온 백성이 함께 고통을 겪었다. 이제 천하의 전란이 다 끝났으니 사형을 제외한 모든 죄를 사면하노라."

제후가 상소했다.

"초왕 한신, 한왕韓王 신, 회남왕 영포, 양왕 팽월, 형산왕을 지낸 오예, 조왕 장오張敖, 연왕 장도는 죽음을 각오하고 재배하며 대왕 폐하께 아룁니다. 예전 진나라가 무도하여 천하가 일어나 멸망시켰습니다. 대왕께서는 먼저 진나라 왕을 사로잡고 관중을 평정하였기에 천하에 공이 가장 큽니다. 위험에 빠지고 망해 가는 것을 지키고 안정시켰으며, 패하고 끊어진 것을 구하고 이어서 모든 백성을 편안하게 하셨으니 공덕이 정말로 크십니다. 또 공을 세운 제후왕에게 은혜를 베푸시어 각자 사직을 세우게 하셨습니다. 영지는 정해졌지만, 칭호가 비슷하여 상하 구분이 되지 않으면 대왕의 큰 공덕이 후세에 분명하게 알려지지 않을 것입니다. 죽음을 각오하고 재배하며 황제 존호를 바칩니다."

한왕이 말했다.

"뛰어난 사람이라야 제왕 칭호를 받는다고 과인은 들었다. 실질이 없는 명칭은 받지 않겠다. 모든 제후왕이 과인을 떠받드니 어찌해야 좋을지 모르겠다."

제후왕들이 모두 말했다.

"대왕께서는 비천한 신분으로 난폭한 진나라를 멸망시키고 천하에 위세를 떨쳤습니다. 또 외지고 누추한 한중漢中에서부터 위엄과 덕을 베풀고 불의를 처단하며 공을 세우고 천하를 평정했습니다. 그리고 공신 모두에게 영지와 식읍食邑[52]을 나눠 주고 독차지하지 않았습니다. 천하에 베푼 대왕의 덕을 제후왕은 말로 다 표현할 수 없으며, 대왕께서 제위에 오르시는 것은 당연하니 부디 천하를 다스려 주십시오."

한왕이 말했다.

"제후왕이 천하 백성에게 편하다고 하니 그렇게 하겠소."

---

52 국가에서 특히 공신에게 내려서 그 조세를 받아 쓰게 한 고을. 채읍采邑.

제후왕, 태위 장안후 노관 등 삼백여 명은 박사博士 직사 군稷嗣君 숙손통叔孫通과 길일을 택해 2월 갑오일로 정하고 존호를 바쳤다. 한왕은 범수氾水 북쪽에서 황제에 즉위했다. 왕후는 황후로, 태자는 황태자로 높였고, 한왕의 돌아가신 어머니를 소령부인昭靈夫人으로 추존했다.

한왕이 조칙을 내렸다.

"예전 형산왕 오예와 아들 두 명, 형의 아들 한 명은 백월百粵 군대를 따라 포악한 진나라를 멸망시킬 때 제후를 도와 큰 공을 세웠기에 왕으로 세웠다. 항우가 그 땅을 빼앗고 오예를 파군番君이라 칭했다. 장사長沙, 예장豫章, 상군象郡, 계림桂林, 남해南海를 파군 오예에게 주고 장사왕으로 세운다."

또 이렇게 조칙을 내렸다.

"예전 월왕粵王 망제亡諸는 대대로 월의 조상에게 제사 지냈다. 그러나 진나라는 그 땅을 빼앗고 사직에 제사를 지낼 수 없게 했다. 제후가 진나라를 칠 때 망제는 직접 민중 군대를 거느리고 진나라 멸망을 도왔지만, 항우는 왕으로 세워 주지 않았다. 이제 민월閩粵 왕으로 세우고 민중을 영지로 하사하니 직분을 잃지 않도록 하라."

고제는 도읍을 서쪽 낙양으로 정했다.

여름 5월, 군대를 모두 해산하고 병사는 고향으로 돌아갔다. 조칙을 내렸다.

"제후 자손 중 관중에 있는 자는 12년 동안 부역을 면제하고, 귀향한 자는 6년을 면제한다. 산악이나 습지로 숨어들어 호적에 등재되지 않은 백성은 이제 천하가 안정되었으니 원래 살던 현으로 돌아가 작위 및 농지와 집을 회복하도록 하라. 관리는 백성이 법조문의 뜻을 잘 알게 해서 벌을 받아 치욕을 당하는 일이 없도록 하라. 굶주림으로 노비가 된 백성은 모두 서민으로 신분을 복귀시키도록 하라. 군대 관리와 사병을 사면할 때는 죄가 없는데도 작위가 없거나 또 작위가 있어도 대부에 미치지 못한 자 모두에게 대부 작위를 내린다. 대부 이상은 작 1급을, 칠대부七大夫 이상은 식읍을 하사하고, 칠대부 이하가 아닌 자는 자신과 그 집안의 부역을 면제하니 동원하지 않도록 하라."

또 다음과 같이 조칙을 내렸다.

"칠대부, 공승公乘[53] 이상은 높은 작위이다. 제후의 자손과 종군했다가 귀향한 자 중에는 작위가 높은 자가 아주 많아서 관리에게 여러 차례 명을 내려 그들에게 먼저 농지와 집을 주도록 했고, 또 정당한 요구를 해 오면 빨리 처리하도록 했다. 작위가 제후국 군주인 자는 천자도 존경하고 예우하는데, 오래도록 관리 앞에서 판결을 기다려도 처리되지 않으니 말도 안 된다. 전에 진나라에서는 작위가 공대부 이상이면 현령, 현승과 같은 예우를 받았다. 지금 짐도 작위를 가벼이 여기지 않는데 관리가 어찌 이렇게 작위를 가볍게 보

---

53 칠대부는 제7작 공대부公大夫이고, 공승은 제8작이다.

는가! 그리고 공로가 있는 자에게 농지와 집을 주도록 법에 규정되어 있는데, 종군한 적도 없는 말단 관리는 풍족하게 받고 공을 세운 자는 도리어 받지 못한다. 공익을 저버리고 사익만 추구하니 군수, 군위, 현령, 현장의 일 처리가 몹시 못마땅하다. 높은 작위를 받은 자에게 제대로 대우하도록 명령하여 짐의 뜻에 맞게 하라. 순시할 때 조칙대로 행하지 않은 관리는 중죄로 다스리겠다."

고제가 낙양 남궁에서 연회를 베풀었다. 고제가 말했다.

"통후通侯[54]와 여러 장군은 짐에게 숨김없이 말해 주시오. 짐이 천하를 차지하고 항우가 천하를 잃은 것은 무엇 때문이오?"

고기高起와 왕릉이 대답했다.

"폐하께서는 사람을 업신여기고 모욕했지만, 항우는 예를 갖추고 존중했습니다. 하지만 폐하께서는 공격을 명하시고 함락하면 상으로 주어 장군, 병사와 함께 이익을 누렸습니다. 그러나 항우는 뛰어나고 능력 있는 자를 질투하여 공을 세운 자는 불이익을 주고 뛰어난 자는 의심했으며, 전쟁에서 이겨도 그 공을 인정하지 않고, 땅을 빼앗아도 나눠 주지 않아서 천하를 잃었습니다."

고제가 말했다.

"공들은 하나만 알지 둘은 모르는군. 막사에서 작전을 세

---

54 제후 중에서 관위官位가 높은 사람.

워 천 리 밖에서 승부를 결정짓는 일로 말하자면 짐은 장자 방張子房[55]보다 못하오. 나라를 안정시키고 백성을 다독이며 군량을 보급하고 병참이 끊어지지 않게 하는 것으로 보자면 짐은 소하보다 못하오. 백만의 병사를 이끌고 싸우면 반드시 이기고 공을 세우는 것은 한신이 짐보다 더 낫소. 이 세 사람은 모두 뛰어난 인재인데 짐이 이들을 잘 활용했기 때문에 천하를 차지할 수 있었던 것이오. 항우에게는 범증 하나밖에 없었는데도 그의 말을 따르지 않아서 나에게 잡혔던 것이오."

여러 신하가 기꺼이 수긍했다.

전에 전횡은 팽월에게 귀순했다. 항우가 죽은 뒤 전횡은 살해될까 두려워 빈객과 함께 바닷가로 도망쳤다. 고제는 그대로 놔두면 언젠가는 반란을 일으킬 것이라 여겨져 사람을 보내 전횡을 사면했다.

"전횡은 돌아오라. 우두머리는 왕에, 따르는 무리는 후에 봉해 주겠지만, 오지 않으면 바로 군대를 보내 죽이겠다."

전횡은 두려워 역참 수레를 타고 낙양으로 가다가 30리도 채 가기 전에 자살했다. 고제는 그의 기개를 가상히 여기고 눈물을 흘리며 병사 2천을 보내 왕의 예로 장사 지냈다.

수졸 누경婁敬이 알현을 청했다.

"폐하께서 천하를 차지한 방법이 주나라와 다른데도 낙

---

[55] 장량張良. 자방은 자字이다.

1. 고제기

양에 도읍을 정하신 것은 적절하지 않습니다. 관중으로 들어가서 진나라 땅의 견고한 지형을 이용하는 것이 좋습니다."

고제가 장량에게 자문하자 장량도 좋다고 했다. 그날로 수레를 타고 서쪽 장안으로 가서 도읍을 정했다. 누경을 봉춘군奉春君에 책봉하고 유씨 성을 하사했다.

6월 임진일에 천하에 대사면령을 내렸다.

가을 7월, 연왕 장도가 반란을 일으키자 고제가 직접 정벌했다.

9월, 장도를 사로잡았다. 제후왕 가운데 공이 있는 자를 연왕으로 세우겠다고 제후왕에게 조칙을 내렸다. 형왕 한신 등 열 명이 말했다.

"태위 장안후 노관이 공을 가장 많이 세웠으니, 연왕으로 세워 주십시오."

승상 번쾌에게 대代 지역을 평정하게 했다.

이기利幾가 반란을 일으키자 고제가 직접 격퇴했다. 이기는 원래 항우의 장수였다. 항우가 패하자 진현 현령이었던 이기는 항복했고, 고제는 영천후潁川侯에 책봉해 줬다. 고제가 낙양에서 통후 명부에 오른 사람을 소집하자 이기는 두려워 반란을 일으켰다.

윤9월, 제후 자손을 관중으로 옮겨 살게 했다. 장락궁長樂宮을 지었다.

한 6년(B.C. 202년) 겨울 10월, 모든 현과 읍에 성을 축조하도록 명령을 내렸다. 초왕 한신이 모반한다는 제보가 들어왔다. 이에 고제는 조정 신하에게 묻자 신하들은 앞다퉈 공격하자고 했다. 진평의 계책을 받아들여 운몽雲夢으로 순시 가는 척했다.

12월, 진현에서 제후를 회견했다. 초왕 한신이 마중 나와 알현하자 바로 체포했다. 그런 뒤 조칙을 내렸다.

"천하가 안정되고 나서 공을 세운 호걸을 제후에 봉했다. 황제에 즉위하고 나서는 모든 공을 다 따져 상을 주지는 못했다. 9년간 전쟁을 치르느라 법령을 익히지 못한 자도 있고, 혹은 이 때문에 법을 어긴 자도 있으며, 그중에 큰 죄를 지은 사람은 사형에 처해졌는데, 짐은 이를 매우 안타깝게 생각한다. 이제 천하에 사면령을 내리노라."

전긍田肯이 황제에게 축하했다.

"폐하께서 한신을 사로잡고 또 관중에 도읍을 정하신 것은 정말로 잘하신 일입니다. 진나라 땅은 지형이 유리해서 승리했는데, 황하를 따라 험준한 산이 막고 여러 제후와 천 리나 떨어져서 100만 군대로 공격한다 해도 2만 병사로도 충분히 막을 수 있습니다. 지세가 편리해서 제후국에 군대를 파병할 때는 높은 집 위에서 양동이를 거꾸로 매달아 물을 쏟는 것처럼 쉽습니다. 제나라는 동으로는 자원이 풍부한 낭야琅邪와 즉묵卽墨이, 남으로는 험준한 태산泰山이 있고,

서쪽으로는 탁하濁河가 가로막고, 북으로는 발해勃海가 있으며, 영토는 사방 2천 리에 걸쳐 있습니다. 100만 군대로 공격하면 천 리 밖에 있어서 20만 병사로도 충분히 방어할 수 있습니다. 이것은 진나라가 동쪽에 하나 더 있는 것과 같습니다. 친자식이 아니면 제나라 왕에 책봉해서는 안 됩니다."

황제가 말했다.

"좋다."

그러고 나서 금 5백 근을 하사했다.

황제는 낙양으로 돌아와 한신을 사면하고 회음후淮陰侯에 봉했다. 28일 갑신일이 되어서야 부절符節을 나눠 주면서 조참 등 공신을 통후에 책봉했다. 조칙을 내렸다.

"제齊는 오래전에 건국된 나라이지만 지금은 군현에 불과하니 다시 제후국으로 되돌리겠다. 장군 유가는 여러 차례 큰 공을 세웠고 또 관대하고 순수하니 제와 형 땅의 왕에 책봉한다."

봄 정월 13일 병오일에 한왕 신 등이 옛 동양군東陽郡·장군鄣郡·오군吳郡의 현 53곳을 묶어 유가에게 주며 형왕에, 탕군碭郡·설군薛郡·담군郯郡의 성 36곳은 동생 문신군文信君 유교劉交에게 주고 초왕에 책봉할 것을 주청했다. 19일 임자일에 운중雲中·안문鴈門·대군代郡의 현 53곳을 형 의신후宜信侯 유희劉喜에게 주고 대왕에, 교동膠東·교서膠西·임치臨淄·제북濟北·박양博陽·성양군城陽郡의 현 73곳은 아들 유비劉肥에게 주고 제왕에, 태원군太原郡의 현 31곳은 한韓나라로 정하고, 한왕 신의 도읍을 진양晉陽으로 옮기게 했다.

고제는 큰 공을 세운 신하 20여 명은 봉해 줬지만, 나머지 신하는 공을 다퉈서 논공행상을 진행하지 못했다. 고제가 남궁에 있을 때 복도에서 여러 장수가 끼리끼리 모여 이야기하는 것을 보고 장량에게 물었다. 장량이 대답했다.

"폐하께서는 이 사람들과 함께 천하를 얻고 천자가 되셨습니다. 하지만 책봉한 사람은 모두 이전부터 아끼던 사람뿐이며 죽임을 당한 사람은 모두 평생 원수를 진 사람들입니다. 군에서 공을 따져 보니 모두를 봉해 주기에는 온 천하로도 부족하고, 또 과실이 있어 죽을 사람은 작당해서 모반할까 걱정됩니다."

"어찌하면 좋겠는가?"

"폐하께서 평소에 좋아하지 않던 사람 중에서 여러 신하가 가장 잘 알 만한 사람 하나를 먼저 책봉하여 폐하의 뜻을 보이십시오."

3월, 고제는 술자리를 마련하고 옹치를 책봉해 주면서 승상에게 논공행상을 신속하게 진행하라고 재촉했다. 술자리가 끝나자 여러 신하 모두가 좋아했다.

"옹치 같은 사람도 제후에 봉해졌으니 우리는 걱정할 것이 없네!"

고제가 역양으로 돌아와 닷새에 한 번 태공을 뵈었다. 태공 가령家令[56]이 태공에게 말했다.

"하늘에 해가 둘이 아니라 하나인 것처럼 땅에는 왕이 둘이 아니라 하나밖에 없습니다. 황제가 자식이기는 하지만 만인의 주군이며, 태공이 아버지이기는 하지만 신하입니다. 어찌하여 만인의 주군이 신하에게 절하게 하십니까! 이렇게 하면 황제의 권위가 서지 않습니다."

다음에 고제가 인사 왔을 때 태공은 빗자루를 들고 문에서 맞이하고 물러나서 떨어져 걸었다. 고제가 깜짝 놀라며 수레에서 내려 부축하자 태공이 말했다.

"황제는 만인의 주군이신데 어찌 저 때문에 천하의 법을 어지럽히십니까!"

이 말을 듣고 고제는 속으로 가령의 말을 좋게 여기고 황금 5백 근을 하사했다.

여름 5월 13일 병오일에 고제는 조칙을 내렸다.

"인간관계에서는 부자 관계가 가장 가깝다. 그러므로 아비가 천하를 차지하면 아들에게 물려주고, 아들이 천하를 차지하면 아비를 높이는 것이 최고의 도리이다. 예전에 천하가 어지럽고 전쟁이 계속되어 모든 백성이 고통받을 때 짐은 직접 무장을 하고 군대를 지휘하여 위험을 무릅쓰고 난리를 평정했다. 이에 제후를 세우고 전쟁을 끝내며 백성

---

56 관직 이름. 한나라 때 황제의 집안에 속한 관리로 황제의 집안일을 담당했다.

을 쉬게 하여 천하가 평안하게 되었다. 이 모든 것이 나의 아버지 태공의 가르침 덕분이었다. 제왕, 통후, 장군, 여러 경과 대부가 짐을 황제로 받들었지만 태공은 아직 존호尊號가 없다. 이제 태공을 태상황太上皇으로 높여 칭하겠다."

가을 9월, 흉노가 마읍馬邑에서 한왕 신을 포위하자 한왕 신이 항복했다.

한 7년(B.C. 201년) 겨울 10월, 고제가 직접 동제銅鞮에서 한왕 신을 공격하고 수하 장수를 죽였다. 한왕 신은 흉노로 도망치고 수하 장수 만구신曼丘臣과 왕황王黃은 조나라 후예인 조리趙利를 왕으로 세우고 흩어진 군사를 다시 모아 흉노와 함께 한나라와 대치했다. 고제는 진양에서부터 계속 전투를 벌여 승기를 잡고 북으로 누번樓煩까지 추격했지만, 심한 추위로 동상을 입은 병사가 열에 두셋이나 되었다. 평성平城에서 흉노에게 7일 동안 포위됐으나 진평의 계략으로 벗어났다. 번쾌에게 대代 땅에 머물면서 평정하게 했다.

12월, 고제는 돌아가는 길에 조나라를 지나면서 조왕을 예로써 접견하지 않았다. 이달에 흉노가 대代를 공격하자 대代 왕 유희는 나라를 버리고 도망쳤다가 낙양으로 돌아왔다. 고제는 그를 사면하고 합양후合陽侯로 강등시켰다. 28일 신묘일에 아들 유여의劉如意를 대 왕으로 세웠다.

봄에 낭중이 내죄耐罪[57] 이상의 판결을 받으면 먼저 상급 기관에 물어보게 했다. 아이를 낳은 백성은 2년 동안 부역을 면제시켜 줬다.

2월, 고제가 장안에 갔다. 소하는 미앙궁未央宮을 축조하고 동궐, 북궐, 전전前殿, 무고武庫, 대창大倉을 세웠다. 고제는 궁궐 건축이 화려한 것을 보고 크게 성을 내며 소하에게 말했다.

"천하가 불안하여 오랫동안 고생해도 그 성패가 불확실한데 어째서 궁궐을 이렇게 과도하게 지었는가?"

"천하가 아직 안정되지 않아서 이렇게 궁궐을 지었습니다. 천자는 온 천하의 주인인데 장엄하고 화려하지 않으면 위엄이 서지 않습니다. 또 후대에 더할 것이 없게 해야 합니다."

고제가 이 말을 듣고 좋아했다.

고제는 역양에서 장안으로 도읍을 옮겼다. 그리고 종정관 宗正官을 두어 친족의 질서를 세웠다.

여름 4월, 낙양에 갔다.

한 8년(B.C. 200년) 겨울, 고제는 동쪽 동원東垣에서 한신 잔당을 공격했다. 돌아오다 조나라를 지나면서 고제가 조나라 왕을 예로써 접견하지 않았는데, 조나라 승상 관고貫高 등은 수치로 여기고 시해하려 모의했다. 고제가 하룻밤 묵으려다

---

57 고대에 수염을 깎는 형벌. 耐는 '耏(내, 구레나룻을 깎다.)'와 같다.

가 심란해서 물었다.

"이 현 이름이 무엇이냐?"

"백인柏人입니다."

"백인이라면 ('백柏' 자가 '박迫' 자와 비슷하니) 남에게 핍박을 받겠군."

그러고는 바로 떠났다.

11월, 종군했다가 죽은 병사를 작은 관에 넣어 고향으로 보내고, 고향 현에서는 수의와 관, 장례에 필요한 것을 주고 양고기와 돼지고기로 제사 지내면서 장리長吏가 장례를 감독하도록 영을 내렸다.

12월, 동원에서 장안으로 돌아왔다.

봄 3월, 낙양으로 갔다. 평성平城으로 종군한 사병과 성읍을 지킨 사병 모두에게 평생 부역을 면제해 주라고 영을 내렸다. 공승 이하는 유씨관劉氏冠을 쓰지 못하게 했다. 상인은 수놓은 비단, 무늬 있는 비단, 생견, 갈포, 모시, 융단으로 지은 옷을 입지 못하게 하고, 병기를 지니거나 수레와 말을 타지 못하도록 했다.

가을 8월, 죄를 지었지만 드러나지는 않은 관리에 대해서는 죄를 묻지 않기로 했다.

9월, 낙양에서 돌아왔다. 회남왕, 양왕, 조왕, 초왕 모두 따라왔다.

한 9년(B.C. 199년) 겨울 10월, 회남왕, 양왕, 조왕, 초왕이 미앙궁으로 조회와서 전전前殿에서 주연을 베풀었다. 고제가 옥잔을 들고 태상황의 장수를 빌었다.

"예전에 아버님께서는 과인더러 집안에 도움이 안 되고 일도 잘 못해서 차라리 열심히 일하는 유중劉仲 형님[58]이 더 낫다고 하셨다. 하지만 오늘날 짐이 이뤄 놓은 것이 유중 형님보다 못한가?"

전전에 모인 여러 신하 모두가 만세를 외치고 크게 웃으며 즐겼다.

11월, 제와 초의 대족인 소씨昭氏, 굴씨屈氏, 경씨景氏, 회씨懷氏, 전씨田氏 등 다섯 성씨를 관중으로 이주시키고 좋은 토지와 집을 줬다.

12월, 낙양에 갔다. 관고 등이 반역을 모의하다가 발각됐다. 관고 등을 체포하고 조왕 장오도 같이 체포해 감옥에 가뒀다. 그리고 조왕을 따르려 했던 자에 대해서는 삼족의 죄를 물으라고 명령했다. 낭중 전숙田叔과 맹서孟舒 등 열 명은 스스로 머리를 깎고 칼을 쓴 채 조왕의 노비인 것처럼 꾸미고 감옥에 따라 들어갔다. 사실 조왕은 반역 모의에 대해 몰랐다.

봄 정월, 조왕 장오를 폐위시키고 선평후宣平侯에 봉했다. 대代왕 유여의를 조왕에 봉하고 조나라를 다스리게 했다. 3

---

58 한 고조는 유계劉季. 그 형은 유백劉伯과 유중劉仲이다.

일 병인일에 사형죄를 제외하고 모두 사면했다.

2월, 낙양을 떠나 장안으로 왔다. 조나라 신하 전숙, 맹서 등 열 명을 훌륭한 사람이라 여겨 불러서 이야기해 보니 한나라 조정 신하보다 나았다. 고제는 기뻐하며 모두 군수나 제후국 승상으로 임명했다.

여름 6월 그믐 을미일에 일식이 있었다.

한 10년(B.C. 198년) 겨울 10월, 회남왕, 연왕, 형왕, 양왕, 초왕, 제왕, 장사왕이 조회하러 왔다.

여름 5월, 태상황후가 죽었다.

가을 7월 10일 계묘일에 태상황이 죽어 역양현에 만년읍萬年邑을 설치하고 모셨다. 역양현 죄수 중에 사형죄 이외는 사면했다.

8월, 제후왕에게 태상황 사당을 도읍에 세우게 했다.

9월, 대代 상국 진희陳豨가 반란을 일으켰다. 고제가 말했다.

"진희는 짐의 사신이었는데 믿음직했다. 대代 땅은 짐이 중시해서 진희를 열후에 봉하고 상국으로서 대代를 지키게 했는데, 갑자기 왕황 등과 함께 대 땅을 빼앗으려 하는구나! 관리와 백성은 죄가 없으니 진희와 왕황을 버리고 귀순하는 자는 모두 사면하도록 하라."

고제는 직접 동쪽 한단邯鄲으로 가서는 기뻐하며 말했다.

"진희가 남으로 내려와 한단을 근거지로 삼고 장수漳水를 지키지 않는 것을 보니 무슨 일을 내지는 못하겠구나."

조나라 승상 주창周昌은 상산常山의 스물다섯 개 성 중 스무 곳을 잃은 책임을 물어 군수와 군위를 처형하라고 상주했다. 고제가 말했다.

"군수와 군위가 반란에 가담했느냐?"

"아닙니다."

"역부족이었으니 죄가 되지 않는다."

고제가 주창에게 조나라 장정 중에 장수가 될 만한 자를 뽑으라고 하자 네 명을 추천해 알현시켰다. 고제가 그들을 보고는 크게 화를 냈다.

"이런 녀석들이 장수감이냐!"

네 사람은 부끄러워하며 엎드렸다. 고제는 그들을 각각 천호에 봉하고 장군으로 임명했다. 그러자 신하들이 간언했다.

"촉한에서부터 종군하여 초나라를 친 것에 대한 상도 아직 다 내리지 않으셨는데 이 사람들은 무슨 공을 세웠습니까?"

고제가 말했다.

"너희들이 알 바 아니다. 진희가 반란을 일으켜 조와 대 지역 모두를 점령했다. 짐이 우격羽檄[59]으로 천하 병사를 불렀는데 아무도 오지 않았다. 이제 보니 한단 병사밖에 없다.

---

59 군사상 급히 전하는 격문.

조나라 장정을 치하하는 데 4천 호를 아까워하겠느냐!"

그 말을 들은 모두가 말했다.

"지당하십니다."

그러고 나서 고제가 또 물었다.

"악의樂毅의 후손이 있느냐?"

악의의 손자 악숙樂叔을 찾아 악향樂鄉에 봉하고 화성군華成君 칭호를 내렸다. 진희 수하 장수는 어떤 인물인지 물으니 상인 출신이 많았다. 고제가 말했다.

"짐이 어떻게 다뤄야 할지 알겠다."

그런 뒤 황금으로 진희 장수를 회유했더니 대부분이 항복했다.

한 11년(B.C. 197년) 겨울, 고제는 한단에 있었다. 진희 장수 후창侯敞이 1만여 명을 이끌고 행군했고, 왕황은 1천여 기를 거느리고 곡역曲逆에 주둔했으며, 장춘張春은 1만여 명을 이끌고 황하를 건너 요성聊城을 공격했다. 한나라 장군 곽몽郭蒙은 제나라 장수와 격돌해 크게 승리했다. 태위 주발周勃은 태원을 거쳐 대代로 들어가 평정했고, 마읍으로 갔지만 항복하지 않자 공격해 살육했다. 진희 장수 조리는 동원을 지키며 고제가 공격해도 항복하지 않았다. 조리 병사가 성 위에서 욕을 해 대자 고제는 화가 났다. 동원성이 항복하자 욕한 병사를 찾아내 죽였다. 수비를 견고하게 하면서 항복하지 않은 여러 성은 3년간 세금을 면제해 줬다.

봄 정월, 회음후 한신이 장안에서 모반해 삼족이 사형에 처해졌다. 장군 시무柴武가 한왕 신을 참합현參合縣에서 죽였다. 고제가 낙양으로 돌아왔다. 그 뒤 조칙을 내렸다.

"대代 땅은 상산 북쪽에 있어서 오랑캐와 붙어 있지만, 조나라는 국경이 산 남쪽으로부터 시작하고 대代로부터 거리가 멀어서 대代 지역은 여러 차례 오랑캐의 노략질을 당했고 지키기도 어려웠다. 산 남쪽 태원 땅을 조금 떼어서 대代에 추가로 귀속시키고, 대代의 운중雲中 서쪽에 운중군을 설치하면 변방 오랑캐가 덜 쳐들어올 것이다. 왕, 상국, 통후, 이천석二千石[60] 관리 가운데 대代 왕이 될 만한 자를 추천하라."

연왕 노관, 상국 소하 등 33명이 모두 말했다.

"폐하의 아들 유항劉恆이 총명하고 선량하니 대代 왕으로 세우고 진양에 도읍하도록 하십시오."

천하에 대사면령을 내렸다.

2월, 조칙을 내렸다.

"세금을 꼭 줄여야겠다. 바치는 것이 법으로 정해져 있지 않아서 관리 중에는 더 거둬 바치기도 하고 제후왕은 더해서 백성이 힘들어한다. 제후왕과 통후는 매년 10월 조회 올 때 헌비獻費[61]를 바치고, 군郡에서는 인구수에 맞춰서 한 사람

---

60 곡식 2천 섬. 태수太守의 녹봉이 곡식 2천 석이었다. 『한서』「백관표百官表」.
61 조정에 세금으로 바치는 돈.

당 일 년에 63전을 바치도록 하라."

또 조칙을 내렸다.

"주周 문왕文王보다 뛰어난 제왕은 없고 제齊 환공桓公보다 더 높은 패주는 없는데, 인재를 잘 써서라고 들었다. 인재가 옛날에만 있었겠느냐? 군주가 그들을 찾지 않아서 문제이니, 그들이 나올 길이 없었을 것이다! 짐은 하늘이 도운 데다 뛰어난 인재도 얻어서 천하를 통일했고 또 자손 대대로 종묘 제사가 끊기지 않도록 하려 한다. 짐이 인재들과 함께 천하를 평정했는데 그들이 함께 누리지 못한다는 것이 말이 되는가? 인재가 기꺼이 짐을 따른다면 부와 명예를 줄 것이다. 짐의 뜻을 천하에 분명하게 알리도록 하라. 어사대부 주창은 상국에게, 상국 찬후鄭侯는 제후왕에게, 어사중집법御史中執法[62]은 군수에게 명령을 전해 인재를 추천할 때 군수가 직접 가서 권면하고 수레에 태워 상국부로 보내도록 하고, 품행, 용모, 연령을 기록하도록 하라. 인재가 있는데도 보고하지 않으면 면직시키겠다. 나이가 많거나 병이 있으면 보내지 말라."

3월, 양왕 팽월이 모반해 삼족을 사형에 처했다. 조칙을 내렸다.

---

62 관직 이름. 어사중승御史中丞이라고도 한다. 어사대부는 지방을 감독하고 감찰하는 일을 했는데, 어사중승은 이 어사대부 밑에서 법을 집행하는 일을 담당했다.

"양왕과 회양왕淮陽王이 될 만한 자를 추천하라."

연왕 노관, 상국 소하 등이 고제 아들 유회劉恢를 양왕으로, 유우劉友를 회양왕으로 추천했다. 동군東郡을 폐지하고 양에, 영천군潁川郡을 폐지하고 회양에 더해 줬다.

여름 4월, 고제가 낙양에서 돌아왔다. 관중으로 이주한 풍읍 사람 모두 평생 부역을 면제해 주라고 명령했다.

5월, 조칙을 내렸다.

"월粵나라 사람은 호전적이어서 진나라 때는 중원 백성을 남방의 세 군으로 이주시켜 백월百粵과 뒤섞여 살게 했다. 진나라가 망하자 남해위南海尉 조타趙它가 오랫동안 잘 다스려 중원 사람 수가 줄지 않고 월나라 사람은 유순해졌다. 모두 조타가 힘쓴 덕분이다. 이제 조타를 남월南粵 왕으로 세우겠다."

그리고는 육가에게 옥새와 인끈[63]을 전하게 했다. 조타는 머리를 숙이고 신하로서 복종을 맹세했다.

6월, 촉, 한, 관중으로 종군한 병사에게 평생 부역을 면제해 주도록 명령했다.

가을 7월, 회남왕 영포가 반란을 일으켰다. 고제가 여러 장수에게 묻자 등공은 초나라 영윤이었던 설공에게 계책이 있을 것이라고 했다. 고제가 부르자 설공은 영포가 처한 상

---

63 인수印綬. 벼슬에 임명될 때, 임금이 신분이나 벼슬의 등급을 나타내는 관인官印을 하사하는데, 이 관인을 몸에 차려고 묶는 끈을 말한다.

황을 이야기했다. 고제가 좋게 여기고 일천 호에 책봉했다. 제후왕과 상국에게 회남왕이 될 만한 사람을 추천하라고 조칙을 내리자, 여러 신하는 아들 유장劉長을 회남왕으로 세우기를 청했다. 고제는 상군上郡, 북지北地, 농서隴西에서 기병을 징발하고, 파와 촉의 예비병과 중위 병사 3만 명을 황태자 친위 부대로 편성해 패상霸上에 주둔시켰다. 설공이 예상한 대로 영포는 동쪽으로 진격해 형왕 유가를 죽였고, 그 군대를 위협해 회수를 건너 초나라를 공격하게 했다. 그러자 초왕 유교는 설성으로 도주했다. 고제는 사형죄를 제외한 모든 죄를 사면하고 종군하게 했으며, 제후 군대를 징발해 직접 영포 공격에 나섰다.

한 12년(B.C. 196년) 겨울 10월, 고제는 영포를 회수會缶에서 격파했고, 영포가 도주하자 별장에게 추격시켰다.

고제는 돌아오는 길에 패현에 들러 패궁에서 주연을 베풀고 예전에 알던 사람을 다 불러 술을 권했다. 패현 어린아이 120명을 뽑아 노래를 가르쳤다. 술자리가 무르익자 고제는 축筑을 치며 노래를 불렀다.

"큰바람이 일어나니 구름이 날리는구나. 천하에 위엄을 떨치고 고향에 돌아왔도다. 어떻게 용맹한 병사를 얻어 천하를 지킬까?"

이 노래를 모든 아이가 따라 부르며 익히게 했다. 고제는 바로 일어나 춤을 췄는데 감회에 젖어 눈물을 흘렸다. 고제가 패현 장로들에게 말했다.

"나그네는 늘 고향을 생각합니다. 비록 관중에 도읍을 정했지만 죽은 뒤에도 혼백은 패현을 그리워할 것입니다. 그리고 짐은 패공 신분으로 포학한 무리를 토벌하고 천하를 차지했으니 이제 패현을 짐의 탕목읍湯沐邑[64]으로 삼고 이곳 백성의 부역을 대대로 면제해 줄 것입니다."

패현의 장로와 부인들 그리고 옛 친구들은 고제와 함께 매일 술 마시고 옛일을 이야기하며 웃고 즐겼다. 십여 일 뒤 고제가 떠나려 하자 패현 장로들이 만류했다. 고제가 말했다.

"우리 일행이 많아서 뒷바라지하기가 어려울 겁니다."

그러고 나서 바로 떠났다. 패현 사람들 모두 마을 서쪽으로 나와 술을 바쳤다. 고제는 천막을 치고 사흘 동안 마셨다. 패현 장로 모두가 머리를 조아리며 말했다.

"패현은 다행히 부역을 면제받았지만 풍읍은 그렇지 못합니다. 폐하께서 불쌍히 여겨 주십시오."

고제가 말했다.

"풍읍은 짐이 나고 자란 곳이니 잊을 수 있겠습니까? 다만 옹치 때문에 짐을 배신하고 위나라에 항복한 일이 있어

---

[64] 중국 주周나라 때 제후가 목욕할 비용을 마련하도록 천자가 내린 채지采地. 제후가 천자를 조회할 때는 몸을 깨끗이 씻는 탕목을 해야 했으며, 그 비용을 여기서 마련했다. 후대로 오면서 군주와 그 비, 왕자, 공주 등이 부세를 거둬 관할하는 지역으로 그 의미가 변화되었다.

서 부역을 면제해 주지 않았습니다."

패현 장로들이 계속해서 간청하자 풍읍도 패현과 같게 부역을 면제해 줬다.

한나라 별장이 조수洮水 남북쪽에서 영포군을 크게 격파하고 파양番陽까지 추격해 영포를 죽였다. 주발은 대代를 평정하고 당성當城에서 진희를 죽였다. 고제는 조칙을 내렸다.

"오吳는 고대에 세워진 나라로서 종전에는 형왕이 그곳을 다스렸지만 후손도 없이 죽었다. 짐은 다시 오왕을 세우고자 하니 마땅한 사람이 있는지 논의해 보도록 하라."

장사왕 오신吳臣 등이 말했다.

"패후沛侯 유비劉濞가 인품이 중후하니 오왕으로 세우십시오."

오왕에 책봉하고 나서 고제는 유비를 불러 말했다.

"너는 반란을 일으킬 상이다."

그러고 나서 등을 쓰다듬으며 말했다.

"우리나라가 50년 뒤쯤 동남 지역에 난리를 겪을 텐데 아마도 네가 그럴 것 같구나. 우리 집안이 천하를 다스리니 우리끼리 싸우는 일이 없도록 해라."

유비가 고개를 숙이며 말했다.

"절대로 그럴 일은 없을 것입니다."

11월, 고제가 회남에서 돌아왔다. 노 땅을 지나다 태뢰太

牢[65]로 공자에게 제사 지냈다.

12월, 조칙을 내렸다.

"진 황제, 초 은왕隱王, 위 안리왕安釐王, 제 민왕愍王, 조 도양왕悼襄王은 모두 후사가 끊겼다. 진시황제에게는 분묘 관리에 20가家, 초·위·제에게는 각 10가, 조와 위 공자 무기無忌에게는 각 5가를 줘서 분묘를 관리하게 하고, 부역을 면제해 주며 다른 일을 더 시키지 않도록 하라."

진희가 반란을 일으켰을 때, 연왕 노관이 사람을 보내서 같이 음모를 꾸몄다고 항복해 온 진희 수하 장수가 말했다. 고제가 벽양후 심이기에게 노관을 데려오게 했는데 그는 병을 핑계로 오지 않았다. 심이기는 노관이 반란을 모의한 단서가 있다고 말했다.

봄 2월, 번쾌와 주발에게 노관을 공격하게 했다. 조칙을 내렸다.

"연왕 노관은 짐의 오랜 친구이고 그를 자식처럼 아꼈다. 진희와 반란을 모의했다는 보고를 듣고 짐은 그럴 리가 없다고 생각해서 노관을 데려오게 했다. 그런데도 노관은 병을 핑계로 오지 않았으니 반란을 모의한 것이 틀림없다. 연나라 관리와 백성은 죄가 없으니 육백석 이상의 관리에게 각각 작 1등급을 더 주도록 하라. 노관 수하에 있다가 떠나

---

65 고대 제왕이나 제후가 사직에 제사 지낼 때 바치던 희생으로 소, 양, 돼지를 말한다. 양고기와 돼지고기 두 가지만 쓴 음식은 소뢰小牢라고 한다.

서 귀순한 자는 사면해 주고 마찬가지로 작 1등급을 더 주도록 하라."

그러고는 제후왕에게 연왕으로 세울 사람에 대해 의논하라고 조칙을 내리자, 장사왕 오신 등은 아들 유건劉建을 추천했다. 조칙을 내렸다.

"남무후南武侯 직직織도 월의 후손이니 남해왕에 책봉한다."

3월, 조칙을 내렸다.

"짐이 천자가 되어 천하를 다스린 지 12년이 되었다. 천하의 용감한 병사, 뛰어난 대부와 함께 천하를 평정하고 나서 평화를 누렸다. 공을 크게 세운 자는 제후왕, 그다음은 열후, 또 그다음은 식읍을 내렸다. 중신 친속 중에도 열후가 된 사람이 있는데 모두 관리를 두고 세금을 거뒀고, 여자는 공주 칭호를 내렸다. 열후가 되거나 식읍을 받은 자는 모두 인수를 차고 또 큰 저택을 하사받았다. 이천석 이상 관리는 장안으로 이주하고 작은 저택을 받았다. 촉과 한으로 들어가 삼진三秦을 평정한 자는 대대로 부역을 면제받았다. 짐은 천하의 뛰어난 병사와 공신에게 빚이 없다. 그런데도 무도하게 천자를 배신하고 제멋대로 반란을 일으킨다면 온 천하와 함께 응징할 것이다. 천하에 포고하여 짐의 뜻을 분명하게 알리도록 하라."

고제가 영포를 공격할 때 흘러가는 화살에 맞았는데, 행군하는 도중에 병이 심해지자 여후가 의원을 불렀다. 고제가 의원에게 묻자 의원이 말했다.

"치료할 수 있습니다."

그러자 고제가 욕을 해 댔다.

"짐이 일개 평민으로 3척 칼을 들고 천하를 차지했으니 천명이 아니겠느냐? 수명이 하늘에 달렸다면 편작扁鵲이[66] 무슨 소용이 있겠느냐!"

그런 뒤 치료를 맡기지 않고 황금 50근을 주고 내보냈다. 여후가 물었다.

"폐하께서 돌아가시고 소 상국도 죽고 나면 누구에게 대신하도록 할까요?"

"조참이면 되겠지."

"그다음은요?"

"왕릉이 괜찮기는 한데 불안하니 진평에게 돕게 하면 될 거야. 진평은 똑똑하지만 혼자 일을 맡기는 어렵고, 주발은 믿음직하지만 아는 것이 별로 없어. 하지만 유씨 천하를 안정시킬 사람은 주발밖에 없으니 태위太尉[67]를 시키면 되겠지."

"또 그다음은요?"

"그다음은 당신도 알 필요 없잖아?"

---

66 전국戰國시대의 뛰어난 의사. B.C. 5세기쯤에 살았다. 본이름은 진월인秦越人이고 발해渤海 막군(鄚郡: 지금의 하북성河北省 임구任邱) 사람이다.
67 태위는 삼공三公의 하나로, 군사 부문을 담당한 재상이었다.

노관은 수천 명을 데리고 변경에서 눈치를 보다가 고제가 조금 나아지면 제 발로 들어와 사죄하려 했다.

여름 4월 11일 갑진일에 고제가 장락궁에서 죽었다. 노관은 그 소식을 듣자 흉노로 도망쳤다. 여후가 심이기와 몰래 상의했다.

"여러 장수들은 원래 황제와 같이 평민이었다가 신하가 되자 늘 불만이었다. 그런데 또 어린 황제를 모시게 되었으니 모두 죽이지 않는다면 천하가 불안해질 것이다."

그래서 황제가 죽은 것을 알리지 않았다. 누군가가 듣고 역상에게 알렸다. 역상이 심이기를 만났다.

"황제께서 돌아가셨다던데 여러 장수를 죽이려고 나흘이 지나도록 알리지 않았습니까? 정말로 그렇다면 천하는 위태로워집니다. 진평과 관영은 10만을 거느리고 형양을 지키고, 번쾌와 주발은 20만으로 연과 대를 평정하고 있는데, 이들이 황제께서 돌아가셨고 장수들이 처형당할 것이라는 소식을 들으면 연합해서 관중을 공격할 것입니다. 안에서는 대신이 등 돌리고, 밖에서는 여러 장수가 반란을 일으킬 것이니 조금도 지체해서는 안 됩니다."

심이기가 들어와 전하자, 바로 14일 정미일에 발표하고 천하에 대사면령을 내렸다. 5월 17일 병인일에 고제를 장릉長陵에 장사 지냈다. 장례가 끝나고 돌아오는 길에 황태자와 신하 모두 태상황 묘에 들렀다. 신하들이 말했다.

"황제께서는 출신이 보잘것없었지만, 어지러운 세상을 바로잡고 천하를 평정해서 한나라 태조가 되셨으며 그 공적이 가장 크십니다."

존호를 높여 고황제高皇帝로 칭했다. 원래 고조는 정식으로 학문을 배우지는 않았지만 밝고 활달했으며, 크고 작은 일을 끊임없이 벌였고, 아랫사람의 말을 잘 들어 줬다. 문지기부터 수졸戍卒에 이르기까지 만나면 오랜 친구를 보듯 했다. 처음에는 민심을 따라 약법 3장을 제정했다. 천하가 안정된 뒤에 소하는 율령을, 한신은 군법을, 장창은 율력과 도량형을 정비했고, 숙손통은 예의를 제정하고, 가의는 『신어新語』를 지었다. 또 공신에게 부절을 주고 충성을 맹세하게 했고, 특권을 부여하는 문서를 작성해 금궤에 넣고 석실에 밀봉해 종묘에 보관했다. 급하게 한 것이었지만 오랫동안 모범이 됐다.

[찬贊][68]: 『춘추』에 진나라 사관 채묵蔡墨이 말했다. "도당씨陶唐氏가 쇠망하고 후손 유루劉累가 용을 길들이는 법을 배워 하나라 천자 공갑孔甲을 섬겼고 범씨范氏는 그 후손이다." 대부 범선자范宣子도 다음과 같이 말했다. "선조는 우씨虞氏, 윗대로는 도당씨로 불렸고, 하나라에서는 어룡씨御龍氏, 상

---

68 문체 이름. 인물의 좋은 점이나 사물의 아름다운 점을 칭송할 때 주로 쓰인다. 대부분 압운押韻의 어구로 되어 있다.

나라에서는 시위씨豕韋氏, 주나라에서는 당두씨唐杜氏, 진晉나라가 패주가 되었을 때는 범씨로 불렸다."범씨는 진나라 정경正卿이 되었고 노나라 문공 때 진秦나라로 도주했다. 나중에 진晉나라로 돌아왔고 진秦에 남은 사람은 유씨劉氏로 불렸다.

  유향은 다음과 같이 말했다."전국시대에 유씨는 진秦나라에서 위나라로 포로로 잡혀갔다. 진秦나라가 침공하자 위나라는 대량으로 옮겨 가서 풍읍에 도읍을 정했다."그래서 주시周市가 옹치에게 "풍읍은 양으로 옮긴 뒤의 도읍입니다."라고 했다. 그러므로 고조에 대한 송가에서 "한나라 황실의 본류는 당요제唐堯帝에서 나왔네. 주나라 때에 이르러 진秦나라에서 유씨가 되었다네. 동으로 위나라에 들어가 풍공이 되셨네."라고 했다. 풍공은 바로 태상황부이다. 옮기고 나서 얼마 지나지 않았을 때는 풍읍에 분묘가 별로 없었다. 고조가 즉위하고 제사를 담당하는 관직을 설치하자 진秦, 진晉, 양梁, 형荊에 제사를 담당하는 무巫를 두고 대대로 하늘과 땅에 제사 지내게 해서 끊어지지 않았으니 이 모두가 사실이다! 이상으로부터 보자면 한나라는 요堯의 운세를 이어서 기운이 왕성했고 흰 뱀을 죽여 상서로운 조짐을 드러냈다. 적색을 숭상하는 기치를 들고 화덕火德에 부합하고자 했으니 자연이 한나라에 감응해 하늘의 정통을 이어받게 된 것이다.

2

혜제기

惠帝紀

효혜황제孝惠皇帝는 고조의 태자이고 여呂황후가 어머니이다. 혜제가 다섯 살 때 고조가 한왕이 되었고, 이듬해 태자가 되었다.

고조 12년(B.C. 195년) 4월, 고조가 죽었다.

5월, 병인丙寅일에 태자가 황제에 즉위하고 황후를 높여 황태후라 불렀다. 이 해에 백성에게 작爵 1급을 하사했다. 중랑中郎과 낭중으로 6년 이상 근무한 자에게 작 3급을, 4년 이상이면 2급을, 외랑外郎으로 6년 이상 근무했으면 2급을 높여 줬다. 또 중랑 직위로 1년을 못 채웠어도 1급을 높여 줬고, 외랑으로 2년을 못 채웠어도 1만 전을 하사했다. 황제 음식을 담당한 환관은 낭중에 준해서 대우했고, 알자와 집순執楯, 집극執戟, 무사武士, 추騶는 외랑에 준해서 대우했다. 태자어참승太子御驂乘에게 오대부 작[69]을 하사했고, 사인舍人으로 5년 이상 근무했다면 작 2급을 높여 줬다. 국상國喪을

69 한漢은 이십등작제二十等爵制를 운용했다. 오대부는 9등 관직에 해당한다.

주관한 자가 이천석에 준하는 관직이면 2만 전, 육백석 관 이상이면 1만 전, 오백석 관과 이백석 관 이하 좌사佐史까지는 5천 전을 하사했다. 황제릉 조성을 감독한 자 가운데 장군將軍에게는 40금金, 이천석 관에게 20금, 육백석 관 이상에게 6금, 오백석 관 이하 좌사까지는 2금을 하사했다.

전조田租[70]를 줄여 '15분의 1' 세제稅制로 되돌렸다. 오대부작이나 육백석 관 이상이거나 황제가 총애한 자[宦皇帝]로 이름난 자가 죄를 지어 형구刑具를 써야 하는 경우 모두 형구를 면해 줬다. 상조上造 이상이거나, 종실宗室과 외척의 손자나 증손자가 죄를 지어 형을 받아야 하거나, 성단용城旦舂형[71]에 처해지면 모두 수염을 깎고 귀신鬼薪[72]과 백찬白粲[73]으로 감형했다. 일흔 살 이상이거나 열 살 미만인 백성이 죄를 지어 형을 받아야 한다면 모두 육형肉刑[74]을 면제해 줬다. 이어 혜제가 말했다.

"백성을 다스리는 것이 관리의 소임이다. 정성을 다하면

---

70 토지세를 말한다.
71 진대, 한대의 형벌로, 도형徒刑에 해당한다. '성단'은 남성에 대한 형벌로서 성을 쌓는 일을 시키고, '용'은 여성에 대한 형벌로서 곡식을 찧는 일을 시킨다.
72 형벌로서 종묘에 쓸 땔나무 채취하는 일에서 그 명칭이 유래했다. 대개 관부에서 잡역에 종사하거나, 기타 수공업, 중노동 등에 종사했다.
73 형벌로서 종묘에 쓸 순백미를 선별하게 하는 징역형이다. 대개 고급 관원의 처자 중 여성 범죄자에게 시행했다.
74 신체를 훼손하는 형벌을 통틀어 말한다.

백성이 따른다. 그래서 관리에게 녹을 후하게 주는데 곧 백성을 위해서이다. 지금 육백석 이상 관리로 부모, 처자와 함께 살거나, 장군이나 도위 인신印信을 차고 군대를 거느려 본 관리, 또 이천석 관 인수를 지닌 자에게만 모두 군부軍賻를 지급하고, 나머지는 지급하지 않는다."

각 군郡과 제후왕에게 명해 고조묘를 세우게 했다.

혜제 원년(B.C. 194년) 겨울 12월, 조나라 은왕 여의如意가 죽었다. 죄를 지은 백성도 작 30급을 살 돈[6만 전]으로 사형을 면할 수 있었다. 백성에게 호戶마다 작 1급을 하사했다.

봄 정월, 장안성을 쌓았다.

혜제 2년(B.C. 193년) 겨울 10월, 제나라 도혜왕 유비劉肥가 조회 와서 성양군城陽郡을 바쳤다. 이를 노원공주에게 식읍으로 주면서 노원태후라 높여 불렀다.

봄 정월 계유癸酉일에 난릉蘭陵의 민가 우물에 용 두 마리가 나타났는데 을해乙亥일 저녁이 되자 사라졌다. 농서隴西에 지진이 났다.

여름, 가뭄이 들었다. 합양후郃陽侯 유중劉仲[75]이 죽었다.

가을 7월 신미일, 상국 소하가 죽었다.

---

75 고제의 형, 오왕 비의 아버지.

혜제 3년 봄(B.C. 192년), 장안에서 6백 리 이내 남녀 14만 6천 명을 징발해서 장안성 한쪽 면을 쌓았다. 30일 만에 끝냈다. 종실 여자를 공주로 봉해 흉노 선우[76]에게 시집보냈다.

여름 5월, 민월군閩越君 요搖를 동해왕東海王에 봉했다.

6월, 제후왕 및 열후의 죄수 2만 명을 징발해 장안성을 쌓았다.

가을 7월, 도성 마구간에 불이 났다. 남월왕南越王 조타趙佗가 신하 예를 갖추고 공물貢物을 진상했다.

혜제 4년(B.C. 191년) 겨울 10월 임인일, 장오張敖의 딸을 황후로 봉했다.

봄 정월, 효성스럽고 우애로우며 농사에 힘쓰는 백성을 추천하게 해서 세금을 면제해 줬다.

3월 갑자일, 황제가 관례를 치르고 천하에 사면령을 내렸다. 가혹한 법을 없애고 협서율挾書律[77]도 폐지했다. 장락궁 홍대鴻臺에 화재가 났다. 의양宜陽에 핏빛 비가 내렸다.

가을 7월 을해일, 미앙궁 능실淩室[78]에 불이 났다. 병자丙子일에 직실織室[79]에 화재가 났다.

---

76 흉노 군장君長의 호칭.
77 제자백가 서적을 소장하지 못하게 한 법령.
78 얼음을 저장하는 건물.
79 비단을 짜는 건물.

혜제 5년(B.C. 190년) 겨울 10월, 천둥이 쳤다. 또 복숭아와 오얏에 꽃이 피고 대추가 열렸다.

봄 정월, 장안 6백 리 이내에서 남녀 14만 5천 명을 다시 징발해 30일 동안 장안성을 쌓았다.

여름, 몹시 가물었다.

가을 8월 기축己丑일, 상국相國 조참이 죽었다.

9월, 장안성을 완공했다. 백성에게 호戶당 작 1급을 하사했다.

혜제 6년(B.C. 189년) 겨울 10월 신축일, 제나라 왕 유비劉肥가 죽었다. 백성에게 작爵을 사고팔도록 허가했다. 15세에서 30세까지 여자가 결혼하지 않으면 벌금으로 5산算[80]을 부과했다.

여름 6월, 무양후舞陽侯 번쾌가 죽었다. 장안에 서시西市를 열고 오창敖倉을 수리했다.

혜제 7년(B.C. 188년) 겨울 10월, 거기병車騎兵과 보병[材官]을 징발해 형양滎陽으로 보냈다. 태위 관영灌嬰이 거느렸다.

봄 정월 초하루 신축辛丑일, 일식日蝕이 있었다.

여름 5월 정묘丁卯일, 개기일식이 있었다.

가을 8월 무인戊寅일, 황제가 미앙궁에서 죽었다.

---

80 1산算은 120전錢이다.

9월 신축일, 안릉安陵에 장사를 지냈다.

[찬贊]: 효혜제는 안으로 종실을 화목하게 하고, 밖으로 재상宰相을 예우했다. 제 도혜왕悼惠王 유비와 조 은왕隱王 유여의를 특별히 아끼고 마음 깊이 공경했다. 숙손통의 직간直諫을 듣고 실수를 인정했고[81], 조참의 건의[82]를 채택하고서 진심으로 기뻐했으니 너그럽고 어진 군주라 하겠다. 여태후가 지극한 덕을 훼손했으니 슬프다!

---

81 혜제가 태후에게 아침 문안을 할 때마다 백성의 통행을 막아서 백성을 번거롭게 한다고 여기고, 무고武庫(미앙궁과 장락궁 사이) 남쪽에 복도複道(2층으로 낸 길)를 축조했는데, 이 길이 매월 한 번 고제의 의관衣冠을 사당으로 받들고 가는 길이라고 숙손통이 직언했다.
82 고제 때 제도와 소하가 만든 법을 고쳐야 한다는 건의를 말한다.

3

고후기

高后紀

고황후高皇后 여씨呂氏가 혜제를 낳았다. 고조를 도와 천하를 평정했고, 고조 때에 친정아버지와 형제 둘이 제후가 되었다.[83] 혜제가 즉위하고서 여후를 높여 태후太后라 불렀다. 태후가 누이 노원공주의 딸을 황후皇后로 삼았으나, 아들을 낳지 못하자 후궁 미인美人의 아들을 데려와 태자로 삼았다. 혜제가 죽자 태자가 황제로 즉위했으나 어려서 태후가 대신 정사를 주무르며 천하에 대사면령을 내렸다. 이윽고 오빠 아들인 여태呂台, 여산呂産, 여록呂祿과 여태의 아들 여통呂通 등 네 명을 세워 제후왕에 봉하고, 여씨 여섯을 열후에 봉했다. 이 이야기는 「외척전外戚傳」에 실려 있다.

여후 원년(B.C. 187년) 봄 정월, 조칙을 내렸다.
"이전에 효혜 황제께서 삼족죄三族罪와 요언령妖言令[84]을 없

---

83 부친은 임사후臨泗侯 여공呂公이고, 형은 주여후周呂侯 여택呂澤, 건성후建成侯 여석지呂釋之이다.
84 요언을 지어낸 경우에 적용하는 영令. 요언妖言이란 남을 속이거나 해칠 목적으로 지어낸 말을 말한다.

애려고 하다가 결정하기도 전에 돌아가셨으니 이제 그 법을 없애겠노라."

2월, 백성에게 호당 작 1급을 하사했다. 이천석二千石에 상당하는 관직에 처음으로 효제역전孝弟力田 출신 한 명을 배정했다.

여름 5월 병신일, 한단邯鄲에서 조왕趙王의 궁 총대叢臺에 불이 났다. 혜제의 후궁에게서 난 아들을 후侯에 봉했는데, 유강劉强은 회양왕淮陽王에, 유불의劉不疑는 항산왕恒山王에, 유홍劉弘은 양성후襄城侯에, 유조劉朝는 지후軹侯에, 유무劉武는 호관후壺關侯에 봉했다.

가을, 복숭아와 오얏이 꽃을 피웠다.

여후 2년(B.C. 186년) 봄, 조칙을 내렸다.

"고황제께서 천하를 평정하시고, 공을 세운 자에게 땅을 나눠 주어 열후로 삼으시자, 백성이 안정되고 누구나 그 아름다운 은택을 받았다. 짐은 이 공적과 명성이 오래도록 드러나지 않으면 대의大誼를 높여 후세에 베풀 수 없을까 염려한다. 이제 열후의 공적을 따져 조정 서열을 정하고 이를 고묘高廟[85]에 보관해서 자손이 각기 그 공훈과 지위를 길이 이어 가도록 하겠다. 이 문제를 열후와 논의해서 보고하라."

승상 진평陳平이 답했다.

---

85 한 고조 유방의 사당.

"강후絳侯 주발周勃, 곡주후曲周侯 역상酈商, 영음후潁陰侯 관영灌嬰, 안국후安國侯 왕릉 등과 의논했습니다. 태후 폐하께서 은혜를 베푸시어 열후에게 찬전餐錢과 식읍을 하사했습니다. 이제 공적에 따라 조정 서열을 정했으니, 신은 그 신위를 고묘에 모시기를 청합니다."

여후가 윤허했다.

봄 정월 을묘일, 지진이 일어나고, 강도羌道와 무도도武都道에서 산이 무너져 내렸다.

여름 6월 말 병술일, 일식이 있었다.

가을 7월, 항산왕 유불의가 죽었다. 팔수전八銖錢을 발행했다.

여후 3년(B.C. 185년) 여름, 강수江水와 한수漢水가 범람해 집 4천여 채가 물에 잠겼다.

가을, 별이 낮에 나타났다.

여후 4년(B.C. 184년) 여름, 자신이 황후의 아들이 아니라는 것을 알아챈 소제少帝가 원망하자, 황태후는 궁중 깊이 가둬 버렸다. 그러고서 조칙을 내렸다.

"천하 백성을 다스리는 자는 하늘처럼 덮어 주고 땅처럼 너그러워야 한다. 황제가 즐거운 마음으로 백성을 다스리고, 백성이 기꺼이 황제를 섬겨 위아래가 잘 소통되면 천하가 안정된다. 지금 황제는 오랫동안 병을 앓은 데다 정신에 이상이 생겨 자리를 이어 종묘와 제사를 받들지 못하니 천하를 맡길 수 없다. 후사를 의논하라."

여러 신하가 말했다.

"황태후께서 천하를 걱정하셔서 종묘사직이 편안합니다. 머리를 조아리며 조칙을 받들겠습니다."

5월 병신일, 항산왕 유홍劉弘을 황제로 세웠다.

여후 5년(B.C. 183년) 봄, 남월왕南越王 위타尉佗[86]가 스스로 남무제南武帝에 올랐다.

가을 8월, 회양왕 유강劉彊이 죽었다.

9월, 하동河東과 상당上黨의 기병을 징발해 북지군北地郡에 주둔시켰다.

여후 6년(B.C. 182년) 봄, 별이 낮에 나타났다.

여름 4월, 천하에 사면령을 내렸다. 장릉령長陵令[87]의 질을 2천 석으로 높였다.

6월, 장릉에 성을 쌓았다. 흉노가 적도狄道를 노략질하고,

---

[86] 남월왕 조타(趙佗, B.C.240~B.C.137)를 말한다. 전국시기 진秦의 장군 출신이다. 영정嬴政이 육국六國을 합병한 후, 영남嶺南과 백월百越 지역을 개척했다. B.C. 204년, 조타는 계림군桂林君과 상군象郡을 겸병해 남월국을 세우고 '남월무왕'이라 호칭했다.
[87] 장릉은 고조의 능을 말한다.

아양阿陽을 공격했다. 오분전五分錢을 발행했다.

여후 7년(B.C. 181년) 겨울 12월, 흉노가 적도를 약탈하고 2천여 명을 납치해 갔다.

봄 정월 정축일, 조왕趙王 우友가 집에 유폐됐다가 죽었다. 그믐 기축일에 개기일식이 있었다. 양왕梁王 여산을 상국으로, 조왕趙王 여록을 상장군으로 삼았다. 영릉후營陵侯 유택劉澤을 낭야왕琅邪王에 봉했다.

여름 5월 신미일, 조칙을 내렸다.

"고황제 어머니 소령부인은 태상황비太上皇妃요, 무애후와 선부인宣夫人은 고황제의 형과 누나이다. 시호가 격에 맞지 않으니 존호를 의논하라."

승상 진평 등이 소령부인을 소령후로, 무애후를 무애왕으로, 선부인을 소애후昭哀后로 추존하자고 청했다.

6월, 조왕 유회劉恢가 자살했다.

가을 9월, 연왕燕王 유건이 죽었다. 남월이 장사長沙에 침입해 노략질하자 융려후隆慮侯 조조竈를 보내 진압하게 했다.

여후 8년(B.C. 180년) 봄, 중알자中謁者 장석경張釋卿을 열후에 봉했다. 중관中官과 환자宦者로서 영令, 승丞인 자에게 모두 관내후關內侯 작과 식읍을 하사했다.

여름, 장강과 한수가 범람해 만여 가구가 쓸려 내려갔다.

가을 7월 신사일, 황태후가 미앙궁에서 죽었다. 유조遺詔에 따라 제후왕에게 각각 1천 금을, 장상열후 이하 낭리郎吏에게 직위에 맞춰 하사했다. 천하에 대사면령을 내렸다. 상장군 여록과 상국 여산이 병권을 장악했으나 고황제가 내린 유조에 어긋난 것을 알고서 대신과 제후왕에게 당할까 걱정되어 모반을 꾸몄다. 이때 제나라 도혜왕悼惠王 아들 주허후周虛侯 유장劉章이 경사京師에 머물렀는데, 여록의 딸인 아내로부터 그 모의 사실을 알게 됐다. 곧장 형인 제왕齊王에게 사람을 보내 알리고서 제나라 군대를 서쪽으로 보내게 했다. 유장은 태위 주발, 승상 진평을 몰래 만나 여씨 일족을 제거하려고 했다. 제왕이 군대를 준비하고 나서 낭야왕 유택에게도 군대를 보내야 한다고 속여, 두 나라 군대를 합쳐서 서쪽으로 향했다. 여산과 여록 등은 대장군 관영에게 반격하게 했다. 그러나 관영은 형양滎陽에 도착하자 제왕에게 사람을 보내, 여씨가 반란을 일으키면 함께 처벌하자고 했다.

태위 주발과 승상 진평이 일을 꾸몄다. 역기酈寄는 곡주후 역상의 아들인데, 여록과 친하니 우선 역상을 위협해 아들 역기에게 여록을 다음과 같이 속이라고 시켰다.

"고제가 여후와 함께 천하를 평정하고서 유씨 왕 아홉 명, 여씨 왕 세 명을 세웠는데 모두 대신이 의논해서 결정했습니다. 제후왕에게 알리자 제후왕도 잘한 일이라고 했습니다. 지금 태후께서 돌아가시고 황제는 어린데, 당신께서 급히 봉국으로 돌아가 변방을 지키지 않고, 상장군이 되어 군대를 거느리고 이곳에 머무르면 대신과 제후가 의심할 것입니다. 속히 장군 인수를 반납하고 군대를 태위에게 넘기십시오. 또 양왕에게 상국 인수를 반납하고 대신과 맹약하고서 봉국으로 돌아가도록 청하십시오. 이렇게 하면 제나라 군대는 반드시 돌아갈 것이고, 대신은 안심하며, 족하께서도 편안히 천 리 땅에서 왕 노릇을 하실 테니, 이것이 대대손손 영화를 누릴 수 있는 계책입니다."

여록이 계책에 혹해 사람을 시켜 여산과 여러 여씨 원로에게 알리게 했다. 몇몇이 이 계책을 불편하게 여겨 머뭇거리면서 결단하지 못했다. 여록은 역기를 신임했고, 함께 외출했다가 고모 여수呂嬃 집 앞을 지나가게 됐다. 그런데 여수가 성을 냈다.

"이놈아! 장군이면서 군대를 버리면 여씨가 지금 무엇에 의지하겠느냐!"

이렇게 나무라면서 비싼 보물을 마당에 던지면서 말했다.

"어차피 남 좋은 일 시킬 필요가 없다."

8월 경신일, 평양후平陽侯 조줄曹窋이 어사대부를 맡게 되자, 상국 여산이 일을 꾸미는 것을 눈치챘다. 낭중령郎中令 가수賈壽가 제나라에 사신으로 갔다가 돌아와 여산을 책망했다.

"왕께서는 왜 빨리 봉국으로 가지 않았소! 인제 가려고 해도 돌아갈 수나 있겠소?"

그러고서 관영이 제齊나라, 초楚나라와 연합하려고 하는 정황을 여산에게 알렸다. 평양후 조줄이 이 말을 듣고 급히 말달려 가서 승상 진평과 태위 주발에게 보고했다. 주발이 북군北軍에 들어가 지휘하려 했으나 들어갈 수조차 없었다. 부절을 관장한 양평후襄平侯 기통紀通이 황명을 사칭해 주발을 북군에 들여놓았다. 주발이 다시 역기와 전객典客 유게劉揭에게 영을 내려 여록에게 말을 전하게 했다.

"황제께서 태위인 나에게 북군을 지휘하게 하시고, 당신을 봉국으로 돌아가라고 하셨소. 장군 인수를 내놓고 빨리 떠나시오. 그렇지 않으면 위험하오!"

그러자 여록은 인수를 풀어 전객에게 맡기고 지휘권을 태위 주발에게 넘겼다. 주발은 군문軍門에 들어가 군중軍中에 영을 내렸다.

"여씨를 따르면 오른쪽 어깨를, 유씨를 따르면 왼쪽 어깨를 드러내어라."

북군이 모두 왼쪽 어깨를 드러내었고 주발은 마침내 북군을 장악했다. 하지만 남군南軍이 남아 있었다. 승상 진평이 주허후 유장을 불러 주발을 돕게 했다. 주발은 유장에게 군문을 감독하게 하는 한편 평양후 조줄에게는 상국 여산이 전문殿門에 들어오지 못하게 위위衛尉에게 지시하게 했다. 여산은 여록이 북군에 있을 것이라 확신하고 미앙궁에 들어가 반란을 일으키려 했으나, 전문에서 들여보내지 않자 이리저리 배회했다. 평양후가 달려가 태위 주발에게 말하자 주발은 성공하지 못할까 두려워 죽이라고는 말할 엄두도 내지 못했다. 그래서 주허후 유장에게 명령만 내렸다.

"급히 궁으로 들어가 황제를 보호하라."

유장이 주발에게 병졸 1천 명을 얻어 미앙궁 곁문으로 들어가다 뜰에 있는 여산을 보았다. 정오가 되기를 기다렸다가 여산을 치자 여산이 달아났다. 이때 돌풍이 불어 여산을 따르던 자들이 혼란에 빠져 대항하지 못했다. 유장은 여산을 추격하다 낭중부 숙소 측간에서 죽였다. 유장이 여산을 죽이자 황제는 알자에게 부절을 보내 유장을 위로했다. 유장이 부절을 빼앗으려 했지만 여의치 않자, 알자를 수레에 태우고 달려가 장락궁 위위 여경시呂更始를 참수했다. 그러고는 북군에 돌아가 다시 태위 주발에게 보고했다. 주발이 일어나 유장에게 예를 표하며 말했다.

"여산이 제일 걱정이었는데 이제 죽었으니 천하는 안정될 것이오."

신유일에 여록을 참수하고 여수를 척살했다. 부대를 나눠 보내 여씨 일족을 모두 잡아들이고 아이까지 모두 참수했다. 여러 대신이 은밀히 상의해, 소제少帝와 왕으로 책봉된 세 아우가 혜제의 아들이 아니라고 판단하고서 모두 죽이고 문제文帝를 세웠다. 이 이야기는 「주발전」과 「고오왕전」에 실려 있다.

 [찬贊]: 효혜제와 고후 때는 천하가 전란의 고통에서 벗어나 군신이 모두 '무위無爲'로 다스렸다. 그래서 혜제는 팔짱만 끼고 있었다. 고후는 여주女主로서 천하를 다스리면서 궁궐에서 나오지 않았으나, 천하는 편안하고 형벌을 집행할 일이 별로 없었다. 백성이 농사에 전념하자 삶이 더욱 풍족해졌다.

4

문제기

文帝紀

효문황제孝文皇帝는 고조의 아들로 박희薄姬 소생이다.

고조 11년(B.C. 196년), 진희陳豨를 처벌하고 대代 땅을 평정했다. 이후 문제를 대왕代王으로 세우고 중도中都에 도읍하게 했다.

고조 17년(B.C. 190년), 고후가 죽자 여씨呂氏 일족이 유씨劉氏 천하를 위협했다. 승상 진평, 태위 주발, 주허후 유장 등이 연합해 여씨 일족을 처단하고 대왕代王을 황제로 세웠다. 이 이야기를 「고후기」와 「고오왕전」에 실었다.

조정 대신이 대왕代王을 맞이하러 사람을 보냈다. 대왕 휘하의 낭중령 장무張武 등이 이 일을 상의하자 입을 모아 말했다.

"한漢의 대신은 모두 고제 때 장군으로 군사에 능숙하고 술수를 잘 씁니다. 장군 지위 정도로는 만족하지 않았을 텐데 고제와 여태후 일족의 위세에 눌려서 숨죽이고 있었던 것입니다. 막 여씨 일당을 주살하여 경사京師에 아직 피가 낭자한데 대왕大王을 모시겠다고 소란을 떠니 참으로 믿을 수 없습니다. 병을 핑계 삼아 (저들이 부르는) 조정에 나가지 말고 사태의 추이를 주시해야 합니다."

그러자 중위中尉 송창宋昌이 말했다.

"군신의 말은 모두 틀렸는데 이유는 다음과 같습니다. 진秦나라가 정치를 그르치자 전국에서 호걸이 일어났고, 저마다 뜻을 이루겠다고 자처한 자가 많았지만 결국 유씨가 천자 자리에 올랐습니다. 천하 백성이 간절히 원했으니 이것이 첫째 이유입니다. 고제가 자제를 제후왕에 봉해서 그 땅이 마치 개 이빨처럼 서로 맞물리게 해 반석盤石이 다져졌습니다. 천하가 그 굳건함에 복종하니 이것이 둘째 이유입니다. 한나라를 창업하면서 번거롭고 가혹한 진나라의 법을 없애고, 법령을 간략하게 하고, 덕을 베푸니 백성이 편안하게 여겼습니다. 그래서 백성이 쉽게 동요하지 않을 터이니 이가 셋째 이유입니다. 여태후가 세를 믿고 여씨 왕 셋을 세우고서 권력을 마음대로 휘둘렀습니다. 태위가 부절 하나를 가지고 북군에 들어가 병사를 호령하자 유씨에게 복종을 맹세했고 여씨에게는 등을 돌리니 여씨 일당은 끝내 모두 죽었습니다. 이것은 곧 하늘이 내려 준 것이지 사람의 힘이 아닙니다. 지금 많은 대신이 변란을 일으키려고 해도 백성은 말을 듣지 않을 것입니다. 그 무리가 어떻게 힘을 모으겠습니까? 안으로는 주허후朱虛侯 유장劉章, 동모후東牟侯 유흥거劉興居 같은 친족이 건재하고, 밖으로는 막강한 오吳, 초楚, 회남淮南, 낭야琅邪, 제濟, 대代 나라가 있습니다. 지금 고제의 친아들이라고는 회남왕과 우리 폐하뿐인데, 폐하께서 나이가 많은 데다 뛰어나고 효성스럽다는 것은 천하 사람이 다 압니다. 대신이 천하 민심에 왕을 맞이해 세우고자 하니 폐하께서는 의심하지 마십시오."

대왕이 효문태후孝文太后에게 이 사실을 알리고 망설이며 결정하지 못했다. 거북점을 쳐 보니 크게 횡橫으로 터졌다. 점괘에서 "크게 횡으로 터진 것이 깊고 깊으니, 내가 천왕天王이 되고, 하계夏啓가 공업을 빛내리라[大橫庚庚, 余爲天王, 夏啓以光]"라는 점사를 얻었다. 대왕이 이 점사를 듣고 말했다.

"과인이 이미 왕인데 또 무슨 왕이 된다는 말인가?"

복인卜人이 대답했다.

"천왕은 곧 천자입니다."

대왕은 태후의 아우 박소薄昭를 보내 태위 주발을 만나 보게 했다. 주발 등은 대왕을 황제 자리에 세우려는 까닭을 모두 말했다. 박소가 돌아와 보고했다.

"믿을 만합니다. 의심하지 마십시오."

그러자 대왕이 웃으며 송창에게 말했다.

"과연 공의 말대로군!"

이에 송창을 수레에 함께 태우고, 장무 등 여섯 명은 역참 수레 여섯 대에 나눠 타게 해서 장안으로 향했다. 고릉高陵에 이르자 송창에게 장안으로 먼저 들어가 동태를 살피게 했다. 송창이 위교渭橋에 이르자 승상 이하가 모두 맞이했다. 송창이 돌아와 보고하자 대왕은 그제야 위교로 갔다. 여러 신하가 신하의 예로 배알하자, 대왕이 수레에서 내려 답례했다. 태위 주발이 한 걸음 앞서 나와 말했다.

"주위를 물리쳐 주십시오."

그러자 송창이 말렸다.

"공적인 것은 모두 앞에서 말하시오. 왕자王者에게는 사적인 것은 없으니 사적인 것은 말하지 마시오."

태위 주발이 이윽고 무릎을 꿇고 옥새를 바치자 대왕代王이 사양하며 관저官邸에 가서 의논하겠노라고 했다.

윤달 기유일에 대왕代王 관저로 들어갔다. 여러 신하가 따라 들어와 아뢰었다.

"승상 신臣 진평, 태위 신 주발, 대장군 신 시무柴武, 어사대부 신 장창張蒼, 종정宗正 신 유영劉郢, 주허후 신 유장, 동모후 신 유흥거, 전객 신 유게가 재배再拜하며 대왕께 아룁니다. 유홍劉弘 등은 모두 효혜황제孝惠皇帝의 친아들이 아니라서 종묘를 받들 수 없습니다. 신이 삼가 음안후陰安侯[88], 경왕후頃王后[89], 낭야왕 유택, 열후 및 이천석 관리와 의논하여 청

---

[88] 고조의 형 유백劉伯의 아내.
[89] 고조의 형 유희劉喜의 아내.

합니다. 폐하께서는 고황제의 아들이니 제위를 이으셔야 합니다. 천자의 자리에 오르십시오."

그러자 대왕이 답했다.

"고제의 종묘를 받드는 일은 막중한 일이요. 과인은 그럴 만한 재목이 못되고 적합하지도 않소. 초왕楚王[90]이 적당한지 헤아려 보시오. 과인은 그 자리를 감당할 수 없소."

신하가 모두 엎드려 간곡히 청했다. 대왕代王이 서쪽으로 앉아 세 번 사양하고 남쪽으로 고쳐 앉아 두 번 사양했다. 승상 진평 등이 말했다.

"신 등이 엎드려 헤아려 보건대, 대왕께서 고조의 종묘를 받들기에 가장 적합합니다. 천하 제후와 백성도 모두 그렇게 생각합니다. 신 등이 종묘사직을 위해 헤아린 것이니 가볍게 생각하지 말아 주십시오. 대왕께서는 신 등의 청을 들어주십시오. 신이 삼가 천자의 옥새를 받들고 재배하며 올립니다."

대왕이 답했다.

"종실과 장상, 왕과 열후가 과인이 합당하다고 하니 감히 사양할 수 없겠다."

이윽고 천자의 자리에 나아갔다. 군신이 돌아가며 모셨다. 태복太僕 관영과 동모후 유흥거에게 궁궐에 먼저 들어가 청소하고, 천자의 법가法駕를 받들어 대왕代王을 맞이하게 했

---

90 고조의 아우 유교劉交.

다. 황제가 그날 저녁 미앙궁에 들어갔다. 밤에 송창을 위장군衛將軍에 제수해 남·북군을 거느리게 하고, 장무를 낭중령에 제수해 궁궐 안의 일을 살피게 했다. 곧, 대전大殿으로 돌아와 조칙을 내렸다.

"승상, 태위, 어사대부에게 명하노라. 전에 여씨 일족이 권력을 장악하고 대역大逆을 모의해서 유씨 종묘를 위협하려고 했으나, 장상과 열후, 종실 대신 덕분에 그들을 주살하고 모두 처벌하였다. 짐이 이제 즉위했으니 천하에 사면령을 내리고 온 백성에게 작 1급을 하사한다. 특별히 1백 호 단위로 아낙에게 소고기와 술을 하사하니 닷새간 모여서 마시는 것을 허락하노라."

원년 겨울 10월 신해일에 황제가 고조묘를 배알했다. 거기장군車騎將軍 박소를 보내 대代에서 황태후를 모셔 오게 했다. 그러고서 조칙을 내렸다.

"일전에 여산이 멋대로 상국相國의 자리를 차지하고, 여록은 상장군이 되어 마음대로 장군 관영灌嬰을 보내 제나라를 치고 유씨劉氏 천하를 빼앗으려고 했다. 그러나 관영은 형양滎陽에 주둔하면서 제후와 함께 여씨 일족을 주살하려고 했다. 여산이 모반하려 하자 승상 진평, 태위 주발 등은 여산 등의 군대 지휘권을 빼앗고자 했다. 주허후 유장은 가장 먼저 여산을 잡아 참수했다. 태위 주발은 직접 양평후 기통을 데리고 부절과 조칙을 앞세워 북군北軍에 들어갔다. 전객 유게는 여록의 인수를 회수했다. 태위 주발은 1만 호를 더해 주고 황금 5천 근을 하사한다. 승상 진평과 장군 관영은 각각 3천 호를 더해 주고 황금 2천 근을 하사한다. 주허후 유장, 양평후 기통은 각각 2천 호를 더해 주고 황금 1천 근을 하사한다. 전객 유게는 양신후陽信侯에 봉하고 황금 1천 근을 하사한다."

12월, 조趙나라 유왕幽王의 아들 수遂를 조왕에 세우고, 낭양왕 유택劉澤을 연왕燕王으로 보냈다. 여씨가 제齊와 초楚에서 빼앗은 땅을 모두 돌려줬다. 처자를 몰수하고 죄를 연좌하는 법을 없앴다.

정월, 담당 관리가 태자를 일찍 세울 것을 청하며, 이는 종묘를 높이 받드는 일이라고 했다. 그러자 조칙을 내렸다.

"짐이 부덕하여 상제上帝 신명神明께서 내 제사를 받지 않으시고 천하 백성이 만족하지 않는다. 지금 천하에서 덕德을 갖춘 훌륭한 현자賢者를 구해 천하를 넘겨주지 않고 미리 태자를 세우라고 한다면, 이는 나의 부덕不德함을 더욱 드러내는 것이다. 천하에 뭐라고 말하겠는가! 서두르지 않겠노라."

담당 관리가 다시 청했다.

"태자를 미리 세우는 일은 종묘사직을 안정시키고 천하 백성을 저버리지 않으려는 것입니다."

문제가 말했다.

"초왕은 숙부로서 나이가 많고 천하의 의리를 두루 알아 통치에 밝다. 오왕은 형이고 회남왕은 아우로, 모두 황제감이지만 짐을 돕는다. 어떻게 이들을 돌보지 않을 수 있겠는가! 제후왕과 종실, 형제와 공신 가운데 뛰어나고 덕과 의를 갖춘 인재가 매우 많다. 훌륭한 사람을 뽑아 짐이 미처 이루지 못한 것을 이어가게 한다면, 이는 사직의 행운이요 천하의 복이다. 지금 이처럼 훌륭한 사람을 뽑아 추천하지 않고 짐의 자식만 된다고 하면, 짐이 어질고 덕을 갖춘 사람은 잊고 자식만을 아낀다고 천하가 생각할 것이니 이는 천하를 걱정하는 것이 아니다. 짐은 이렇게 하지 않겠노라."

담당 관리가 다시 청했다.

"옛날 은殷나라 주周나라는 나라를 잘 다스려 천년 동안 지속되었습니다. 이보다 오래간 왕조가 없는데, 이는 자식에게 황위를 물려주어서입니다. 오래전부터 자식에게 후사를 물려주었습니다. 고제께서 처음 천하를 평정하셔서 제후를 세우고 황제가 되셨으니, 곧 태조太祖가 됩니다. 제후, 왕, 열후도 봉국을 받으면 모두 그 나라의 시조가 됩니다. 자손이 자리를 이어서 길이 끊어지지 않게 하는 것이 천하의 대의大義입니다. 그래서 고제께서 이 법을 세워 천하를 위무慰撫하셨습니다. 지금 자식을 제치고 다시 제후 종실에서 찾는 것은 고제의 뜻이 아닙니다. 다시 의논하는 것은 적절하지 않습니다. 아들 계啓는 장남이고 속이 깊고 인자합니다. 태자로 삼으십시오."

문제가 그제야 허락했다. 이어 천하 백성 가운데 집안을 이을 자에게 작 1급을 내렸다. 장군 박소를 지후軹侯로 봉했다.

3월, 유사가 황후를 세워야 한다고 청했다. 황태후는 하명 후 조칙을 내렸다.

"태자를 낳은 두씨竇氏를 황후로 세우겠다."

"봄이 와서 따뜻해 초목을 비롯한 만물이 모두 즐거워하는데, 짐의 백성으로 홀아비, 과부, 고아, 독거노인[鰥寡孤獨] 같이 곤궁한 이들이 죽어 가도 아무도 살피지 않고 걱정하지 않는다. 백성의 부모로서 어떻게 해야 하는가? 구제할 방도를 의논하라."

다음과 같이 또 명을 내렸다.

"노인은 비단옷이 아니면 따뜻하지 않고, 고기가 아니면 배부르지 않다. 올해부터 줄곧 사람을 보내 어른을 문안하겠노라. 옷감과 음식을 내리지 않으면 어떻게 천하 자손이 봉양하는 것을 도와주었다고 하겠는가? 듣자 하니 죽鬻을 받아야 하는 사람에게 관리가 묵은 곡식을 내어 준다고 하는데, 어찌 어른을 봉양한다고 할 수 있겠는가! 이 일에 대해서 따로 영슈을 제정하도록 하겠노라."

담당 관리가 청해 현縣과 도道에 영을 내렸다. 80세 이상이면 한 사람에게 매달 쌀 한 석과 고기 스무 근, 술 다섯 말을 하사했다. 90세 이상이면 비단 두 필과 솜 세 근을 더 하사했다. 하사하는 물품과 쌀, 죽은 각 현의 장리가 검열하고, 승丞과 위尉가 직접 가지고 방문했다. 나이가 90세 이하이면 색부嗇夫나 영사令士가 방문했다. 이천석 관리는 도리都吏를 보내 조칙대로 행하는지 감찰했다. 형을 받은 자나 내죄耐罪 이상이면 이 법에서 제외했다. 초원왕 유교가 죽었다.

4월, 제와 초 지역에 지진이 일어나서 산 29개가 같은 날 무너지고 거센 물줄기가 땅에서 터져 나왔다.

6월, 군국郡國에 공물을 보내지 말도록 영을 내렸다. 천하에 은택이 미치자 각국 제후와 사방 이민족이 기뻐하며 화합했다. 그러고 나서 대代에서부터 보필한 신하의 공을 논했다. 조칙을 내렸다.

"대신이 여씨 일족을 주멸하고 짐을 맞이하려 할 때, 짐은 의심했고 좌우 신하도 모두 말렸으나 중위 송창만이 권하여 종묘를 보존할 수 있게 되었다. 얼마 전 송창을 높여 위장군衛將軍에 제수했으나 다시 장무후壯武侯에 봉한다. 짐을 따라온 여섯 명은 모두 구경九卿에 올리겠노라."

이어서 영을 내렸다.

"고제를 따라 촉한蜀漢에 들어간 열후 68명에게 각각 식읍 3백 호를 더해 주겠다. 이천석 이상 고관 가운데 고제를 따랐던 영천潁川 군수郡守 존尊 등 열 명에게 식읍 6백 호를, 회양淮陽 태수 신도가申屠嘉 등 열 명에게 식읍 5백 호를, 위위衛尉 족足 등 열 명에게 식읍 4백 호를 내리겠다."

회남왕淮南王 장인舅 조겸趙兼을 주양후周陽侯에, 제왕濟王 장인 사균駟鈞을 정곽후靖郭侯에 봉하고, 상산常山 승상을 지낸 채겸蔡兼을 번후樊侯에 봉했다.

문제 2년(B.C. 178년) 겨울 10월, 승상 진평이 죽었다. 조칙을 내렸다.

"옛날에는 제후국이 천 곳이 넘었어도 각자 제 땅을 지키면서 정한 때에만 조회하러 와서, 백성은 힘들지 않고 상하 모두 기뻐하며 덕을 어기는 일이 없었다고 한다. 지금 열후가 대부분 장안에 사는데, 식읍이 멀어 관리가 물자를 운반하려면 비용과 노동이 들고 열후 또한 자기 백성을 제대로 다스릴 수 없다. 열후를 봉국으로 보내되 관직에 있거나 조칙이 특별히 인준한 경우 태자를 봉국으로 보내겠노라."

11월 그믐 계묘일에 일식이 있었다. 조칙을 내렸다.

"짐이 듣건대, 하늘이 백성을 낳고서 그들을 위해 임금을 두어 보호하고 다스리게 했다. 군주가 덕이 없어 정사가 고르지 않으면, 하늘이 재앙을 내려 잘못 다스린 것을 경고한다. 그런데 11월 그믐날의 일식은 하늘이 경고한 것이다. 어떤 재앙이 이보다 크겠는가? 짐이 종묘를 지키므로 이 미천한 몸을 백성과 제후가 돌봐 주고 있다. 천하의 안정과 혼란은 오직 짐에게 달려 있는데 몇몇 집정執政 대신이 수족처럼 짐을 도와준다. 짐은 아래로 만물을 잘 다스리지 못하고 위로 일월성신에 누를 끼치니 너무나 부덕해서이다. 조칙을 받으면 짐의 잘못을 생각해 보고 내 지혜와 식견이 못 미치는 점이 있다면 지적해 주기를 바란다. 또 어질고 곧으면서 직언直言과 극간極諫을 할 수 있는 자를 등용해 짐의 부족한 점을 바로잡게 하겠다. 관리는 직임을 제대로 수행하고 요역과 세금을 감해 주는 데에 힘써서 백성을 편하게 하라. 짐이 은덕을 멀리까지 펼치지 못해 이민족이 넘어올까 걱정이 되어 변경 수비를 쉴 수 없었다. 지금은 변방 수비군은 철수할 수 없고 또 호위군은 나를 보위해야 하지만, 위장군 군대만은 쉬게 하겠노라. 태복은 말을 쓸 만큼만 남기고 나머지는 모두 역참에 공급하라."

"농사는 천하의 근본이다. 적전籍田을 열고 짐이 직접 경작해 종묘에 쓸 곡식을 준비하겠노라. 죄를 지어 관부에서 복역하는 백성은 사면하고 관官에서 종자를 빌렸다가 갚지 못했거나 일부만 갚은 자는 모두 탕감해 주겠노라."

3월, 담당 관리가 황자皇子를 제후왕에 세우자고 청했다. 조칙을 내렸다.

"이전에 조趙 유왕幽王이 유폐되어 죽었는데, 짐은 몹시 안타깝게 여겨 그 태자 유수劉遂를 조왕으로 세웠다. 유수의 아우 유벽강劉辟彊과 제齊 도혜왕悼惠王 아들 주허후 유장, 동모후 유흥거는 공을 세웠으니 왕이 될 만하다."

유벽강을 하간왕河間王에, 유장을 성양왕城陽王에, 유흥거를 제북왕濟北王에 봉했다. 이어 문제 아들 유무劉武를 대왕代王에, 유참劉參을 태원왕太原王에, 유집劉揖을 양왕梁王에 세웠다.

5월, 조칙을 내렸다.

"옛날 성군이 천하를 다스릴 때, 조정에 직언을 위한 깃발과 비판을 위한 목판이 있었는데, 이것으로 소통하고 비판하게 했다. 지금 법에 비방, 요언訞言을 죄로 규정해서 신하는 진실을 말하지 못하니, 황제는 허물이 있어도 들을 길이 없다. 어떻게 하면 먼 곳의 현량賢良[91]이 오겠는가? 그 법을 없애겠노라. 백성 가운데 혹 황제를 저주하는 자들이 처음에 일을 숨기기로 약속했다가 나중에 서로 고발하는 사건이 있으면 옥리는 대역죄大逆罪를 적용하는데, 여기에 불복하면 관리가 또 비방죄誹謗罪로 처리해 버린다. 어리석은 백성이 죽음에 이르는 것도 모르니 짐은 아주 옳지 않다고 생각한다. 지금부터 요언, 비방령을 범하는 자가 있다 해도 죄로 다스리지 않겠다."

9월, 처음으로 군수郡守에게 동호부銅虎符와 죽사부竹使符를 줬다. 조칙을 내렸다.

"농사는 천하의 근본으로서 백성은 이에 의지해서 산다. 그러나 백성들이 농업에 힘쓰지 않고 말업末業[92]에 종사해 삶을 제대로 영위하지 못한다. 짐은 이것이 걱정스러워, 지금

---

91 덕행과 재능이 있는 사람.
92 상공업.

군신을 데리고 친히 농사를 지어 농업을 권하겠다. 천하 백성에게 올해 전조田租의 절반을 감하노라."

문제 3년(B.C. 177년) 겨울 10월 그믐날에 일식이 있었다.
11월 정묘일 그믐날에 일식이 있었다. 조칙을 내렸다.
"얼마 전 열후에게 봉국에 돌아가라고 조칙을 내렸으나 아직 이행하지 않았다. 승상은 짐이 존중하는 신하이니 짐을 대신해서 열후를 데리고 봉국으로 가도록 하라."
결국 승상 주발을 면직하고 봉국으로 보냈다.
12월, 태위 영음후潁陰侯 관영灌嬰을 승상으로 삼았다. 태위太尉를 없애고 승상부에 속하게 했다.
여름 4월, 성양왕 유장劉章이 죽었다. 회남왕 유장劉長이 벽양후辟陽侯 심이기審食其를 죽였다.
5월, 흉노가 북지군北地郡과 하남군河南郡으로 쳐들어와 도적질을 했다. 문제가 감천甘泉에 순행巡幸하다가 승상 관영을 보내 흉노를 공격하게 하자 흉노가 달아났다. 중위中尉 중에서 기마騎馬에 능한 자를 뽑아 위장군에 편입시키고 장안에 주둔하게 했다.
문제가 감천에서 고노로 갔다가 그 길로 태원으로 행차해 옛 신하를 만나고서 모두에게 하사품을 내렸다. 공을 따져서 상을 내리고 마을마다 소고기와 술을 내려 줬다. 진양과 중도 백성에게 3년간 전조를 면제했다. 문제는 태원에서 십여 일을 머물렀다.

　황제가 대代로 갔다는 소식을 제북왕 흥거興居가 듣고, 직접 흉노를 공격하려다가 군대를 돌려 형양滎陽을 습격하려 했다. 이에 조칙을 내려 승상 군대를 해체하고, 극포후棘浦侯 시무柴武를 대장군으로 삼아 장군 넷과 군대 10만을 거느리고 형양을 공격했다. 기후祁侯 증하繒賀를 장군으로 삼아 형양에 주둔하게 했다.

　가을 7월, 문제가 태원에서 장안으로 가서 조칙을 내렸다.

　"제북왕은 배은망덕하게도 반란을 일으켜 관리와 백성까지 끌어들였으니 대역大逆이다. 제북濟北의 이민吏民으로서 조정 군대가 도달하기 전에 반란군에서 이탈했거나 군대나 성읍을 가지고 투항해 온 자는 모두 사면하고 관작도 회복시켜 주겠다. 제북왕 흥거와 함께 반란을 일으켰어도 투항하면 모두 사면하겠다."

　8월, 제북왕 유흥거는 사로잡히자 곧 자살했다. 그와 함께 반란을 일으켰던 자는 사면했다.

　문제 4년(B.C. 176년) 겨울 12월, 승상 관영이 죽었다.

　여름 5월, 황실 족보에 등록된 유씨와 그 집안의 부역을 면제해 줬다. 제후왕 자식에게 각각 식읍 2천 호를 하사했다.

　가을 9월, 제 도혜왕 아들 일곱 명을 열후로 봉했다. 강후 주발이 죄를 범하자, 붙잡아 정위廷尉[93]에게 보내 조옥詔獄[94]에 가두었다. 고성묘顧成廟[95]를 지었다.

　문제 5년(B.C. 175년) 봄 2월, 지진이 있었다.
　여름 4월, 도주전령盜鑄錢令을 없앴다. 다시 사수전四銖錢을 주조했다.

　문제 6년(B.C. 174년) 겨울 10월, 복숭아와 오얏에 꽃이 피었다.
　11월, 회남왕 유장劉長이 모반하자 그를 폐하고 촉蜀의 엄도嚴道로 유배 보냈는데 도중에 옹雍 땅에서 죽었다.

　문제 7년(B.C. 173년) 겨울 10월, 영을 내려 열후의 태부인太夫人, 부인夫人, 제후왕 아들 및 이천석 관리는 임의로 소환하거나 체포하지 못하도록 했다.
　여름 4월, 천하에 사면령을 내렸다.
　6월 계유일, 미앙궁의 동궐 처마에 불이 났다.

　문제 8년(B.C. 172년) 여름, 회남 여왕厲王 유장劉長의 아들

93　사법 심판 기구의 관명으로 형옥刑獄을 관장했다.
94　임금의 명령을 받들어 신문하거나 가두는 것. 또는 그 옥사.
95　문제 자신의 사당. 지금의 섬서성 서안시 동쪽에 위치했다.

네 명을 열후에 봉했다. 꼬리가 긴 혜성이 동쪽 하늘에 나타났다.

문제 9년 (B.C. 171년) 봄, 큰 가뭄이 들었다.

문제 10년(B.C. 170년) 겨울, 감천궁甘泉宮에 행차했다. 장군 박소가 죽었다.

문제 11년(B.C. 169년) 겨울 11월, 문제가 대代에 행차했다.
봄 정월, 문제가 대에서 돌아왔다.
여름 6월, 양왕梁王 유읍劉揖이 죽었다. 흉노가 적도를 노략질했다.

문제 12년(B.C. 168년) 겨울 12월, 동군東郡의 황하 둑이 터져서 홍수가 났다.
봄 정월, 제후왕의 딸에게 각각 식읍 2천 호를 하사했다.
2월, 효혜황제의 후궁과 미인을 궐 밖으로 내보내고 결혼을 하게 했다.
3월, 관關을 지날 때 쓰는 부절을 없앴다. 조칙을 내렸다.
"백성을 잘살게 하는 길은 농업에 힘쓰게 하는 데 있다. 짐이 직접 천하에 농사를 권장한 지 십 년이 지났지만, 농지는 더 늘지 않고, 흉년이 한 번만 들어도 백성은 기아에 시달린다. 이는 농사 짓는 백성이 아직 모자라고 관리가 정성을 다하지 않아서이다. 짐이 조칙을 여러 번 내려, 해마다 백성에게 씨뿌리고 심으라고 했지만, 아직 효과가 없다. 이는 관리가 조칙을 제대로 받들지 않고 백성에게 확실히 권하지 못해서이다. 게다가 짐의 농민이 몹시 힘들어하는데도 관리가 보살피지 않으니 앞으로 어떻게 권장하면 좋겠는가? 농민에게 올해 조세租稅의 반을 면제하노라."

이어서 말했다.

"효성과 공경은 천하의 큰 덕목이고, 농사는 삶의 근본이다. 삼로는 백성의 스승이요, 청렴한 관리는 백성의 모범이다. 짐은 이러한 몇몇 대부의 품행을 매우 가상하게 여긴다. 그런데 지금 천하 현縣에 천거령薦擧令에 응하는 자가 없다고 하는데 어찌 실제 인정人情이겠는가? 이는 관리가 현자를 천거하는 법이 제대로 갖춰지지 않았기 때문이다. 알자를 보내 삼로와 효자에게 비단 각각 다섯 필을, 어른을 잘 공경하거나 열심히 농사짓는 백성에게 두 필을 내리고, 청렴한 관리에게는 질秩 2백 석 이상이면 1백 석당 세 필을 하사하노라. 백성이 불편하면 그 원인을 묻고, 호구戶口 비율에 따라 삼로, 효제(孝悌, 부모에게 효도하고 윗사람을 잘 모시는 사람), 역전(力田, 농사를 잘 짓는 사람)에게 일정한 인원을 두어 각자 뜻에 맞게 백성을 이끌게 하겠노라."

문제 13년(B.C. 167년) 봄 2월 갑인일에 조칙을 내렸다.

"짐이 직접 천하를 이끌어 농사를 지어서 종묘에 곡식을 올리고, 황후가 직접 누에를 쳐서 제복祭服을 지어 바쳤다. 이에 대한 예법과 의식을 갖추도록 하겠노라."

여름, 비축관秘祝官[96]을 폐지했다. 이 일은 「교사지郊祀志」에 실려 있다.

5월, 육형법肉刑法을 폐지했다. 이 이야기는 「형법지」에 실려 있다.

6월, 조칙을 내렸다.

"농업은 천하의 근본으로 이보다 큰일이 없다. 지금 농사를 부지런히 짓는 백성에게 세금을 부과한다면, 농업은 상업과 다를 게 없고, 농사를 권장하는 도道도 갖추지 못한 것이다. 전조를 없애노라. 고아와 과부에게 베, 비단, 솜을 각각 규정대로 하사하겠노라."

문제 14년(B.C. 166년) 겨울, 흉노가 변경을 노략질하고 북지군의 도위 손앙孫卬을 죽였다. 장군 셋을 보내 농서군, 북지군, 상군에 주둔하게 하고, 중위 주사周舍를 위장군으로, 낭중령 장무張武를 거기장군으로 삼아 위수渭水 북쪽에 주둔하게 했는데, 전차 1천 승에 기병 10만이었다. 문제는 직접 군대를 위로하고 부대를 사열했으며, 교령敎令을 발표하고

---

96 윗사람의 과실을 아랫사람에게 돌리는 것을 비축秘祝이라고 한다.

서 이졸吏卒에게 위문품을 하사했다. 문제가 직접 흉노 정벌에 나서려고 해서, 여러 신하가 간언했으나 듣지 않았는데, 황태후가 결사반대하자 그제야 그만두었다. 이에 동양후東陽侯 장상여張相如를 대장군으로, 건성후 동혁董赫, 내사內史 난포欒布를 장군으로 삼아 흉노를 공격했다. 흉노가 달아났다.

봄, 조칙을 내렸다.

"짐이 희생犧牲과 폐백[珪幣][97]을 받들고서 상제上帝의 종묘宗廟를 섬긴 지 14년이 흘렀다. 황위에 오른 지 오래되었으나, 명민하지 못한 짐이 오랫동안 천하를 다스리고 있으니 매우 부끄럽다. 제단祭壇을 높이고 폐백을 더 많이 올리겠노라! 옛날 선왕께서는 멀리까지 은혜를 베풀고도 보은을 바라지 않고, 천지에 제사를 올리고도 복을 빌지 않으셨다. 어진 이를 가까이하고 친척을 멀리하며, 백성을 먼저 생각하고 자신은 돌보지 않았으니 사리 판단이 분명했다. 지금 짐이 들으니 사관祠官이 복을 축원하면서 짐에게만 모든 복을 돌리고 백성에게는 돌리지 않는다고 하는데, 짐은 이 점이 매우 부끄럽다. 짐이 덕德이 없는데도 혼자 그 복을 독차지하고 백성과 함께 누리지 않으면 '부덕함'을 더하는 것이다. 사관에게 명하노라. 제사를 공경히 받들되 짐 한 사람만을 위해 복을 빌지는 말라."

---

97 제사를 지낼 때 바치는 옥백玉帛.

문제 15년(B.C. 165년) 봄, 황룡黃龍이 농서현 성기成紀에 나타났다. 문제가 조칙을 내려 천지天地 제사[郊祀]를 의논하게 했다. 공손신公孫臣이 복색服色을 정하고, 신원평新垣平이 오묘五廟를 설치했다.[98] 이 이야기는 「교사지」에 실려 있다.

여름 4월, 문제가 옹 땅에 행차해 오제五帝[99]에게 교제郊祭를 올리고 천하에 사면령을 내렸다. 명산대천 가운데 제사가 끊어진 곳을 정비했고, 담당 관리는 때에 맞춰 제사를 올렸다.

9월, 제후왕, 공公, 경卿, 군수에게 조칙을 내려 현량, 직언하는 자, 극간하는 자를 천거하게 하고, 황제가 직접 책문策問해 널리 의견을 수렴했다. 이 이야기는 「조조전晁錯傳」에 실려 있다.

문제 16년(B.C. 164년) 여름 4월, 문제가 위양渭陽에서 오제에게 교사郊祀를 지냈다.

5월, 제齊 도혜왕悼惠王의 아들 여섯과 회남淮南 여왕厲王의 아들 셋을 제후왕에 세웠다.

---

[98] 문제 15년(B.C. 165년), 신원평이 기氣를 살펴보고는 문제를 알현해서, 동북쪽에 신神이 있어 기운이 다섯 가지 색을 이루었다고 말했다. 이에 따라 위양에 오제의 묘를 만들게 했고, 이 일로 문제의 총애를 받게 됐다고 한다.
[99] 복희伏羲, 신농神農, 황제黃帝, 요堯, 순舜을 가리킨다.

가을 9월, 옥배玉杯를 얻었는데[100], '황제께서 장수하신다[人主延壽]'라고 새겨져 있었다. 천하에 영을 내려 크게 잔치를 베풀고는 이듬해에 개원改元했다.

후 원년後元年(B.C. 163년) 겨울 10월, 사기 행각이 발각되자 신원평이 모반을 일으켰다. 신원평의 삼족三族을 처형했다.

봄 3월, 효혜황후 장씨張氏[101]가 죽었다. 조칙을 내렸다.

"근래 몇 년간 흉년이 잦고 또 홍수와 가뭄에 역병까지 돌아 짐이 몹시 걱정스러운데, 어리석고 어두워 내 허물이 무엇인지 알 수 없다. 짐작하건대 짐의 정교政敎에 잘못이 있고 행동에 허물이 있어서인가? 아니면 천도天道를 따르지 못하고 지리地利에 얻지 못하며, 인사人事에 불화不和가 많고 귀신에게 제사를 지내지 않아서인가? 무엇 때문에 이런 재앙이 생겼는가? 백관에게 주는 봉급이 지나치고 쓸데없는 일이 많아서인가? 어째서 백성의 양식이 부족한가? 토지가 줄어든 것도 아니고 백성이 늘지도 않았으니, 사람 수와 토지를 따져 보면 옛날보다 오히려 남아야 하는데, 양식이 턱없이 부족한 것은 그 잘못이 어디에 있는가? 백성 가운데 장사에 종사해서 농사를 해치고, 술을 빚느라 곡식을 낭비하고,

---

100 이 옥배玉杯는 신원평이 만들고서 사람을 시켜 바치게 한 것이다. 문제는 이 일을 기리기 위해서 17년을 원년元年으로 삼았다. 일반적으로 이전 시기와 구별하기 위해 '후 원년後元年'이라 칭한다.
101 노원공주의 딸.

가축이 먹어 치우는 것이 많아서인가? 크고 작은 일을 내가 다 맞출 수가 없으니, 승상, 열후, 이천석 관리, 박사와 함께 의논하여 백성에게 도움이 될 수 있는 것이라면 어떤 의견이든지 숨김없이 말하라."

후 2년(B.C. 162년) 여름, 옹雍의 역양궁棫陽宮에 행차했다.
6월, 대왕代王 유참이 죽었다. 흉노와 화친을 맺었다. 조칙을 내렸다.
"짐이 어리석어 은택을 멀리까지 베풀지 못해 나라 밖이 어지럽다. 이민족은 불안해하고 우리 백성이 고생하며 정착하지 못하는데, 이 모두가 짐의 덕이 멀리까지 미치지 못해서이다. 최근 여러 해 동안 흉노가 계속 변경을 침범해 관리와 백성을 많이 죽이는데도, 변방 관리와 장수는 내 뜻을 제대로 받들지 못해 짐의 부덕함을 더 키웠다. 이렇게 오랫동안 소요를 해결하지 못하면 나라 안팎이 어떻게 안정되겠는가? 지금 짐은 잠도 제대로 자지 못하고 천하 백성의 노고를 걱정하면서 하루도 걱정이 가실 날이 없어 늘 불안하다. 그래서 사신을 계속 보내서 짐의 뜻을 선우에게 알렸다. 지금 선우는 마음을 돌린 데다 사직의 안정을 도모하고 백성의 이익에 따르고자 하여 새로 짐과 함께 작은 허물은 버리고 화해의 큰길로 나아가고자 한다. 짐은 선우와 형제의 의를 맺고 천하의 선량한 백성을 온전하게 하려고 한다. 이로

써 화친이 결정되었으니 올해부터 시작하라."

 후 3년(B.C. 161년) 봄 2월, 대代에 행차했다.

 후 4년(B.C. 160년) 여름 4월 병인 그믐날에 일식이 있었다.
 5월, 천하에 사면령을 내렸다. 관노비를 서인으로 풀어 줬다. 옹雍에 행차했다.

 후 5년(B.C. 159년) 봄 정월, 농서隴西에 행차했다.
 3월, 옹雍에 행차했다.
 가을 7월, 대代에 행차했다.

 후 6년(B.C. 158년) 겨울, 흉노 3만 기騎가 상군上郡에 침입하고, 또 3만 기가 운중군雲中郡으로 쳐들어왔다. 중대부中大夫 영면令免을 거기장군으로 삼아 비호구飛狐口에, 초나라 재상宰相을 지낸 소의蘇意를 장군으로 삼아 구주산句注山에, 장군 장무張武를 북지군에, 하내河內 태수 주아부周亞夫를 장군으로 삼아 세류細柳에, 종정宗正 유례劉禮를 장군으로 삼아 패상霸上에, 축자후祝玆侯 서려徐厲를 장군으로 삼아 극문棘門에 주둔하게 해서 흉노를 막았다.
 여름 4월, 가뭄이 크게 들고 메뚜기 떼가 하늘을 뒤덮었다. 제후에게 공물을 바치지 말라고 명했다. 산택山澤을 개방

했다. 황제의 복식과 수레를 간소화하고, 시종관의 수를 줄였다. 창고를 열어 곡식을 풀어서 백성을 구제했다. 백성에게 작위爵位를 사고팔 수 있게 했다.

후 7년(B.C. 157년) 여름 6월 기해일, 황제가 미앙궁에서 붕어했다. 유언을 남겼다.

"만물이 태어나면 죽게 마련이다. 죽음은 천지의 자연스러운 이치이므로 슬퍼할 필요가 없다. 세상 사람은 모두 살기를 좋아하고 죽기를 싫어하여, 장례를 후하게 치르다 재산을 탕진하기도 하고, 복상服喪을 지나치게 하다 건강을 해치기도 하는데, 짐은 옳지 않다고 생각한다. 게다가 짐이 부덕하여 백성을 도운 적도 없는데, 짐이 죽고 나서 오랫동안 복상하게 하여, 혹독한 추위와 혹심한 더위를 겪게 하고, 백성을 애처롭게 하고, 노인의 마음을 아프게 하고, 음식을 낭비하고, 조상 제사를 끊기게 하면 짐의 부덕함만 더할 것이니 천하 사람에게 무어라 말하겠는가! 짐은 종묘를 지키며 미천한 몸으로 천하의 제후왕을 거느린 지 20년이 넘었는데, 하늘의 신령과 사직의 복에 힘입어 나라가 편안하고 전란이 없었다. 짐은 불민하지만 행실을 잘못하여 선제先帝께서 남겨 주신 은덕에 누가 될까 항상 조심하였고, 나이가 들수록 명대로 죽지 못할까 걱정하였다. 이제 다행히도 천수를 누리고 고조묘에서 제사를 받을 수 있게 되었으니, 어리석은 짐이 행복해할 일이지 어찌 애통해할 일이겠는가! 천하 백성에게 영을 내리니, 이 영을 받으면 사흘만 곡을 하고 상복을 벗도록 하라. 결혼, 제사, 음주, 육식을 금하지 않겠노라. 국상國喪이라서 일하거나 곡을 해야 한다면 맨발로는 하지 말라. 질대絰帶[102] 폭은 세 치를 넘기지 말라. 수레와 병기를 늘어놓지 말라. 백성을 징발하여 궁중에서 곡하게 하지 말라. 궁중에서 곡할 때는 아침과 저녁으로 각각 열다섯 번만 곡하고 예가 끝나면 해산하라. 곡할 때가 아닌데 아무 때나 곡하게 하지 말라. 하관下棺하면, 대공大功은 15일, 소공小功은 14일, 시마緦麻는 7일만 상복을 입고 기간이 지나면 벗도록 하라. 그밖에 영에 없는 것도 모두 이 영을 참고하여 행하라. 이 내용을 천하에 널리 알려 짐의 뜻을 분명히 알게 하라. 패릉覇陵의 지형을 짐 때문에 고치지 말라. 또 부인夫人 이하 소사少使[103]는 모두 친정으로 돌려보내겠다."

중위 주아부周亞夫를 거기장군에, 전속국典屬國 서한徐悍을 장둔장군將屯將軍에, 낭중령 장무張武를 복토장군復土將軍에 임명하고, 부근 현에서 병졸 1만 6천 명을, 내사內史에서 병졸 1만 5천 명을 징발했다. 땅을 파고 메우는 등 관곽棺郭을 안장하는 일은 복토장군 장무가 맡았다. 제후, 왕 이하 효제,

---

102 상복에 쓰는 마포제 허리띠.
103 진한秦漢 시기 황궁 내 여관女官의 호칭. 여관에는 미인美人, 양인良人, 팔자八子, 칠자七子, 장리長使, 소리少使 등이 있었다.

역전에 이르기까지 황금, 돈, 비단을 각각 등급에 따라 하사했다. 을사일에 패릉에 장사 지냈다.

[찬贊]: 효문황제는 23년간 재위했지만 궁실宮室, 원유園囿, 거기車騎, 복식服飾을 늘리지 않았다. 백성이 불편해하면 즉시 금령을 풀어서 백성을 이롭게 해 줬다. 이전에 노대露臺를 지으려고 장인을 불러 비용을 따져 본 일이 있는데, 1백 금이 들었다. 그러자 문제는 이렇게 말씀하셨다고 한다.

"백 금이면 보통 사람 열 집 재산이다. 내가 선제先帝의 궁실에 살면서도 늘 두렵고 부끄러웠는데, 왜 노대를 짓겠는가!"

자신은 검은 명주옷을 입고, 총애하는 신부인愼夫人은 옷이 땅에 끌리지 않게 했으며, 휘장帷帳에 무늬를 수놓지 않는 등 소박해서 천하의 모범이 되었다. 패릉을 조성하면서 기와만 쓰고 금, 은과 동, 주석 따위로 장식하지 않았으며, 산세를 그대로 따르고 따로 봉분을 만들지 않았다. 남월왕 위타가 황제를 참칭했으나, 그 형제를 불러 후하게 대접하고 은덕을 베풀자 황제 칭호를 버리고 신하가 되었다. 흉노가 화친을 어기고 침략했을 때, 변경에 영을 내려 수비만 하고 흉노 땅 깊숙이 들어가지 않았는데, 백성을 번거롭게 할까 걱정해서였다. 오왕吳王이 병을 핑계로 입조入朝하지 않았지만, 오히려 궤장(几杖, 안석과 지팡이)을 내려 줬다. 원앙袁央 등의 간언이 지나쳐도 언제나 들어 줬다. 장무 등이 뇌물을 받다 발각되자 도리어 상賞을 내려 뉘우치게 했다. 오로지 덕으로 백성을 교화하고자 힘쓰자 나라 안의 인구가 늘어났고, 예의를 장려해 중죄를 지은 사람은 수백 명에 불과했으며, 형벌은 쓸 일이 거의 없었다. 아! 참으로 인자한 군주이시다.

5

경제기

景帝紀

효경황제孝景皇帝는 문제의 태자이고 두竇황후의 소생이다.

후 7년(B.C. 157년) 6월에 문제가 죽었다. 정미일에 태자는 황제에 즉위하고 황태후 박씨를 태황태후, 황후를 황태후로 높였다.
9월, 서쪽에 혜성이 나타났다.

원년(B.C. 156년) 겨울 10월, 조칙을 내렸다.
"고대 성왕은 공을 세우면 조祖, 덕이 있으면 종宗이라는 칭호를 받았고 예악도 거기에 맞췄다. 음악은 덕을 표현하고 춤은 공을 밝힌다. 고조 묘[高廟]에서 제사 지낼 때에 〈무덕武德〉,〈문시文始〉,〈오행五行〉 춤을 추었다. 혜제 묘에서는 〈문시〉,〈오행〉 춤을 추었다. 효문황제 치세 때에는 관문과 교량을 개방하고 변방 지역까지 동일하게 시행했다. 비방죄를 없애고 육형을 폐지했으며, 노인에게 하사품을 내리고 홀로 사는 사람을 도와주는 등 모든 백성이 잘 살 수 있도록 해췄다. 자신이 좋아하는 것을 줄이고 공물을 받지 않았다. 가족을 연좌하지 않았고, 죄 없는 사람을 처벌하지 않았으며, 사적 이익을 도모하지 않았다. 궁형을 폐지하고, 미인을 비롯한 후궁을 내보냈으며 후사가 끊어지지 않도록 했다. 짐은 영민하지 못해서 모두 다 알 수는 없다. 이 모든 것을 다른 선대 제왕께서는 잘 못하셨지만, 효문황제께서는 몸소 실행하셨다. 중후한 덕은 천지와 같고 은택을 천하에 베풀어 모두가 복을 누렸다. 밝게 드러난 것이 해와 달 같은데도 종묘 음악이 어울리지 않아서 짐은 매우 유감이다. 효문황제 묘당에서 사용할 〈소덕〉춤을 만들고 훌륭한 덕을 밝히도록 하라. 그렇게 한 다음에 조종祖宗의 공덕이 자손만대에까지 미치고 영원히 전해지게 된다면 짐은 기뻐할 것이다. 승상, 열후, 중이천석, 예관은 상의해서 예의를 제정하고 보고하도록 하라."

승상 신도가 등이 아뢰었다.

"폐하께서는 오래도록 효심을 품고서 〈소덕〉춤을 만들고, 효문황제의 훌륭한 공덕을 밝히도록 명하셨는데, 저를 비롯한 신하는 우매하여 미칠 수 없었습니다. 신 등이 삼가 아룁니다. 고황제께서는 누구보다도 더 큰 공적을 세우셨고, 효문황제께서는 큰 은덕을 베푸셨습니다. 고황제묘는 황실의 태조묘로, 효문황제묘는 황실의 태종묘로 삼는 것이 옳다고 생각합니다. 천자는 대대로 조종의 묘에 제사를 지내야 합니다. 군과 국의 제후는 각자 효문황제의 태종묘를 세워야 합니다. 제후왕과 열후는 사신을 보내 천자가 조종의 묘에서 지내는 제사를 도와야 합니다. 천하에 선포하도록 하십시오."

황제가 말했다.

"그렇게 하겠다."

봄 정월, 조칙을 내렸다.

"근래 몇 년간 소출이 좋지 않아서 백성 대부분이 굶주리고 요절한다고 하니 짐은 마음이 매우 아프다. 군과 국 가운데는 토지가 척박하고 협소하여 농사짓고 길쌈하며 가축을 기르지 못하고, 어떤 군과 국은 땅이 넓고 비옥하며 초목이 무성하고 물이 풍부하지만, 백성이 그곳으로 옮겨 가지 못한다. 백성이 넓은 지역으로 가기를 바란다면 이주를 허용해 줄 방법을 상의하도록 하라."

여름 4월, 천하에 사면령을 내렸다. 백성에게 작 1등급씩 내렸다. 어사대부 청적을 대代에 내려보내 흉노와 화친을 맺었다.

5월, 토지세를 절반으로 줄이라는 명령을 내렸다.

가을 7월, 조칙을 내렸다.

"아랫사람으로부터 음식을 받은 관리를 면직시키는 것은 지나친 처벌이고, 뇌물을 받거나 싸게 사서 비싸게 파는 행위에 대한 처벌은 가볍다. 정위와 승상은 다시 논의하여 법령을 고치도록 하라."

정위 신信은 승상과 함께 상의하고 보고했다.

"관리와 봉록을 받는 사람이 감독하고 다스리며 감찰하고 이끌어야 할 관속으로부터 음식을 받았을 때 상당하는 비용을 배상하면 처벌하지 않기로 했습니다. 다른 물건을 고의로 싸게 사서 비싸게 팔면 모두 절도죄[臧爲盜]를 적용하여 장물을 모두 몰수한 뒤 국고에 귀속시키도록 하겠습니다. 관리가 전근이나 파면의 처분을 받았는데도 이전에 거느렸던 관속이 보낸 재물을 받으면, 작위를 박탈하고 면직시켜 일반 사병으로 강등시키겠습니다. 작위가 없으면 벌금으로 금 두 근을 징수하고 받은 재물을 몰수하도록 하겠습니다. 고발한 사람에게는 뇌물로 받은 재물을 주도록 하겠습니다."

경제 전前 2년(B.C. 155년) 겨울 12월, 서남쪽에 혜성이 나타났다. 남자가 20세가 되면 병역 대장에 등록하도록 영을 내렸다.

봄 3월, 황자 유덕을 하간왕, 유알을 임강왕, 유여를 회양왕, 유비를 여남왕, 팽조를 광천왕, 유발을 장사왕으로 세웠다.

여름 4월 임오일에 태황태후가 죽었다.

6월, 승상 신도가가 죽었다. 예전에 상국을 지낸 소하의 손자 소계를 열후에 책봉했다.

가을, 흉노와 화친을 맺었다.

경제 전 3년(B.C. 154년) 겨울 12월, 조칙을 내렸다.

"양평후 기가의 아들 회열이 불효하여 반란을 모의하고 기가를 죽게 만들어 대역무도하다. 기가는 사면하여 양평후에 그대로 두고, 연루된 처자는 예전 작위를 회복시켜 주도록 하라. 회열과 그 처자는 법대로 처벌하라."

봄 정월, 회양왕 왕궁 정전에 불이 났다. 오왕 유비, 교서왕 유앙, 초왕 유무, 조왕 유수, 제남왕 유벽광, 치천왕 유현, 교동왕 유웅거가 반란을 일으켰다. 천하에 대사면령을 내렸다. 태위 주아부, 대장군 두영을 보내 공격했다. 어사대부 조조晁錯를 참수해서 일곱 나라를 달랬다.

2월 임자일 그믐에 일식이 있었다. 여러 장수가 일곱 나라를 격파하고 10여만 명을 처형했다. 단도까지 오왕 유비를 추격해서 참수했다. 교서왕 유앙, 초왕 유무, 조왕 유수, 제남왕 유벽광, 치천왕 유현, 교동왕 유웅거 모두 자살했다.

여름 6월, 조칙을 내렸다.

"이번에 오왕 유비 등이 반역하고 군대를 일으켜 위협하며 관리와 백성을 잘못된 길로 부추겼지만, 관리와 백성은 어쩔 수 없었다. 이제 유비 등은 죽었으니 유비 등의 일에 연루된 관리와 백성, 그리고 군대에서 도망쳤다가 잡힌 사람 모두를 사면하겠다. 초원왕 아들 유예劉藝 등은 유비 등과 함께 반역했지만 짐은 법대로 처벌하고 싶지 않다. 황실 호적에서 제명하여 종실에 오명을 남기지 않도록 하라."

평륙후平陸侯 유례劉禮를 초왕으로 세워 원왕의 후사를 잇도록 했다. 황자 유단을 교서왕, 유승을 중산왕中山王으로 세웠다. 백성에게 작 1등급씩 하사했다.

경제 전 4년(B.C. 153년) 봄, 다시 모든 관문에 역참을 설치하고 출입하게 했다.

여름 4월 기사일에 황자 유영을 황태자, 유철을 교동왕으로 세웠다.

6월, 천하에 사면령을 내리고, 백성에게 작 1등급씩 하사했다.

가을 7월, 임강왕 유알이 죽었다.

10월 무술일 그믐에 일식이 있었다.

경제 전 5년(B.C. 152년) 봄 정월, 양릉읍에 수릉[104]을 조성했다.

여름, 양릉으로 이주할 백성을 모집하고 금전 20만을 하사했다. 공주를 흉노 선우에게 시집보냈다.

경제 전 6년(B.C. 151년) 겨울 12월, 번개가 치고 비가 장마처럼 내렸다.

---

104 황제가 죽기 전에 미리 만들어 두는 무덤.

가을 9월, 황후 박씨를 폐위시켰다.

경제 전 7년(B.C. 150년) 겨울 11월 그믐인 경인일에 일식이 있었다.
봄 정월, 황태자 유영을 폐위시키고 임강왕으로 세웠다.
2월, 태위 관직을 없앴다.
여름 4월 을사일, 왕씨를 황후로 세웠다. 정사일, 교동왕 유철을 황태자로 세웠다. 가업을 이은 백성에게 작 1등급씩 하사했다.

중中 원년(B.C. 149년) 여름 4월, 천하에 사면령을 내리고 백성에게 작 1등급씩 하사했다. 예전에 어사대부를 지낸 주가의 손자와 주창의 아들을 열후에 책봉했다.

중 2년(B.C. 148년) 봄 2월, 제후왕이 죽거나 열후가 처음 책봉되어 봉국으로 갈 때 대홍려大鴻臚가 시호, 조문, 책문을 보고하게 했다. 열후가 죽거나 제후 태부가 처음 임명되어 갈 때는 대행이 시호, 조문, 책문을 보고하게 했다. 제후왕이 죽으면 광록대부光祿大夫를 보내 조문하고 수의, 음식, 수레를 보냈으며, 장례를 지켜보고 후사를 세우게 했다. 열후가 죽으면 태중대부太中大夫를 보내 조문하고 장례를 지켜보고 후사를 세우게 했다. 매장할 때는 백성을 징발해 상여를 매도록 했고, 무덤을 파고 봉분을 쌓는 데 3백 명을 초과해 부릴 수 없고, 매장이 끝나면 바로 모든 장례 절차가 끝나도록 했다. 흉노가 연燕에 침입했다. 책형磔刑[105]을 기시형으로 변경하고, 책형을 다시는 시행하지 않게 했다.

3월, 임강왕 유영이 태종묘 땅을 침범한 죄에 연루되어 중위에게 불려 왔다가 자살했다.

여름 4월, 서북쪽에 혜성이 나타났다. 황자 유월을 광천왕, 유기를 교동왕으로 세웠다.

가을 7월, 군수를 태수, 군위를 도위로 호칭을 바꿨다.

9월, 예전 초와 조의 부상, 내사로 왕이 반란을 일으키지 않도록 간언했다가 살해당한 초 승상 장상, 태부 조이오, 조 승상 건덕, 내사 왕한 네 사람의 아들을 열후에 책봉했다. 그믐인 갑술일에 일식이 있었다.

중 3년(B.C. 147년) 겨울 11월, 제후, 어사대부 관직을 없앴다.

봄 정월, 태후가 죽었다[106].

여름에 가뭄이 들자 술 판매를 금지했다.

가을 9월, 메뚜기 떼가 들끓었다. 서북쪽에 혜성이 나타났다. 그믐인 무술일에 일식이 있었다. 황자 유승을 청하왕으

---

105 지체肢體를 찢어 죽이는 형벌.
106 원문에는 '皇太后(황태후)'로 되어 있다. 당시 황태후는 두태후竇太后인데, 두태후는 무제 건원建元 6년(B.C. 135년)에 사망한다. 당시 사망한 사람은 태후 박씨薄氏이다.

로 세웠다.

　중 4년(B.C. 146년) 봄 3월, 경제묘인 덕양궁을 세웠다. 어사대부 위관의 건의로 키가 5척 9촌(약 140센티미터) 이상이고 이빨이 고르지 않은 말은 관문을 나가지 못하도록 했다.
　여름, 메뚜기 떼가 들끓었다.
　가을, 양릉 건설에 동원된 죄수를 사면했고, 사형을 궁형으로 대신할 수 있게 했다.
　10월 무오일에 일식이 있었다.

　중 5년(B.C. 145년) 여름, 황자 유순을 상산왕으로 세웠다.
　6월, 천하에 사면령을 내리고 백성에게 작 1등급씩 하사했다.
　가을 8월, 기유일에 미앙궁 동궐에 불이 났다. 제후 승상의 명칭을 상相으로 바꿨다.
　9월, 조칙을 내렸다.
　"법령과 도량형은 폭력과 규정을 어기는 행위를 막기 위한 것이다. 재판은 사람에게 중요한 일인데, 죽은 사람은 다시 살릴 수 없기 때문이다. 법령을 따르지 않고 재물을 내다 팔며, 패거리를 짓고, 가혹한 것을 잘 살핀다고 하고, 각박한 것을 분명하다고 하며, 죄가 없는데도 생업을 잃게 하는 관리가 있어 마음이 아프다. 죄가 있는데 처벌받지 않고, 법을 어기고 폭력을 행사하는 것은 말할 것도 없다. 재판에 의혹이 있거나, 판결이 법과 일치하기는 하지만 납득할 수 없으면 바로 다시 심의하도록 하라."

중 6년(B.C. 144년) 겨울 10월, 옹현으로 행차해 오제사五帝祠에서 교제를 지냈다.

12월, 관직 명칭을 고쳤다. 동전을 주조하고 황금을 위조하면 기시형에 처한다는 법률을 제정했다.

봄 3월, 눈이 내렸다.

여름 4월, 양왕이 죽자 양을 다섯 나라로 나누고 효왕 아들 다섯 모두를 왕으로 세웠다.

5월, 조칙을 내렸다.

"관리는 백성의 스승이니 수레와 의복을 관직에 어울리도록 하라. 육백석 이상은 고위 관리인데 법도에 맞지 않게 행동하는 자가 관복도 입지 않고 마을을 출입한다면 일반 백성과 구분이 되지 않는다. 고위 관리인 이천석은 붉은색으로 양쪽을 막은 수레, 천석에서 육백석까지는 붉은색으로 왼쪽을 가린 수레를 타도록 하라. 수레 시종이 관직에 맞는 의복을 입지 않았다든지, 하급 관리가 관리의 체통을 지키지 못하고 마을을 출입하면 이천석은 관속에게 알리고, 주작중위와 좌우내사 삼보가 법령을 어긴 관리를 검거하면 모두 승상어사에게 보고하여 처리하도록 하라."

예전 관리 대부분이 군 출신이어서 가벼운 수레와 의복을 좋아했기 때문에 특정해 금지한 것이다. 또 가혹한 관리가 법을 잘못 집행할 때를 생각해 담당 관리에게 태형을 경감시키고 추형箠刑과 관련된 법령을 정하게 했다. 자세한 것은 「형법지」에 실려 있다.

6월, 흉노가 안문을 거쳐 무천武泉까지 쳐들어왔고, 상군을 침입해 기르던 말을 탈취해 갔다. 장교와 사병 2천 명이 전사했다.

가을 7월 신해일 그믐에 일식이 있었다.

경제 후 원년(B.C. 143년) 봄 정월, 조칙을 내렸다.

"재판은 중대한 일이다. 사람은 지혜로울 수도 있고 어리석을 수도 있으며, 관직에는 높고 낮음이 있다. 판결이 만족스럽지 못하면 담당 관리를 바꿔 죄를 의논하게 하라. 담당 관리가 판결할 수 없으면 정위廷尉에게 보내도록 하라. 다시 의논해 부당함이 드러나도 이전 판결을 내린 사람의 과실을 따지지 말라. 판결은 관대하게 하는 것이 가장 우선이다."

3월, 천하에 사면령을 내리고 백성에게 작 1등급씩 하사했다. 중이천석과 제후 상相에게는 우서장右庶長 작을 하사했다.

여름, 닷새간 큰 연회를 베풀었고, 백성은 술을 살 수 있었다.

5월, 지진이 발생했다.

가을 7월 을사일 그믐에 일식이 있었다. 조후 주아부가 하옥됐다가 죽었다.

경제 후 2년(B.C. 142년) 겨울 10월, 철후를 봉국으로 돌려보내라는 문제의 명령이 지켜졌는지 확인했다.

봄, 흉노가 안문을 침입해 태수 풍경이 전사했다. 기병과 보병을 징발해 안문에 주둔시켰다. 봄에 흉년이 들어 관내의 군에서는 말에게 곡식을 먹이지 못하게 했고, 어기는 자는 말을 몰수했다.

여름 4월, 조칙을 내렸다.

"기물에 조각하고 장식하는 것은 농사에 해가 되고, 비단에 수를 놓는 것은 베 짜는 데 해가 된다. 농사가 안되면 굶주리고, 베를 짜지 못하면 추위에 시달린다. 굶주림과 추위가 함께 닥치면 대부분이 나쁜 짓을 하게 된다. 짐이 직접 밭을 갈고 황후가 직접 누에를 쳐서 종묘 제사에 올릴 곡식과 제복을 바쳐 천하의 모범이 되겠다. 진상을 받지 않고, 태관 수도 줄이며, 요역과 부세를 경감하니 백성은 농사와 양잠에 힘쓰고 평소에 모아서 재해에 대비하도록 하라. 힘센 사람이 약한 사람의 것을 빼앗지 못하게 하고, 다수가 소수에게 난폭하게 굴지 못하게 하며, 노인은 제 수명을 다하고, 어린 고아는 잘 자랄 수 있게 하라. 올해 수확이 좋지 않고 백성이 먹을 것이 매우 적은 것은 누구 잘못인가? 관리를 사칭하고, 뇌물로 받은 것을 내다 팔며, 백성으로부터 물고기와 사냥한 것을 수탈하는 것은 해충이 만백성을 갉아먹는 것과 같다. 현승은 사법을 담당하는 관리인데도 법을 이용하여 못된 짓을 일삼고, 도둑과 함께 도둑질하는 것은 더 말할 것도 없다. 이천석에게 각자 직분을 다하도록 하여, 맡은 직무를 제대로 수행하지 않고 일을 잘 알지 못하고 어지럽히는 자는 승상에게 보고하여 죄를 다스리도록 하라. 천하에 포고하여 짐의 뜻을 분명히 알게 하라."

5월, 조칙을 내렸다.

"사람은 어리석음을 걱정하지 않고 속임 당할까 걱정하며, 용감하지 못한 것을 걱정하지 않고 포학한 짓을 당할까 걱정하며, 부유하지 않은 것을 걱정하지 않고 만족하지 못할 것을 걱정한다. 청렴한 선비만이 욕심이 적고 쉽게 만족한다. 요즈음 10만 전 이상은 있어야 벼슬할 수 있는데 청렴한 선비는 재산이 그렇게 많지 않다. 상공업자는 관리가 되지 못하고 재산이 없어도 관리가 되지 못하니 짐은 매우 걱정이다. 4만 전이면 관직을 얻을 수 있게 하고, 청렴한 선비가 오랫동안 관직을 얻지 못하거나 탐욕스러운 관리가 오랫동안 이익을 챙기지 않도록 하라."

가을에 큰 가뭄이 들었다.

경제 후 3년(B.C. 141년) 봄 정월, 조칙을 내렸다.

"농사는 천하의 근본이다. 황금과 보석은 배고파도 먹지 못하고 추위도 입지 못하며, 예물로나 쓰지 그 시작과 끝을 알 수가 없다. 요즈음 수확이 좋지 않은 것이 짐의 생각으로는 상공업에 종사하는 사람이 많고 농민이 적어서인 것 같다. 군과 국에 농사와 잠업에 힘쓰고 나무를 더 심어서 입고 먹을 것을 얻을 수 있게 하라. 관리가 돈을 주고 고용하듯이 백성을 징발하여 황금이나 보석을 채굴하면 절도죄로 다스리겠다. 이천석이 묵인하면 같은 죄로 다스리겠다."

황태자의 관례를 행하고 가업을 이은 백성에게 작 1등급씩을 하사했다. 갑자일에 황제가 미앙궁에서 죽었다. 유언에 따라 제후왕과 열후에게 말 여덟 필, 이천석에게는 황금 두 근, 관리와 백성에게는 1가구당 1백 전을 하사했다. 궁내에 있던 사람들은 귀가시키고 평생 부역을 면제해 줬다.

2월 계유일, 양릉에 장사 지냈다.

[찬贊]: 공자께서 "이 백성은 하夏, 은殷, 주周 삼대의 훌륭한 교화를 받아서 곧은 도를 따라 일한다"라고 하셨는데 실제로 그랬다. 주周와 진秦의 폐해로 법망이 너무 엄밀했지만 간악한 일들을 이루 다 헤아릴 수 없었다. 한漢이 세워진 후 번잡하고 가혹한 법을 없애고 백성과 함께 휴양, 생식했다. 문제 때에는 공손함과 검소함이 더해졌고, 경제는 선왕의 사업을 그대로 따라서 오륙십 년 동안 풍속이 변하고 백성

은 순수하고 성실하게 되었다. 주周에는 성왕과 강왕, 한漢에는 문제와 경제, 훌륭하도다!

6

무제기

武帝紀

효무황제孝武皇帝는 경제의 열 번째 아들로 왕미인王美人의 소생이다. 4세 때 교동왕膠東王이 되었다. 7세 때 황태자가 되었고 모친은 황후가 되었다.

경제 후 3년(B.C. 141년) 정월, 16세 때 경제가 붕어崩御했다. 갑자일에 황제로 즉위했고, 황태후 두씨를 태황태후로, 황후를 황태후로 높였다.

3월, 황태후의 남자 형제 전분田蚡, 전승田勝을 모두 열후에 봉했다.

건원 원년(B.C. 140년) 겨울 10월, 승상, 어사, 열후, 중이천석, 이천석, 제후국 상相에게 명해 현량, 방정, 직언, 극간[107]에 적합한 인재를 추천하게 했다. 승상 위관衛綰이 상주했다.

"추천된 현량 가운데 간혹 신불해, 상앙, 한비, 소진, 장의

---

107 한 문제 때의 관리 선발 제도. 현량·방정은 덕행과 제주를 겸비한 사람을 말하고, 직언·극간은 정직한 언론으로 간쟁하는 것을 말한다.

의 학설을 말하는 자가 있는데, 그들은 국정을 어지럽히므로 등용하지 마십시오."

황제가 윤허했다.

봄 2월, 천하에 사면령을 내리고 백성에게 작 1급을 하사했다. 80세 이상 노인에게 인두세 2산算을 면제했고, 90세 이상이면 군부를 면제했다. 삼수전三銖錢[108]을 발행했다.

여름 4월 기사일, 조칙을 내렸다.

"옛 성왕의 교화에 따르면, 향리에서는 나이, 조정에서는 작위를 기준으로 했는데, 백성을 이끄는 데에는 덕德보다 나은 것이 없다고 했다. 그러므로 향리에서 나이 많은 사람을 존중하고 노인을 받드는 것은 예로부터 내려온 도리이다. 지금 천하의 모든 자식이 온 힘을 다해 부모를 잘 모시려고 해도, 밖으로는 나라가 시키는 일이 많고 안으로는 모아 놓은 재산이 없어 그 효심을 다할 방법이 없으니, 짐이 몹시 슬프다. 90세 이상 노인에게 곡식을 지급하는 수죽법受鬻法은 이미 시행하고 있으니, 아들이나 손자의 요역을 면제하여 처첩과 함께 집안 어른을 잘 공양하게 하겠노라."

5월, 조칙을 내렸다.

"강과 바다 덕분에 온 국토가 비옥하다. 사관은 산천에 지내는 제사를 제대로 갖춰 매년 제사 지내고 예의 등급을 올

---

108 건원 원년(B.C. 140년)에 주조되고 건원 5년(B.C. 144년)에 정지된 화폐. 중국 화폐 가운데 유통 기간이 가장 짧았다.

리도록 하라."

오초칠국 반란[109] 탓에 관노비가 된 처자식을 사면했다.

가을 7월, 조칙을 내렸다.

"수도의 위사衛士를 교대할 때 정원이 2만 명이었는데 1만 명을 줄이겠다. 나라의 말을 키우는 목장에서 방목하거나 땔감을 채취할 수 없게 한 법을 폐지하여 그 혜택이 가난한 백성에게 돌아가게 하겠다."

명당明堂 설립에 관해 의논했다. 사자使者를 보내 안거安車[110] 바퀴를 장식해 비단, 벽옥 등 예물을 싣고 노魯나라의 신공申公을 초빙했다.

건원 2년(B.C. 139년) 겨울 10월, 어사대부 조관이 태황태후 두씨에게 정사에 관여하지 말도록 청한 일로 벌을 받아 낭중령 왕장王臧과 함께 하옥됐는데, 자살했다. 승상 두영竇嬰과 태위 전분田蚡이 해임됐다.

봄 2월 초하루 병술일, 일식이 있었다.

여름 4월 무신일, 밤에 해가 뜬 것 같았다. 무릉茂陵 조성

---

109 한 고조 유방이 한나라를 세우면서 성씨가 다른 공신 일곱 명을 왕으로 봉하고 독립적으로 제후국을 다스리게 했다. 이후 제후국의 영토를 삭감하려는 경제의 정책에 불만을 품은 오왕 유비가 7국의 왕과 연합해 오초칠국의 난을 일으키는데, 거기장군 주아부가 이를 평정해 난은 3개월 만에 끝을 맺는다.
110 앉아서 탈 수 있도록 만든 작은 수레.

을 시작했다.

건원 3년(B.C. 138년) 봄, 황하가 평원군平原郡에서 범람하자 대기근으로 사람이 사람을 잡아먹었다. 무릉현茂陵縣으로 이주한 사람에게 호당 20만 전과 토지 2경을 하사했다. 이때 무릉으로 쉽게 갈 수 있도록 위수渭水에 편문교便門橋를 놓았다.

가을 7월, 혜성이 서북쪽에 나타났다. 제천왕濟川王 유명劉明이 태부와 중부를 살해한 죄로 폐위되어 방릉防陵으로 유배 갔다. 민월閩越이 동구東甌를 포위하자 동해왕東海王이 구원을 요청했다. 중대부 엄조를 파견하면서 부절을 가지고 회계에서 병사를 징발해 바다를 건너가 구원하게 했다. 군대가 동구에 도착하기 전에 민월이 달아나서 군대를 돌렸다.

9월 그믐 병자일, 일식이 있었다.

건원 4년(B.C. 137년) 여름, 핏빛 같은 바람이 불었다.
6월, 가뭄이 들었다.
가을 9월, 혜성이 동북쪽에 나타났다.

건원 5년(B.C. 136년) 봄, 삼수전을 폐지하고 반량전半兩錢을 주조해 보급했다. 오경박사五經博士[111]를 설치했다.

---

111 학생들의 교육을 담당하던 관직으로 전국시대에 그 기원을 두고 있다. 한나라 무제가 처음으로 오경박사를 설치해 학생들을 가르치게 했는데, 이

여름 4월, 무제의 외조모 평원군平原君이 죽었다.

5월, 메뚜기 떼가 걷잡을 수 없이 퍼졌다.

가을 8월, 광천왕 유월劉越과 청하왕 유승劉乘이 모두 죽었다[薨].

건원 6년(B.C. 135년) 봄 2월 을미일, 요동군에 있는 고제의 사당에 불이 났다.

여름 4월 임자일, 고제 능원의 편전에 불이 났다. 황제가 닷새 동안 소복을 입었다.

5월 정해일, 태황태후 두씨가 죽었다[崩].

가을 8월, 혜성이 동쪽에 나타나 하늘을 가로질러 지나갔다. 민월왕閩越王 영郢이 남월南越을 공격했다. 무제가 대행大行 왕회王恢를 예장豫章에서, 대사농大司農 한안국韓安國을 회계會稽에서 출병시켜 민월 군대를 공격하게 했다. 군대가 도착하기도 전에 민월 사람이 영을 살해하고 투항해 군대를 철수했다.

원광 원년(B.C. 134년) 겨울 11월, 군과 국에 명해서 효렴[112]

때부터 유가 경전을 가르치는 전문 학관이 된다. 처음에 시, 서, 예, 역, 춘추에 박사 한 명씩을 두었기 때문에 오경박사라 부른다.
112 지방관이 그 지방의 효성스럽고 청렴한 사람을 중앙에 추천하던 제도. 한나라 무제 때 처음으로 실시했다. 인재 선발 제도로 무재茂才도 있었는데, 효렴은 태수太守가 추천하고 무재는 자사刺史가 추천했다.

한 사람씩 추천하게 했다. 위위衛尉 이광李廣은 효기장군驍騎將軍으로 운중雲中에, 중위 정불식程不識은 거기장군으로 안문에 주둔했다가 6월에 철수했다.

여름 4월, 천하에 사면령을 내리고, 백성 중 장자로 제사를 받드는 자에게 작 1급을 하사했다. 오초칠국의 난으로 종실 지위를 박탈당한 자를 복권했다.

5월, 현량에게 조칙을 내렸다.

"옛날 요순시대에 그림을 그려 오형五刑을 상징하자 백성이 더 이상 죄를 짓지 않았고[113], 천하 백성이 제 직분을 잘 수행하여 따르지 않는 자가 없었다고 한다. 또 주周 성왕成王과 강왕康王은 형벌을 쓰지 않았는데도 짐승도 은덕을 받았고 교화가 천하에 두루 퍼졌다. 해외에서 숙신肅愼이 사절을 보내 왔고, 북쪽으로 거수渠搜를 복속시켰고, 저족氏族과 강족羌族이 와서 복종했다. 혜성이 날아오거나 일식과 월식이 일어나지 않았고, 산이 무너지거나 강이 막히지도 않았다. 기린과 봉황이 교외 숲에서 노닐고 하도河圖와 낙서洛書[114]가 나

---

113 『백호통白虎通』에 다음과 같이 되어 있다. "그 의복은 오형五刑을 형상하니, 묵형墨刑의 벌을 범한 자는 건巾을 씌우고, 의형劓刑의 벌을 범한 자는 붉은 옷을 입히고, 빈형髕刑의 벌을 범한 자는 다리에 먹을 칠하고, 궁형宮刑의 벌을 범한 자는 짚신을 신기고, 대벽大辟의 벌을 범한 자는 삼베옷에 옷깃을 두르지 않았다."

114 하도河圖는 『주역』 팔괘八卦의 근원이 되고, 낙서洛書는 『서경』 「홍범구주洪範九疇」의 근원이 된다. 복희씨伏羲氏가 황하에서 나온 용마의 등에 그려진 무늬를 보고 팔괘를 만들고, 하우夏禹가 낙수에서 나온 신귀神龜의 등

왔다. 아! 정치를 어떻게 하면 이렇게 할 수 있는가. 지금 짐이 황제 자리에 올라서 밤낮으로 그 방법을 찾고 생각하지만, 깊은 강을 건널 때처럼 어찌할지 모르겠다. 아름답고도 위대하구나! 어떻게 하면 선제의 위대한 업적과 아름다운 덕을 드러내어, 위로는 요, 순과 어깨를 나란히 하고, 아래로 우왕, 탕왕, 문왕을 따를 수 있겠는가! 짐이 불민不敏해서 멀리까지 덕을 베풀지 못하는데, 이는 너희 대부들이 잘 알고 있을 것이다. 현량은 고금 정치의 실체를 잘 안다. 책문策問을 잘 살펴서 답안을 쓰되 죽간竹簡에 써서 제출하라. 짐이 직접 읽을 것이다."

이에 동중서董仲舒, 공손홍公孫弘 등이 책문에 답을 잘해 출세했다.

가을 7월 계미일, 일식이 있었다.

원광 2년(B.C. 133년) 겨울 10월, 옹雍 지역에 행차해 오치五畤[115]에서 오제에게 제사 지냈다.

봄, 조칙을 내려 삼공三公과 구경九卿에게 물었다.

"짐이 딸을 예쁘게 꾸며서 선우에게 시집보내고 황금과 수놓은 비단을 매우 넉넉히 줬는데, 선우는 내 명을 업신여기고 끊임없이 우리 땅에 들어와 소란을 일으킨다. 변경 백

에 박힌 무늬를 보고 「홍범구주」의 내용을 썼다고 전한다.
115 하늘에 제사 지내던 곳.

성이 그 피해를 고스란히 받으니 짐이 몹시 걱정이다. 지금 군대를 일으켜 공격하려고 하는데, 어떤가?"

그 말을 듣고 대행 왕회王恢가 공격해야 한다고 건의했다.

여름 6월, 어사대부 한안국을 호군장군護軍將軍, 위위 이광을 효기장군驍騎將軍, 태복 공손하公孫賀를 경거장군輕車將軍, 대행 왕회를 장둔장군, 태중대부 이식李息을 재관장군材官將軍으로 임명해 30만 대군을 이끌고 마읍馬邑 골짜기에 주둔하고서 선우를 유인해서 습격하려고 했다. 선우가 국경을 넘었다가 알아차리고 달아났다.

6월, 군대를 철수했다. 장군 왕회는 출병하자고 주동하고는 정작 흉노를 만났을 때 공격하지 않은 죄로 감옥에 갇혀 죽었다.

가을 9월, 백성에게 닷새간 먹고 마실 수 있도록 허락했다.

원광 3년(B.C. 132년) 봄, 황하 물길이 바뀌어, 돈구頓丘 동남쪽에서 발해勃海로 흘러 들어갔다.

여름 5월, 고조 공신 다섯 명의 후손을 열후에 봉했다. 황하가 복양濮陽에서 범람해 16개 군에 물난리가 났다. 병졸 10만 명을 동원해 터진 강둑을 보수했다. 용연궁龍淵宮을 지었다.

원광 4년(B.C. 131년) 겨울, 위기후魏其侯 두영竇嬰이 죄를 지어 기시형에 처해졌다.

봄 3월 을묘일, 승상 전분田蚡이 죽었다[薨].

여름 4월, 서리가 내려 풀이 죽었다.

5월, 지진이 일어났다. 천하에 사면령을 내렸다.

원광 5년(B.C. 130년) 봄 정월, 하간헌왕河間獻王 유덕劉德이 죽었다.

여름, 파巴와 촉蜀 백성을 동원해 남이南夷의 땅으로 통하는 길을 열었고, 또 흉노를 막기 위해 병졸 1만 명을 내어 험준한 안문雁門의 진지를 정비했다.

가을 7월, 돌풍에 나무가 뿌리째 뽑혔다. 을사일, 황후 진씨가 폐위됐다. 황후를 무고誣蠱한 죄로 체포된 자들은 모두 효수형梟首刑[116]에 처했다.

8월, 벼멸구가 한 해 농사를 망쳤다. 관리와 백성 가운데 당면한 정세에 밝고, 성인의 치도治道에 해박한 사람을 뽑아, 현에서 음식을 제공하고 연말에 상계리上計吏[117]가 장안에 올 때 함께 오게 했다.

원광 6년(B.C. 129년) 겨울, 처음으로 상인의 수레와 배에

---

116 죄인의 목을 베어 높은 곳에 매달아 놓는 형벌.
117 전국시대와 진秦, 한漢 시대에 연말에 경내의 호구, 부세, 도적, 옥송 등의 항목을 문서로 작성해서 조정에 보고하던 지방관.

세금을 매겼다.

봄, 장안으로 조운漕運하는 운하를 뚫어 위수渭水와 통하게 했다. 흉노가 상곡上谷에 들어와 관리와 백성을 죽이고 약탈했다. 거기장군 위청衛靑은 상곡에서, 기장군 공손오公孫敖는 대代에서, 경거장군 공손하는 운중에서, 효기장군 이광은 안문에서 출병했다. 위청은 용성龍城으로 진격해 7백여 명을 베거나 사로잡았다. 이광, 공손오는 군대를 잃고 돌아왔다. 조칙을 내렸다.

"오랑캐들이 의리를 저버리고 침략해 온 지 오래되었다. 요즘 흉노가 변경에서 자주 노략질한다기에 장군을 파견하여 군대를 정돈하게 했다. 옛날에는 출병하면 훈련한 다음 진군進軍했고, 회군하면 정돈한 다음 개선했다. 이번에 적군이 갑자기 우리 영토를 침범했는데, 장군과 군리軍吏[118]가 처음 만나 위아래가 손발이 제대로 맞지 않았다. 대군代郡장군 공손오와 안문雁門장군 이광은 직책을 제대로 수행하지 못했고, 교위 또한 은혜를 저버리고 군대를 버리고 도망쳤으며, 하급 군리는 군법을 어겼다. 군령에 따르면, 열심히 훈련시키지 않은 것은 장수의 잘못이요, 명령이 분명한데도 지키려고 힘쓰지 않는 것은 사졸의 죄이다. 장군을 정위에게 이미 넘겨 죄를 조사하게 했는데, 또 사졸에게까지 법을 적용하여 모두에게 벌을 내리면 이는 성인의 뜻과 부합되지

---

[118] 장수와 군관.

않는다. 많은 사졸이 육형을 받아 몸이 상해 버리면, 치욕을 떨쳐 버리고 자세를 바꿔 다시 정의를 세우려고 해도 방법이 없을까 염려된다. 군법을 지키지 않았던 안문雁門과 대군代郡의 사졸을 사면하여 처벌하지 말라."

여름, 크게 가물고, 메뚜기 떼가 들끓었다.

6월, 옹雍으로 행차했다.

가을, 흉노가 변경에서 노략질을 했다. 장군 한안국을 보내 어양漁陽에 주둔시켰다.

원삭 원년(B.C. 128년) 겨울 11월, 조칙을 내렸다.

"공경대부[119]는 정책을 수립하고, 법도를 통일하며, 교화를 펼치고, 풍속을 좋게 하는 직책이다. 오제와 삼왕三王[120]은 인의仁義를 근본으로 하여, 어진 사람에게 상을, 뛰어난 사람에게 녹을 더해 주고, 선행은 권하고 악행은 벌주어 태평성대를 이루었다. 천하 인재와 짐은 밤낮으로 이 태평성대를 만들고자 노력했다. 그래서 노인에게 은택을 베풀고, 효성스럽고 공손한 사람을 우대했다. 또 인재를 뽑아 경학經學을 익히고 실제 정사政事에 참여하게 하고, 민심을 다독이며 강직하고 효성스러운 인재를 천거하도록 관리에게 엄하게 명을 내렸다. 훌륭한 풍속을 만들고, 아름답고 위대한 선왕의 업

---

119 삼공구경三公九卿의 작위. 춘추시대 제후와 경대부를 통칭하는 말이다.
120 하夏, 은殷, 주周 삼대를 가리킨다.

적을 계승하려고 했다. 열 집 정도의 작은 고을이라도 훌륭한 인재가 나오고, 세 사람이 길을 가면 그중에 스승이 있게 마련이다.

지금 어떤 군에서는 인재의 길을 막고서 한 사람도 추천하지 않는다. 그래서 교화가 내려가지 않아 품행이 훌륭한 군자가 있더라도 그 소식이 나에게 올라오지 않는다. 군수와 현령은 인륜人倫을 바로잡아야 한다. 앞으로 어떻게 짐 대신 천하의 인재를 샅샅이 살펴서, 선행을 권면하고 백성을 격려하며 향리의 훈령訓令을 존중하게 하겠는가! 옛날부터 인재를 천거하면 상을 내리고, 그렇지 않으면 벌을 내렸다. 공경대부는 중이천석 관원, 예관禮官, 박사와 함께 인재를 천거하지 않는 자에 대한 처벌 기준을 의논하라."

담당 관리가 의논하고서 상주했다.

"옛날에, 제후가 처음 인재를 추천하면 천자가 '덕을 좋아한다'라고 평가했고, 두 번째는 '뛰어난 인재를 잘 알아본다'라고 칭찬했으며, 세 번째는 '공을 세웠다'라고 하고서 거마車馬, 의복衣服, 악기樂器, 주호朱戶[121], 납폐納陛[122], 호분虎賁[123] 1

---

121 제왕이 제후나 공이 있는 대신에게 하사한 주홍색 대문. 부귀한 사람을 가리킨다.
122 제왕이 공이 있는 제후나 신하에게 하사한 아홉 가지 물품의 하나. 전각에 오를 때 그 사람의 몸이 드러나지 않도록 특별히 설치된 계단을 말한다.
123 호랑이처럼 용감하고 날래다는 뜻으로, 천자를 가까이에서 호위하는 군대를 일컫는다.

백 명, 부월鈇鉞[124], 궁시弓矢[125], 거창秬鬯[126] 등을 하사했습니다. 또 처음 인재를 추천하지 않으면 작위를 박탈하고, 두 번째는 토지를 회수했으며, 세 번째는 작위와 토지를 모두 박탈했습니다. 또 아랫사람에 붙어서 윗사람을 속이면 사형에, 윗사람에 붙어서 아랫사람을 속이면 육형에 처해야 합니다. 국정에 참여하면서 백성에게 무익한 자, 윗자리에서 인재를 추천하지 않는 자는 관직에서 쫓아내야 합니다. 이렇게 선을 권장하고 악을 물리쳐야 합니다. 지금 조칙에서 선제先帝의 업적을 본받아 이천석에게 효렴을 추천하게 했는데, 이는 백성을 교화하고 풍속을 개선하는 좋은 방법입니다. 효렴을 천거하지 않고 조칙을 받들지 않으면 불경죄로 다스려야 합니다. 인재를 찾지 못하여 직무를 수행하지 못할 때는 해임해야 합니다."

무제가 윤허했다.

12월, 강도왕江都王 유비劉非가 죽었다.

봄 3월 갑자일, 위씨衛氏를 황후로 세웠다. 조칙을 내렸다.

"천지가 불변하면 만물이 변하지 않고, 음양이 불변하면 만물이 자라지 않는다. 『역경易經』에 '천지 만물이 변화하는 사리에 통달하여 백성들이 게으르지 않게 한다'라고 했고,

---

124 살생권의 상징으로 주는 작은 도끼와 큰 도끼.
125 동궁彤弓과 화살 백 개, 현궁玄弓과 화살 천 개. 홍색과 흑색의 전용 활과 화살을 말한다. 의롭지 못한 자를 정벌할 수 있는 사람에게 하사했다.
126 제례에 사용하는 술. 흑서黑黍와 울금鬱金으로 만든다.

『시경詩經』에 '다양한 변화 가운데서 옛 도를 따르고, 그 가운데 좋은 것을 택하여 따른다'라고 했다. 짐은 요순의 태평시대를 흠모하고 은나라, 주나라의 수준 높은 정치를 좋아하니 옛 사례를 본받아 정치를 새롭게 하겠다. 천하에 사면령을 내리고 백성과 함께 다시 시작하겠다. 경제 후 3년 이전에 세금을 피해 달아났거나, 관에서 (곡식을) 빌렸는데 상환하지 못했거나, 송사를 당했다면 모두 없던 일로 하겠다."

가을, 흉노가 요서遼西에 침입해서 태수를 죽이고, 어양漁陽, 안문雁門에도 침입해 도위都尉를 물리치고, 3천여 명을 죽이고 약탈했다. 장군 위청衛靑을 안문에서, 장군 이식李息을 대代에서 출병하게 했는데, 위청과 이식이 적 수천여 명을 베고 또 포로로 잡아 왔다. 동이東夷 예薉의 우두머리 남려南閭 등 28만 명이 항복해 와서 예를 창해군蒼海郡으로 삼았다. 노왕魯王 유여劉餘, 장사왕長沙王 유발劉發이 죽었다.

원삭 2년(B.C. 127년) 겨울, 회남왕 유안劉安, 치천왕菑川王 유지劉志에게 안석과 지팡이를 하사하고 조회하러 오지 말라고 했다.

봄 정월, 조칙을 내렸다.

"양왕梁王과 성양왕城陽王이 형제를 아껴 동생에게 봉읍을 나눠 주려 하니 허락한다. 제후왕이 자제에게 봉읍을 나눠 주겠다고 요청하면, 짐이 직접 사안을 살펴보고 모두 열후에 임명하겠다."

이에 제후국은 영토를 나눠 다스리기 시작했고, 분봉을 청한 자제는 모두 열후에 임명했다. 흉노가 상곡, 어양에 침입해 관리와 백성 천여 명을 죽이고 약탈했다. 장군 위청, 이식을 운중에서 출병하게 했다. 군대가 고궐高闕[127]에 도착하고서 서쪽으로 기수를 돌려 부리符離까지 행군해 적 천여 명을 베거나 사로잡았다. 하남河南을 수습하고 삭방군과 오원군을 설치했다.

3월 그믐 을해일, 일식이 있었다.

여름, 백성 10만 명을 모아 삭방군으로 이주시켰다. 또 군과 국의 호걸과 재산이 3백만 전 이상인 자를 무릉茂陵으로 옮겨 살게 했다.

가을, 연왕 유정국劉定國이 죄를 지어 자살했다.

원삭 3년(B.C. 126년) 봄, 창해군을 폐지했다.

3월, 조칙을 내렸다.

"법을 어기지 못하도록 형벌을 쓰고, 인재를 아끼고자 경학에 능통한 사람을 우대한다. 백성이 국가의 시책을 잘 따르지 못하니 짐은 사대부가 날마다 이 일을 하되, 신중하고 직무에 전념하도록 독려하겠다. 천하에 사면령을 내리노라."

---

127 지금의 내몽골 서북부에 있던 거점. 지세가 험난해서 궁궐 문처럼 높은 것이 이름의 유래이다.

여름, 흉노가 대代에 침입해 태수를 죽였고, 안문雁門에 침입해 백성 천여 명을 죽이고 약탈했다.

6월 경오일, 황태후가 죽었다.

가을, 서남이로 통하는 길을 폐쇄하고 삭방성을 쌓았다. 백성에게 닷새간 잔치를 베풀었다.

원삭 4년(B.C. 125년) 겨울, 감천궁에 행차했다.

여름, 흉노가 대代, 정양定襄, 상군上郡에 침입해 백성 천여 명을 죽이고 약탈했다.

원삭 5년(B.C. 124년) 봄, 매우 가물었다. 대장군 위청이 장수 여섯 명과 병사 10여만 명을 거느리고 삭방, 고궐에서 출병해 적 1만 5천 명을 베고 또 사로잡았다.

여름 6월, 조칙을 내렸다.

"백성은 예로 다스리고 악으로 교화한다고 했는데, 지금 예악이 모두 무너졌으니 짐이 몹시 안타깝다. 그래서 천하의 학식 있는 인재를 모두 맞아들여 조정에 나아가게 했다. 예관禮官은 학문을 권장하고, 보고 들은 지식을 토론하며, 흩어진 서적을 모아 예학을 일으켜서 천하의 모범이 되도록 하라. 태상太常은 박사 아래에 제자를 두는 일에 대해 의논하고 지역에서 교화를 진작시켜 인재를 양성하라."

승상 공손홍이 박사에 제자를 두기를 청해 학생들이 더욱 많이 모였다.

가을, 흉노가 대代에 침입해 도위都尉를 죽였다.

원삭 6년(B.C. 123년) 봄 2월, 대장군 위청이 장수 여섯 명과 기병 10여 만을 거느리고 정양에서 출병해 적 3천여 명을 참수했다. 그리고 회군해서 정양, 운중, 안문에서 병사와 말을 쉬게 했다. 천하에 사면령을 내렸다.

여름 4월, 위청이 다시 장수 여섯 명을 거느리고 사막을 가로질러 가서 흉노를 크게 물리쳤다. 전장군前將軍 조신趙信의 군대는 패해 흉노에게 항복했다. 우장군右將軍 소건蘇建은 군대를 모두 잃고 혼자 도망쳐 왔는데, 재물로 사형을 면하고 서인庶人으로 강등됐다.

6월, 조칙을 내렸다.

"짐이 듣기로 오제는 모두 같은 예禮를 쓰지 않았고, 삼대三代는 각각 법이 달라서 나라를 다스리는 방법은 달랐지만, 덕德을 세운 일은 같았다. 공자는 정공定公의 물음에 먼 곳에 있는 백성도 위로해야 한다고 대답했고, 애공哀公에게는 정치의 핵심은 인재를 뽑는 데 있다고 했으며, 경공景公에게는 경비를 줄여야 한다고 말했다[128]. 정공, 애공, 경공은 바라는

---

128 공자와 세 사람 사이의 대화는 『한비자韓非子』 「난삼難三」에 나온다. "섭공 자고가 공자에게 정사를 묻자, 공자는 "정사는 가까운 사람은 기쁘게 하고 먼 사람은 오게 하는 것입니다."라고 답했다. 노나라 애공이 공자에게 정사를 묻자, 공자는 "정사는 현인을 뽑아 쓰는 데 있습니다."라고 답했

것은 모두 같았지만, 정세에 따라 힘써야 할 일이 달랐다. 지금 나라가 통일되었지만, 북쪽 변경이 소란하여 짐이 몹시 안타깝다. 지난번에 대장군 위청이 삭방군朔方郡을 순시하다 흉노를 정벌하여 1만 8천 명을 베고 사로잡아서 투옥되고, 죄지은 자가 모두 후한 상을 받아 복권되거나 죗값을 덜 수 있었다. 올해에도 대장군이 몇 번이나 크게 이겨서 베거나 사로잡은 적이 1만 9천 명이나 되었는데, 작위와 상을 받은 자가 작위를 남에게 팔려고 해도 받은 작의 등급이 정해지지 않아 팔지 못한다고 한다. 이에 대해 의논하여 영令 조문에 추가하라."

담당 관리가 무공작武功爵[129]을 설치해 군인을 우대하자고 주청했다.

다. 제나라 경공이 공자에게 정사를 묻자, 공자는 "정사는 절약하는 데 있다."라고 답했다. 자공이 "세 사람이 선생님께 정사에 대해 물은 것은 같으나, 달리 대답한 것은 왜입니까?"라고 묻자, 공자는 다음과 같이 대답했다. "섭공의 봉토는 도都는 크고 군주가 거처하는 국國은 작다. 백성들이 반란을 일으킬 마음이 있기 때문에 '가까이 있는 사람은 기뻐하고 멀리 있는 사람은 오게 한다.'라고 했다. 노 애공에게는 세 대신이 있는데 바깥으로 이웃하는 제후들의 사인들이 노나라에 오는 것을 막고 안으로 사당을 만들어서 군주를 어리석게 만들어 종묘를 혼탁하게 만들고 사직의 신명이 희생을 흠향하지 못하도록 한 것은 필히 이 세 신하 때문이다. 그러므로 '정사는 현인을 뽑아 쓰는 데 있다.'라고 한 것이다. 제나라 경공은 옹문을 쌓고 노침을 만들고 하루아침에 삼백 승의 호구를 세 사람에게 하사했기 때문에 '정사는 재물을 절약하는 데 있다.'라고 한 것이다."

[129] 한 무제 때 군공을 장려하기 위해 둔 작위 제도.

원수元狩 원년(B.C. 122년) 겨울 10월, 옹 땅에 행차해 오치에서 오제에게 제사 지냈다. 흰 기린을 잡아서 「백린지가白麟之歌」를 지었다.

11월, 회남왕 유안劉安, 형산왕 유사劉賜가 모반했다가 죽었다. 모반에 가담해 죽은 자가 수만 명이었다.

12월, 폭설로 백성이 얼어 죽었다.

여름 4월, 천하에 사면령을 내렸다. 정묘일, 황태자를 세웠다. 중이천석 관리에게 우서장右庶長 작을, 백성 가운데 집안 제사를 잇는 자에게 작 1급을 하사했다. 조칙을 내렸다.

"고요皐繇가 우禹 임금에게, '천하를 다스리는 것은 인재를 알아보는 데 달려 있습니다. 인재를 알아보려면 매우 슬기로워야 하는데 이는 요임금도 어렵게 여겼습니다.'라고 했다고 한다. 대체로 임금은 마음이고 백성은 신체와 같아서, 몸이 상하면 마음이 아픈 법이다. 지난번에 회남왕과 형산왕이 학문을 진작시켜 인재를 끌어들이고 뇌물을 주고받더니, 인접한 두 나라가 사설邪說에 미혹되어 황제를 시해하고자 했다. 이는 짐이 덕을 베풀지 못해서이다. 『시경』「정월正月」에 '근심하는 마음 아프고 아프니, 나라 걱정 깊고 깊네.'라고 했다. 이미 사면령을 내렸으니 죄를 씻고 다시 시작하도록 하라. 짐은 효제와 역전을 가상하게 여기지만, 홀아비·과부·고아·독거노인·고령의 노인이 혹 의식衣食에 곤란을 겪을까 생각하면 몹시 안타깝다. 알자를 보내 천하를 돌아보게 하여 위문하고 물품을 하사할 터이니 다음의 짐의 말을 전하라. '황제가 알자를 보내 현縣의 삼로와 효제에게 비단 다섯 필씩을 하사하겠다. 향鄕의 삼로·효제·역전에게 비단 세 필씩을 하사하겠다. 홀아비·과부·고아·독거노인·90세 이상인 노인에게 각각 비단 두 필과 솜 세 근을 하사하겠다. 80세 이상인 노인에게 쌀 세 석씩을 하사하겠다. 억울한 일로 생업을 잃었다면 사자使者가 보고하라. 현, 향은 거주지에 직접 가서 하사하되 번거롭게 이들을 불러들이지 말라.'"

5월 그믐 을사일, 일식이 있었다. 흉노가 상곡上谷에 침입해 수백 명을 죽였다.

원수 2년(B.C. 121년) 겨울 10월, 옹 땅에 행차해 오제께 제사를 지냈다.

봄 3월 무인일, 승상 공손홍이 죽었다. 표기장군票騎將軍 곽거병은 농서隴西에서 출병해서 고란산皐蘭山에서 적 8천여 명을 베었다.

여름, 말이 여오수余吾水 물속에서 태어났다. 남월이 훈련받은 코끼리와 말하는 새를 바쳤다. 장군 곽거병과 공손오가 북지군北地郡에서 2천여 리를 진군해 거연居延을 지나 적 3만여 명을 베고 사로잡았다. 흉노가 안문에 침입해 수백 명을 죽이고 약탈했다. 위위衛尉 장건張騫, 낭중령 이광李廣은 우북평右北平에서 출병했다. 이광은 흉노 3천여 명을 죽였지만 병사 4천 명을 잃고 홀로 탈출해 돌아왔고, 공손오, 장건은 소집 기일을 어겼다. 군법에 따르면 참수해야 하지만 재물로 죄를 감면받아 서인으로 강등됐다. 강도왕江都王 유건劉建이 죄를 지어 자살했다. 교동왕膠東王 유기劉寄가 죽었다.

가을, 흉노 혼야왕昆邪王이 휴저왕休屠王을 죽이고서 휴저왕이 거느리던 무리를 병합해 4만여 명을 데리고 투항하자, 본래 있던 속국屬國 다섯 곳에 살게 했다. 얼마 후 이 지역을 무위군武威郡, 주천군酒泉郡으로 나눴다.

원수 3년(B.C. 120년) 봄, 혜성이 동쪽 하늘에 나타났다.

여름 5월, 천하에 사면령을 내렸다. 교동 강왕의 작은아들 유경劉慶을 육안왕六安王으로 세웠다. 옛 상국 소하의 증손 소경蕭慶을 열후로 삼았다.

가을, 흉노가 우북평, 정양에 침입해 백성 천여 명을 죽이고 약탈했다. 알자를 보내 수해를 입은 군郡에 겨울보리를 심도록 권했다. 관리와 백성 가운데 빈민에게 돈과 곡식을 빌려준 사람의 명단을 작성해 황제에게 보고했다. 농서군, 북지군, 상군에서 변경을 수비하는 병졸을 반으로 줄였다. 죄를 지은 관리를 징발해 곤명지昆明池[130]를 파게 했다.

---

130 한 무제 원수 3년(B.C. 120년)에 건설한 것으로, 수전水戰을 익히기 위해 만들었으나, 이후에는 배를 띄워 노닐면서 주변 경치를 감상하는 목적으로 이용됐다.

원수 4년(B.C. 119년) 겨울, 관동의 빈민 72만 5천 명이 농서, 북지, 서하, 상군, 회계로 이주해 현관縣官이 옷과 양식을 내어 구제하려 했지만 부족했다. 은과 주석을 거두어 백금白金을 만들고, 흰 사슴 가죽 화폐를 만들어 경비에 충당하자고 청하자 담당 관리가 보고했다. 처음으로 민전緡錢에 세금을 매겨서 상업세[131]를 거뒀다.

봄, 혜성이 동북쪽 하늘에 나타났다.

여름, 꼬리가 긴 혜성이 서북쪽 하늘에 나타났다. 대장군 위청이 장군 네 명을 거느리고 정양定襄에서, 장군 곽거병이 대代에서 각각 기병 5만을 이끌고 출병했다. 따르는 보병도 수십만이었다. 위청은 (고비)사막 북쪽으로 진군해 선우를 포위하고서 적 1만 9천 명을 베었고, 전안산闐顏山까지 갔다가 돌아왔다. 곽거병은 흉노 좌현왕과 교전해 적 7만여 명을 죽이고 사로잡았으며, 낭거서산狼居胥山에서 하늘에 제사를 올리고서 돌아왔다. 위청과 곽거병 군대의 전사자도 수만 명에 달했다. 전장군 이광, 후장군 조이기趙食其는 모두 소집 기일보다 늦게 도착했다. 이광은 자살했고, 조이기는 재물을 내어 사형을 면했다.

원수 5년(B.C. 118년) 봄 3월 갑오일, 승상 이채李蔡가 죄를

---

[131] 한 고조는 상업을 억제하는 정책을 시행하기 위해 상업세를 거뒀다. 이후 폐지됐다가 중앙정부의 재정 지출이 증가하자 한 무제가 다시 부활시킨다. 이를 산민전算緡錢이라고 한다.

지어 자살했다[132]. 천하에 말이 부족해서, 수컷 말 한 필이 20만 전이 넘지 못하도록 했다. 반량전半兩錢[133]을 폐지하고 오수전五銖錢[134]을 유통했다. 교활하게 법을 어기는 관리와 백성을 변경으로 이주시켰다.

원수 6년(B.C. 117년) 겨울 10월, 승상 이하 이천석 관리에게 황금을, 일천석 이하에서 관리의 수행원에게 비단[帛]을 하사했다. 중국에 정착한 이민족에게도 차등을 두어 비단을 하사했다. 빗물이 얼지 않았다.

여름 4월 을사일, 조묘祖廟에서 황자 유굉劉閎을 제왕齊王으로, 유단劉旦을 연왕燕王으로, 유서劉胥를 광릉왕으로 세웠다. 처음으로 왕을 봉하는 책문을 지었다.

6월, 조칙을 내렸다.

"최근에 돈 가치가 떨어지고 위조 화폐가 성행하여 농민이 줄고 상공업자가 활개를 친다고 담당 관리가 보고했고, 또 부호가 백성의 토지를 겸병하는 폐해를 금지해야 한다고 해서 짐이 화폐를 개혁하여 이를 단속했다. 옛일을 살펴서 지금에 맞게 제정하도록 하라. 옛날 화폐인 반량전을 폐지

---

132 이채는 이광의 사촌 동생으로, 능의 공터를 침범한 일로 처벌받았다.
133 지름 1촌 2분(약 2.8cm), 무게 12수(7.9g)의 동전 화폐.
134 오수전은 무게의 단위인 수銖에서 이름이 유래하니, 무게가 5수(3.25g)인 동전을 말한다. 오수전은 진시황 때 주조된 반량전의 형태를 본받아, 한 무제 원수元狩 5년(B.C. 118년)에 각지의 군郡과 국國에서 주조됐다.

한 지 13개월이나 지났지만, 외딴 지역의 백성은 아직 새 제도에 대해서 잘 모른다. 어진 정치를 베풀면 백성도 선한 일을 하고, 정의正義가 바로 서면 풍속도 바뀌기 마련이다. (백성이 새 제도를 모르는 일은) 법을 집행하는 관리가 잘 이끌지 못해서 그런 것이 아닌가? 아니면 백성이 각자 살아가는 길이 달라서 못된 관리가 짐의 명을 사칭해 백성을 수탈하려는 것인가? 어찌 이리도 어지러운가! 이제 박사 저대褚大 등 여섯 명을 천하에 내려보내 홀아비, 과부, 병든 백성의 안부를 묻게 하고, 생업을 스스로 일으킬 수 없는 자에게는 밑천을 빌려주도록 하겠다. 삼로와 효제에게 명하여 백성의 스승이 되게 하고, 행실이 좋은 군자를 추천해서 짐에게 보내도록 하라. 짐은 현자를 가상히 여겨 만나면 매우 즐겁다. 현자가 나오는 길을 넓히고 인재를 특채하는 것은 사자使者의 직임이다. 은거하여 등용되지 않은 인재나, 원통하게 생업을 잃은 백성, 그리고 교활하여 해악을 끼치는 자나, 토지를 개간하지 않거나 각박한 관리를 상세히 조사하여 보고하도록 하라. 군과 국에서 직무를 잘 수행하는 관리가 있다면 승상과 어사를 통해 올려 짐에게 보고하라."

가을 9월, 대사마 표기장군 곽거병이 죽었다.

원정 원년(B.C. 116년) 여름 5월, 천하에 사면령을 내리고 민간에 닷새간 잔치를 베풀어 줬다. 분수汾水 가에서 보정寶

鼎을 얻었다. 제동왕濟東王 유팽리劉彭離가 죄를 지어, 폐위시키고 상용上庸 땅으로 이주시켰다.

원정 2년(B.C. 115년) 겨울 11월, 어사대부 장탕張湯이 죄를 지었는데, 자살했다.

12월, 승상 장청적莊靑翟이 하옥되어 감옥에서 죽었다.

봄, 백량대柏梁臺[135]를 기공했다.

3월, 폭설이 내렸다.

여름에 심한 홍수로 관동關東 지역에서 굶어 죽은 자가 수천 명에 달했다.

가을 9월, 조칙을 내렸다.

"먼 곳까지 잘 베풀어야 '어질다' 하고, 어렵다고 꺼리지 않아야 '의롭다' 한다. 올해 경사에 풍년이 들지는 않았지만, 산림山林, 수택水澤에서 나는 풍부한 물자는 백성과 함께 공유하겠다. 지금 홍수가 강남江南으로 옮겨 갔는데, 동지冬至가 코앞이니 짐은 백성이 굶주려서 소생하지 못할까 걱정이다. 강남은 화경수누법火耕水耨法[136]을 써서 지금 곤란에 처해 있으니, 파촉巴蜀[137]의 곡식을 강릉에 보내겠다. 또 박사 중中

---

135 한 무제가 상림원을 잘 감상하기 위해 장안의 서북쪽에 지은 누대로, 백량대 건설 이후 장안성에는 대규모 건설이 많아졌다고 한다.
136 전해에 경작하지 않은 땅의 잡초를 태운 후에 물을 대고 볍씨를 뿌려서 짓던 원시적인 벼농사 방법.
137 중국 파주巴州와 촉주蜀州의 총칭으로, 파巴는 지금의 중경重慶 지역, 촉蜀

등을 보내어 지역을 나눠 시찰하게 하고, 가는 곳마다 내 명을 전하게 하여 백성의 곤란이 가중되지 않도록 하겠다. 관리와 백성 가운데 굶주린 백성을 구제하여 재난에서 벗어나게 한 실적이 있다면 모두 조정에 보고하라."

원정 3년(B.C. 114년) 겨울, 함곡관을 신안현新安縣으로 옮기고, 그 자리에 홍농현弘農縣을 설치했다.
11월, 백성에게 재산을 은닉한 자를 신고하게 하고 적발된 금액의 절반을 지급했다.
정월 무자일, 양릉원陽陵園[138]에 불이 났다.
여름 4월, 우박이 내려서 관동 지역의 군과 국 십여 곳이 굶주려서 사람을 잡아먹기도 했다. 상산왕 유순劉舜이 죽었다. 아들 유발劉勃이 봉국을 이어받았으나 죄를 지어 봉국이 폐지되고 자신은 방릉房陵으로 옮겨졌다.

원정 4년(B.C. 113년) 겨울 10월, 옹현에 행차해 오치에서 오제에게 제사 지냈다. 백성에게 작 1급을, 여자에게 1백 호마다 소와 술을 하사했다. 하양夏陽에서 출발해서 동쪽으로 분음汾陰까지 행차했다.

은 사천성四川省 성도成都 지역을 말한다.
138 경제景帝의 능원.

6. 무제기

11월 갑자일, 분음의 우뚝 솟은 언덕에 후토사后土祠[139]를 세웠다. 예를 마치고 형양滎陽으로 갔다. 낙양에 돌아와 조칙을 내렸다.

"기주冀州에서 후토에 제사를 올리고 나서, 황하와 낙수를 바라보고 예주豫州를 순시하면서 옛 주周 왕실을 살펴보니 세월이 아득하여 제사를 잇는 후손이 없다. 그곳 노인에게 물어보고서 먼 후손인 희가姬嘉를 찾았다. 희가를 주자남군 周子南君[140]에 봉하여 주나라 제사를 받들게 하겠다."

봄 2월, 중산왕 유승劉勝이 죽었다.

여름, 방사 난대欒大를 악통후樂通侯에 봉했는데, 지위가 상장군과 같았다.

6월, 후토사 근처에서 보정을 얻었다.

가을, 말이 악와수渥洼水에서 태어났다. 「보정寶鼎」, 「천마지가天馬之歌」를 각각 지었다. 상산헌왕常山憲王의 아들 유상劉商을 사수왕泗水王에 세웠다.

원정 5년(B.C. 112년) 겨울 10월, 옹현에 행차해 오치에서

---

139 땅에 제사 지내던 제단.
140 진나라가 군현제를 실시한 후, 한 고조는 이전 조대에 대해 제사는 두되 종묘를 세울 봉지는 주지 않았다. 이후 한 무제 때 유학만을 숭상해서 유가의 '흥멸국계절세興滅國繼絶世'를 제한적으로 실시해, 원정 4년(B.C. 113년) 주 왕조의 후예인 희가姬嘉를 '주자남군'에 봉해 선조의 제사를 받들게 했다. 주자남군은 지금 산동성 신현莘縣 서남쪽 관성진觀城鎭에 있다.

오제에게 제사 지냈다. 농산隴山을 지나 공동산空同山에 오른 다음 서쪽으로 조려하祖厲河까지 갔다가 돌아왔다.

11월 초하루 신사일 새벽 동지, 감천궁에 태치泰時[141]를 세웠다. 천자가 직접 제사를 지내고, 새벽에 태양에 읍하고, 저녁에 달에 읍했다. 조칙을 내렸다.

"짐이 보잘것없는 몸으로 왕후의 윗자리에 있는데, 덕이 미치지 못하여 백성이 굶주림과 추위에 시달린다. 그러므로 순행하면서 후토에 제사를 올려 풍년을 기원했다. 기주에서 흙을 높이 쌓아 제사를 올리자 명문이 있는 보정寶鼎이 나와 종묘로 옮겼다. 또 악와수에서 말이 태어났으니 짐이 직접 몰 것이다. 하루 종일 전전긍긍하며 자리를 감당하지 못할까 걱정하고, 천지에 짐의 뜻을 밝히고자 생각하는데, 오직 속으로 반성하고 스스로 새로워지고자 노력할 따름이다. 『시경』에서 '네 마리 말 가지런하니, 이 말을 타고 나서면 모두가 복종한다네[142]'라고 했다. 직접 변방을 순시할 터이니 군대를 엄정히 정비하라. 태치가 보이는 곳에 천문단天文壇을 세우겠다. 신묘일 밤에, 매우 밝은 불빛이 열두 번 빛났다. 『역경』에 '선갑삼일 후갑삼일[先甲三日 後甲三日][143]'이

---

141 천지天地와 오제五帝에게 천자가 제사 지내던 제단.
142 이 시는 현재 전하는 『시경』에는 없는 고시이다. 시의 내용은 네 필의 수말이 끄는 전차의 웅장함과 질서 정연함의 묘사를 통해 왕의 정벌이 정당함을 알린다.
143 『주역』「산풍고山風蠱」 괘의 단전에 나오는 말로, 성인이 일을 시작하고

라고 했다. 짐은 매년 흉년이 드는 것이 몹시 걱정되니, 몸을 재계하고서 정유일에 태치에서 배사례拜賜禮[144]를 행하겠다."

여름 4월, 남월왕의 상相 여가呂嘉가 반란을 일으켜서, 한漢의 사신 및 남월왕과 왕태후를 살해했다. 천하에 사면령을 내렸다. 그믐 정축일, 일식이 있었다.

가을, 맹꽁이와 두꺼비가 패싸움을 벌였다. 복파장군伏波將軍 노박덕路博德은 계양桂陽에서 출병해 황수湟水를 따라 내려가게 했고, 누선장군樓船將軍 양복楊僕은 예장에서 출병해 정수湞水를 따라 내려가게 했으며, 귀의월후歸義越侯 엄嚴은 과선장군戈船將軍에 임명하고 영릉零陵에서 출병해 이수離水를 따라 내려가게 했고, 갑甲은 하뢰장군下瀨將軍에 임명하고 창오蒼梧를 따라 내려가게 했다. 이들은 죄수와 장강長江과 회수淮水 이남의 누선수군樓船水軍 10만을 거느렸다. 월越의 치의후馳義侯 유遺가 별도로 파巴와 촉蜀 죄수를 거느렸고, 또 야랑夜郞에서 군대를 징발해서 장가강牂柯江을 따라 내려왔다. 각 지역의 군대가 번우番禺에 모였다.

9월, 종묘 제사 비용으로 바친 황금이 법 규정에 맞지 않아, 작위를 삭탈당한 열후가 106명이나 됐고, 승상 조주趙周

> 마치는 도리를 말한다. 어떤 일에 앞서서[先] 그 원인을 연구하고 이후의 일이 어떻게 전개될지 양상을 미리 파악한다는 말로 쓰여 갑甲과, 선후先後는 비유적인 용법으로 쓰였으나, 여기서는 갑일을 실제 해당 날짜로 보고 그 사흘 뒤인 정유일로 특정했다. 한 대 상수역학의 특징을 말해 준다.
> 144 윗사람이 상을 내린 데 대해 감사하는 예.

는 감옥에서 죽었다. 악통후 난대가 황제를 기만한 죄로 요참형腰斬刑[145]을 받았다. 서강족西羌族 10만이 반란을 일으켜 흉노와 결탁해 호안故安을 공격하고 포한枹罕을 포위했다. 흉노가 오원五原에 침입해 태수를 살해했다.

원정 6년(B.C. 111년) 겨울 10월, 농서隴西, 천수天水, 안정군安定郡에서 기병과 중위를, 하남河南과 하내河內에서 병졸 10만을 징발했고, 장군 이식李息, 낭중령 서자위徐自爲를 보내 서강西羌을 토벌해 평정했다. 무제가 동쪽으로 구지현緱氏縣에 행차해 좌읍현左邑縣 동향桐鄕에 이르렀을 때, 남월군을 무찔렀다는 보고를 듣고 좌읍현을 문희현聞喜縣으로 고쳤다.

봄, 급신중향汲新中鄕에 이르렀을 때 여가의 목이 승전보와 함께 올라오자 획가현獲嘉縣으로 고쳤다. 치의후 유遺의 군대가 남월로 막 출발하려고 할 때, 서남이西南夷를 공격해 평정하라고 명했다. 남월을 평정하고 나서 남해南海, 창오蒼梧, 울림鬱林, 합포合浦, 교지交阯, 구진九眞, 일남日南, 주애珠崖, 담이군儋耳郡을 설치했다. 서남이를 평정하고 나서 무도武都, 장가牂柯, 월수越嶲, 심려沈黎, 문산군文山郡을 설치했다.

가을, 동월왕 여선이 반란을 일으켜서 한漢의 장군과 관리를 살해했다. 횡해장군橫海將軍 한열韓說, 중위 왕온서王溫舒는 회계會稽에서, 누선장군 양복은 예장에서 출병해 공격하게

---

145 고대 사형 방법의 하나로, 작두로 허리를 잘라 죽이는 형벌.

했다. 또 부저장군浮沮將軍 공손하는 구원九原에서, 흉하장군匈河將軍 조파노趙破奴는 영거令居에서 출병하게 했는데, 모두 2천여 리를 행군했지만 적을 만나지 못하고 돌아왔다. 이에 무위, 주천군을 나눠 장액張掖, 돈황군敦煌郡을 설치하고 백성을 이주시켰다.

원봉元封 원년(B.C. 110년) 겨울 10월, 조칙을 내렸다.
"남월, 동구東甌는 모두 그 죄를 인정했는데, 서쪽과 북쪽 오랑캐는 아직 항복하지 않았다. 짐은 북쪽 변방을 순시하면서 군대를 정돈하고 사기를 진작시키며, 지휘권을 가지고서 12부 장군을 두고 직접 지휘하겠다."

운양雲陽에서 출발해 북쪽으로 상군, 서하, 오원을 지나, 장성長城 밖으로 진군했다. 북쪽으로 선우대單于臺를 넘어 삭방朔方에 도착했고, 북하北河를 앞에 두고 진군을 멈추었다. 18만 기병을 정렬하고, 1천여 리 길에 큰 깃발을 설치해 흉노를 위협했다. 선우에게 사신을 보냈다.

"남월왕 머리가 우리 북궐北闕에 매달려 있다. 그런데도 선우가 싸우겠다면 천자인 내가 이곳에서 기다리겠다. 싸우지 않겠다면 빨리 와서 신하의 예를 표하라. 어째서 막북幕北의 춥고 삭막한 땅에 숨어만 있는가!"

이에 흉노가 두려워했다. 회군해 교산橋山에서 황제에게 제사 지내고 감천궁으로 돌아왔다. 동월이 왕 여선餘善을 살해하고 투항했다. 조칙을 내렸다.

"동월은 지형이 험준하고 사람은 변덕스러워서 훗날 우환이 될 것이니, 그곳 백성을 강회江淮 지역으로 이주시키겠다."

결국 동월 땅은 텅 비게 됐다.

봄 정월, 구지에 행차했다. 조칙을 내렸다.

"짐이 화산華山에 제사 지내고 나서 중악中嶽 숭산崇山에 와서 큰 사슴[駁鹿]을 잡고, 하후夏后 계모석啓母石을 보았다. 다음날에 짐이 숭고산嵩高山에 올랐는데, 짐의 수레를 호위하고 따르는 어사御史와 사당 곁에 있던 관리와 병졸이 모두 어디선가 '만세萬歲'라고 외치는 소리를 세 번 들었다고 한다. 산에 올라 지낸 제사에 대해서 답을 준 것이다. 사관에게 태실사太室祠를 확장하도록 하되 산의 초목을 베지 않도록 금지하노라. 산기슭 3백 호를 봉읍으로 삼아 숭고읍嵩高邑으로 명명하겠으니, 제사에만 힘쓰게 하고 요역을 면제해 주겠노라."

다시 출발해 동해東海까지 순행했다.

여름 4월 계묘일, 황제가 동해에서 돌아왔다. 태산에 올라 봉선 의식을 행하고 내려와 명당에서 대신大臣을 조회했다. 조칙을 내렸다.

"짐이 보잘것없는 몸으로 황제 자리에 올랐는데, 덕이 박하여 늘 두려운 데다 예악에도 어두워 팔방 신에게 제사를 지냈다. 천지 신령이 은혜를 내려 신령스러운 현상이 나타났고, 은은하게 '만세'라는 소리가 들렸다고 한다. 괴이한 것에 놀라고 두려워 계획한 일을 멈추고 경솔하게 행동하려고 하지 않았고, 태산에 올라 제사를 지내고, 양보로 간 다음 숙연산肅然山에 올라 제사를 지냈다. 이제 연호를 고쳐서 사대부와 함께 새로 시작하겠으니, 올해 10월을 원봉元封 원년으로 삼겠노라. 짐이 행차한 박현博縣, 봉고현奉高縣, 사구현蛇丘縣과 역성현歷城縣, 양보현梁父縣은 토지세와 부세, 관에 상환해야 할 돈을 이미 면제했다. 거기에 더하여 70세 이상 노인과 과부에게 비단을 각각 두 필씩 하사하겠다. 봉고현을 제외한 네 개의 현은 올해 인두세를 면제하겠다. 모든 백성에게 작 1급씩 하사하고, 여자에게 1백 호마다 소고기와 술을 하사하겠다."

태산에서 출발해서 다시 동쪽으로 바다까지 순행해 갈석海上에 이르렀다. 요서遼西로부터 북쪽 변경의 구원을 거쳐 감천궁으로 돌아왔다.

가을, 혜성이 동정 자리에 나타났고, 얼마 후에 삼태三台 자리[146]에 나타났다. 제왕 유굉이 죽었다.

원봉 2년(B.C. 109년) 겨울 10월, 옹현에 행차해 오치에서 오제에게 제사 지냈다.

---

146 큰곰자리에 속하는 상태, 중태, 하태의 세 별인 삼태성三台星을 말한다. 여섯 개의 별로 이루어져 있는데, 이 별들이 위치를 잃지 않으면 음양이 조화롭고 풍우가 제때 내려 천하가 태평해진다고 한다.

봄에 구지緱氏에 행차해 동래東萊까지 이르렀다.

여름 4월, 행차를 돌려 태산에서 제사를 지냈다. 호자瓠子 제방에 이르렀는데, 마침 제방이 터졌다. 수행하던 대신, 장군 이하에게 모두 섶을 옮겨 황하 제방을 막게 하고 나서 「호자지가瓠子之歌」를 지었다. 행차한 곳의 죄수를 사면했고, 고아·독거노인·고령의 노인에게는 쌀을 네 석씩 하사했다. 돌아와 감천궁에 통천대通天臺를, 장안에 비렴관飛廉館을 지었다. 조선왕이 공격해 요동 도위를 살해하자, 사형수를 모아 조선을 공격했다.

6월, 조칙을 내렸다.

"감천궁 뒤뜰 어느 방에 지초芝草가 났는데, 줄기가 아홉에 잎이 이어져 있었다. 이는 상제의 은택이 자그마한 방 안에까지 미쳐서 짐에게 크고 아름다운 보물을 내려 준 것이다. 천하에 사면령을 내리고, 운양도雲陽都에 1백 호마다 소고기와 술을 하사하겠다."

그리고는 「지방지가芝房之歌」를 지었다.

가을, 태산 아래에 명당을 지었다. 누선장군 양복楊僕, 좌장군 순체荀彘를 보내 모집에 응한 죄수를 거느리고 조선을 공격하게 했다. 또 장군 곽창郭昌, 중랑장 위광衛廣을 보내 파촉巴蜀에서 군대를 징발하게 해 서남이 가운데 아직 복종하지 않은 자를 평정하게 했다. 그곳에 익주군을 설치했다.

원봉 3년(B.C. 108년) 봄, 각저희角抵戲[147]를 만들어 시연하자 3백 리 내에 사는 백성이 모두 구경하러 왔다.

여름, 조선이 우거왕右渠王을 죽이고 항복했다. 조선에 낙랑樂浪, 임둔臨屯, 현토玄菟, 진번군眞番郡을 설치했다. 조선과의 전쟁 중에 누선장군 양복이 너무 많은 군대를 잃어서 면직되어 서인으로 강등됐다. 좌장군 순체는 전공을 다투다가 죄를 범해 기시형에 처해졌다.

가을 7월, 교서왕 유단劉端이 죽었다. 무도武都의 저족氐族이 반란을 일으켜 그 일부를 주천군으로 이주시켰다.

원봉 4년(B.C. 107년) 겨울 10월, 옹현에 행차해 오치에서 오제에게 제사 지냈다. 회중回中으로 난 길을 따라 행차했다. 소관蕭關을 나가 북쪽으로 가서 독록산獨鹿山, 명택鳴澤을 둘러봤고, 대군代郡에서 길을 돌려 하동河東에 행차했다.

봄 3월, 후토에서 땅에 제사 지냈다. 조칙을 내렸다.

"짐이 친히 후토의 지신地神에 제사를 지내는데, 신비한 빛이 하룻밤에 세 번 영단靈壇을 비추었다. 또 중도의 궁에 행차하자 궁전 위에 빛이 났다. 분음汾陰, 하양夏陽, 중도현中都縣은 사형수를 제외한 모든 죄수를 사면하겠다. 이 세 현과 양지현楊氏縣은 올해 세금을 면제하겠다."

여름, 매우 가물었고 많은 백성이 무더위로 죽었다.

---

147 두 사람이 맞붙어서 힘을 겨루는 놀이.

가을, 흉노 세력이 약해져서 굴복시킬 수 있게 되자 사신을 보내 한漢나라 신하가 되라고 설득했다. 선우의 사신이 왔는데, 장안에서 죽었다. 흉노가 변경을 약탈하자 발호장군拔胡將軍 곽창을 보내 삭방에 주둔하게 했다.

원봉 5년(B.C. 106년) 겨울, 남쪽 지역을 순수巡狩해 남군南郡 성당盛唐에 도착했다. 우순虞舜이 잠들어 있는 구억산九嶷山에 망제望祭를 지냈다. 첨현灊縣 천주산天柱山에 올랐다가, 심양현尋陽縣 부근 장강長江에 배를 띄워 이동했다. 무제가 직접 활을 쏘아 강 속 교룡蛟龍[148]을 잡았다. 배 행렬이 천 리에 이어졌는데, 종양현樅陽縣 강기슭에 정박하고 육지로 올라 「성당종양지가盛唐樅陽之歌」를 지었다. 북쪽으로 낭야에 도착해 동해를 따라 행차하면서 각지 명산대천에 제사를 지냈다.

봄 3월에 태산에 도착해 제단을 더 높이 쌓았다. 갑자일, 명당에서 고조에 제사를 지내고 나서 고조를 상제 신위에 배향했다. 제후왕, 열후를 조회하면서 군국의 생산, 호구, 치안 등 각종 행정 장부를 받았다.

여름 4월, 조칙을 내렸다.

"짐이 형주荊州, 양주揚州를 순행하다가 장강長江, 회수淮水 등지의 신물神物을 모두 모으고, 동해의 기운을 모아 태산에

---

148 상상의 동물로, 모양은 뱀과 같고, 몸길이는 한 길이 넘으며, 넓적한 네 발이 있다고 전한다.

서 큰 제사를 지냈다. 하늘도 상서로운 현상을 보여 줘서 태산 제단을 더 높이 쌓았다. 천하에 사면령을 내린다. 짐이 행차한 현은 올해 세금을 걷지 말고, 홀아비·과부·고아·독거 노인에게 비단을 내리고, 가난한 백성에게 곡식을 내리겠다."

감천궁에 행차해 태치에서 하늘에 제사 지냈다. 대사마 대장군 위청衛青이 죽었다. 처음으로 13주 자사부刺史部[149]를 설치했다. 자사부에 부임할 문무 대신이 모자란다고 해서 조칙을 내렸다.

"훌륭한 공을 세우려면 반드시 뛰어난 인물이 필요하다. 사납게 내달리고 사람을 걷어차는 말이라도 천 리를 갈 수 있고, 세상에서 비난받는데도 공명을 세우는 인재가 있다. 수레를 엎어 버리는 말과, 제멋대로 행동하여 통제가 되지 않는 인재라도 이들은 주인이 부리기에 달려 있다. 주군州郡에 명하여 관리와 백성 가운데 재주가 출중하여 장수와 재상으로 삼거나 먼 나라에 사신 보낼 만한 인재를 살펴서 추천하게 하라."

원봉 6년(B.C. 105년) 겨울, 회중回中에 행차했다.

봄에 하동河東 포판蒲阪에 수산궁首山宮을 지었다.

---

[149] 한 무제 원봉 5년(B.C. 106년)에 지방에 대한 통제를 강화하기 위해 경사 부근의 7군 외에 전국을 13개 감찰 지역으로 나눴는데, 이 지역을 자사부라고 한다.

3월, 하동에 행차해 후토에서 땅에 제사 지냈다. 조칙을 내렸다.

"짐이 수산首山에서 제사 지내자, 산 아래 밭에서 보물이 나왔는데 어떤 것은 황금으로 변했다. 후토에서 제사를 지내자 신비한 빛이 세 번 내렸다. 분음현의 사형수를 제외한 죄수를 사면하겠다. 천하 빈민에게 각각 비단 포 한 필을 내리겠다."

익주, 곤명에서 반란이 일어났다. 장안의 사형수를 사면해서 토벌군을 따르게 했고, 발호장군 곽창에게 이들을 거느리고 공격하게 했다.

여름, 장안 백성이 상림원上林苑 평락관平樂館에서 각저희를 관람했다.

가을, 크게 가물어 메뚜기 떼가 들끓었다.

태초太初 원년(B.C. 104년)[150] 겨울 10월, 태산에 행차했다.

11월 초하루 갑자일 새벽, 동지에 명당에서 상제에게 제사 지냈다. 을유일, 백량대에 불이 났다.

12월, 태산泰山 아래 고리高里에 제단을 차리고, 후토에 제사 지냈다. 동쪽으로 발해까지 가서 봉래산蓬萊山에 망제를 지냈다. 봄에 돌아와 감천궁에서 군국의 회계 장부를 접수

---

150 처음으로 하정夏正을 사용해 정월正月을 세수歲首로 삼았으므로 태초太初로 개원했다.

했다.

2월, 건장궁建章宮을 기공했다[151].

여름 5월, 역법을 정해 정월正月을 1년의 시작으로 확정했다. 색은 황색을 받들고, 수는 '5'를 사용했다. 관명官名을 정하고 음률音律을 조정했다. 인우장군因杅將軍 공손오公孫敖를 보내, 북쪽 변경 밖에 수항성受降城을 쌓게 했다.

가을 8월, 안정군에 행차했다. 이사장군貳師將軍 이광리李廣利에게 죄를 지어 변방으로 이주된 백성을 징발해 서쪽 대완국大宛國을 정벌하게 했다. 메뚜기 떼가 동쪽으로부터 날아가서 돈황敦煌까지 휩쓸었다.

태초 2년(B.C. 103년) 봄 정월 무신일, 승상 석경石慶이 죽었다.

3월, 하동에 행차해 후토에 제사 지냈다. 백성에게 닷새간 잔치를 크게 베풀고, 닷새간 음식을 관장하는 신에게 누제䙡祭를 지냈다. 조상에게 제사 지내고, 여러 신에게 납제臘祭[152]를 지냈다.

여름 4월, 조칙을 내렸다.

"짐이 개산介山에 제사 지내고 나서 후토에 제사 지냈는

---

151 월越에서 불이 나면 다시 궁실을 크게 지어 화기火氣를 눌러 극복한다고 월 땅의 무당 용勇이 무제에게 말했는데, 무제는 이를 받아들여 건장궁을 지었다.
152 납일에 한 해 동안 지은 농사와 그 밖의 일들에 대해서 여러 신에게 알리는 제사.

데, 두 번 모두 신비스러운 빛으로 감응해 주었다. 분음현汾陰縣과 안읍安邑의 사형수를 제외한 모든 죄수를 사면하겠다."

5월, 관리와 백성이 기르는 말을 관에 등록하게 해, 전차병과 기병에 필요한 말을 보충했다.

가을, 메뚜기 떼가 들판을 휩쓸었다. 준계장군浚稽將軍 조파노에게 삭방에서 기병 2만으로 출병해 흉노를 공격하게 했으나 복귀한 자는 없었다.

겨울 12월, 어사대부 예관兒寬이 죽었다.

태초 3년(B.C. 102년) 봄 정월, 동쪽으로 동해까지 순행했다.

여름 4월, 돌아오다가 태산泰山의 제단을 손본 다음 하늘에 봉선 제사를 올리고, 석려산石閭山에서 산천山川에 제사 지냈다. 광록훈 서자위徐自爲에게 오원 변경 밖으로부터 서북쪽으로 노구산盧朐山까지 성을 쌓게 하고, 유격장군游擊將軍 한열에게 군대를 거느리고 그곳에 주둔하게 했다. 강노도위强弩都尉 노박덕이 거연居延에 성을 쌓았다.

가을, 흉노가 정양군, 운중군에 침입해 수천 명을 죽이고 약탈한 다음 서자위가 세운 정장亭障을 무너뜨렸다. 또 장액군, 주천군에 침입해 도위都尉를 살해했다.

태초 4년(B.C. 101년) 봄, 이사장군 이광리가 대완왕의 머리를 들고, 한혈마汗血馬[153]를 끌고 돌아왔다.「서극천마지가西極天馬之歌」를 지었다.

가을, 명광궁明光宮을 기공했다.

겨울, 회중궁回中宮에 행차했다. 홍농현 도위를 무관武關에 보내 다스리게 하고, 출입 관세를 거둬 무관 관리와 병졸의 식비로 공급했다.

천한天漢 원년(B.C. 100년) 봄 정월, 감천궁에 행차해 태치에서 하늘에 제사 지냈다.

3월, 하동에 행차해 후토에 제사 지냈다. 흉노가 한나라 사신을 돌려보내면서, 사신을 딸려 보내 예물을 바쳤다.

여름 5월, 천하에 사면령을 내렸다.

가을, 성문을 걸어 잠근 채 지나치게 사치하는 자를 대대적으로 수색해 적발했다. 죄지어 변방에 수비로 보내진 사람을 오원에 주둔하게 했다.

천한 2년(B.C. 99년) 봄, 동해에 행차했다. 돌아오는 길에 회중궁에 행차했다.

여름 5월, 이사장군이 기병 3만을 거느리고 주천군에서

---

153 서역 지방에서 산출되던 명마. 전한前漢의 장군 이광리李廣利가 대완국大宛國을 토벌해서 얻었다는 명마로도 알려졌다. 하루에 천 리를 달려 피와 같은 땀을 흘렸다고 해서 이름이 붙었다.

출병했다. 천산天山에서 흉노 우현왕右賢王과 싸워 적 1만여 명을 베거나 사로잡았다. 그리고 인우장군이 서하군西河郡에서 출병하고, 기도위騎都尉 이릉이 보병 5천을 이끌고 거연성居延城 북쪽에서 출병했다. 흉노 선우와 싸워 적 1만여 명을 베거나 사로잡았다. 이릉 군대가 패배해 흉노에 투항했다.

가을, 무당이 길가에서 귀신에게 제사 지내지 못하도록 했다. 악행을 저지르는 자를 대대적으로 색출했다. 거여渠黎 등 서역 6국이 사신을 보내 예물을 바쳤다. 태산, 낭야의 도적 서발徐敎 등이 험준한 산을 근거지로 삼고서 현성縣城을 공격하고 도로를 차단했다. 직지사자直指使者[154] 포승지暴勝之 등이 비단옷을 입고 도끼를 지닌 채 각지로 파견되어 이들을 체포했다. 현지의 자사, 군수 이하 관리 모두 사형에 처해졌다.

겨울 11월, 관문을 지키는 도위에게 조칙을 내렸다.

"현재 각지에서 세력을 가진 자들이 협력하여 먼 지역까지 세력을 뻗치는데, 관동 땅 도적들이 그 중심 세력이라고 한다. 관문을 출입하는 자를 철저하게 검문하라."

천한 3년(B.C. 98년) 봄 2월, 어사대부 왕경王卿이 죄를 짓고

---

154 수의어사繡衣御史, 직지수의사자直指繡衣使者라고도 했다. 조정에서 직접 지방에 파견해 문제를 처리하게 했던 벼슬로 우리나라의 암행어사와 비슷한 임무를 수행했다. 한 무제가 처음 설치했고, 왕망이 수의집법繡衣執法으로 개칭했다. 도적을 쫓아가 체포하고 큰 옥사를 심리했으며, 이천석 이하 지방관을 처벌할 수 있는 권한이 있었다. 녹봉은 6백 석이었다.

자살했다. 처음으로 술 전매를 실시했다.

3월, 태산에 행차하여 제단을 정비한 다음, 봉선제를 지내고 명당에서 종실 제사를 지냈다. 이어 군과 국이 올린 회계 장부를 거둬들였다. 장안으로 돌아가면서 북지군에 행차해 상산常山 지신地神에게 제사 지내고 현옥玄玉을 땅에 묻었다.

여름 4월, 천하에 사면령을 내렸다. 행차한 곳에는 토지세를 면해 줬다.

가을, 흉노가 안문군雁門郡에 침입했는데, 적이 두려워 피한 죄를 물어 태수를 기시棄市에 처했다.

천한 4년(B.C. 97년) 봄 정월, 감천궁에서 제후왕을 조회했다. 죄를 지은 관리, 호적지에서 도망친 자, 채무로 노예가 된 자, 상인商人인 자, 상인이었던 자, 부모가 상인인 자, 조부모가 상인인 자, 그리고 용감한 사인士人을 징발해, 이사장군 이광리에게 기병 6만과 보병 7만을 거느리고 삭방에서, 인우장군 공손오에게 기병 1만과 보병 3만을 거느리고 안문군雁門郡에서, 유격장군 한열에게 보병 3만을 거느리고 오원에서 출병하게 하고, 강노도위 노박덕에게는 보병 1만여 명을 이끌고 이사장군 부대에 합류하게 했다. 이광리는 여오수余吾水 가에서 선우 군대와 연일 교전했고, 공손오는 좌현왕左賢王과 싸웠는데 전세가 불리해지자 모두 회군했다.

여름 4월, 무제 아들 유박劉髆을 창읍왕昌邑王에 세웠다.

가을 9월, 사형수라도 속금贖金 50만 전을 바치면 사형죄死刑罪에서 1등급을 내려 주라고 명했다.

태시太始 원년(B.C. 96년) 봄 정월, 인우장군 공손오가 죄를 지어 요참형에 처해졌다. 군국의 관리와 백성 그리고 각지에서 세력을 가진 자를 무릉茂陵과 운양雲陽으로 이주시켜 살게 했다.

여름 6월, 천하에 사면령을 내렸다.

태시 2년(B.C. 95년) 봄 정월, 회중궁에 행차했다.

3월, 조칙을 내렸다.

"얼마 전에, 짐이 교외에서 하늘에 제사 지낼 때 상제를 만나고, 서쪽에서 농수산隴首山에 올라 흰 기린을 잡아 종묘에 제물祭物로 바쳤다. 그리고 악와수에서 천마가 태어나고, 태산에서 황금이 나왔다. 담당 관리가 이 일을 거론하면서 화폐의 명칭을 고쳐야 한다고 건의했다. 지금 황금을 기린 발 모양과 말발굽 모양으로 주조하여 상서祥瑞에 부합하게 하겠다."

그리고는 주조한 황금을 제후왕에게 하사했다.

가을, 가뭄이 들었다.

9월, 속금 50만 전을 바치고 1등급 감형을 원하는 사형수에게 신청을 받았다. 어사대부 두주杜周가 죽었다.

태시 3년(B.C. 94년) 봄 정월, 감천궁에 행차해 외국 빈객에게 잔치를 베풀었다.

2월, 백성에게 닷새 동안 마음대로 먹고 마시게 했다. 동해東海에 행차해 붉은 기러기를 잡아서 「주안지가朱鴈之歌」를 지었다. 낭야에 행차해 성산成山에서 태양을 향해 제사 지냈다. 지부산之罘山에 올랐다가 내려와 동해에서 배를 탔다. 산 속에서 '만세' 소리가 들렸다.

겨울, 행차한 곳에 1호戶당 5천 전을 하사하고, 홀아비·과부·고아·독거노인에게 1인당 비단 1필씩 하사했다.

태시 4년(B.C. 93년) 봄 3월, 태산에 행차했다. 임오壬午일, 명당에서 고조高祖에게 제사 지내고 신위를 상제에 배향한 다음 군국의 회계 문서를 접수했다. 계미일, 명당에서 효경황제에게 제사 지냈다. 갑신일, 태산의 제단을 정비한 다음 하늘에 봉선 제사를 지냈다. 병술일에 석려산에서 산천에 제사 지냈다.

여름 4월, 불기현不其縣에 행차해 교문궁交門宮에서 신神에게 제사 지냈는데, 신의 형상이 마치 신위神位를 향해 절하는 것 같았다. 교문지가交門之歌를 지었다.

여름 5월, 돌아와 건장궁에 행차해 연회를 크게 열고 천하에 사면령을 내렸다.

가을 7월, 조나라에서 어느 뱀이 성 밖에서 읍으로 들어

오더니 효문제 사당 곁에서 읍에 살던 뱀과 패싸움을 벌였다. 읍에 살던 뱀이 죽었다.

겨울 10월 그믐 갑인일, 일식이 있었다.

12월, 옹현에 행차해 오치에서 오제에게 제사 지내고 서쪽으로 안정, 북지까지 순행했다.

정화征和 원년(B.C. 92년) 봄 정월, 돌아오면서 건장궁에 행차했다.

3월, 조왕趙王 유팽조劉彭祖가 죽었다.

겨울 11월, 삼보三輔[155]의 기병을 징발해 상림원을 샅샅이 뒤지고, 장안 성문을 걸어 잠근 채 수색했는데, 못된 자들을 적발하기 위해서였다. 11일 만에 수색을 멈췄다. 무고巫蠱 사건[156]이 일어났다.

정화 2년(B.C. 91년) 봄 정월, 승상 공손하가 하옥되어 죽었다.

여름 4월, 돌풍이 불어 지붕이 날아가고 나무가 부러졌다.

---

[155] 한나라 초에 설치한 장안長安 주변의 세 행정 구역. 처음에는 경기관京畿官을 내사內史라 칭했다. 경제 2년에 좌·우내사로 나누고 주작중위(나중에 도위로 바뀜)와 합쳐 삼보三輔라고 칭했다. 무제 초원 원년에 주작도위를 우부풍右扶風으로, 우내사右內史를 경조윤京兆尹으로, 좌내사左內史를 좌풍익으로 고쳤다.

[156] 원수에게 해를 가하는 무당의 술법. 한 무제 정화征和 원년(B.C. 92년)에 여태자戾太子가 무제를 주술로 저주해 해치려 했다고 강충江充이 무고誣告하자 태자가 자살한 사건이다.

윤월, 제읍공주諸邑公主, 양석공주陽石公主가 모두 무고 사건에 연루되어 죽었다.

여름, 감천궁에 행차했다.

가을 7월, 안도후按道侯 한열韓說, 사자 강충江充 등이 태자궁에서 저주를 씌운 나무인형을 파냈다. 임오일, 태자와 황후가 강충을 살해하려고 음모를 꾸몄고, 병부兵符로 군대를 일으켜 승상 유굴리劉屈氂와 장안에서 싸웠는데 전사자가 수만 명이었다. 경인일, 태자는 도망쳐 숨고, 황후는 자살했다. 처음으로 성문둔병城門屯兵[157]을 설치했다. 부절에 황금색 깃대 장식을 더했다. 어사대부 포승지, 사직司直 전인田仁이 성문을 빠져나간 태자 일로 포승지는 자살했고, 전인은 요참형에 처해졌다.

8월 신해일, 태자가 호현湖縣에서 자살했다. 계해일, 지진이 일어났다.

9월, 조趙 경숙왕敬肅王 유팽조의 아들 유언劉偃을 평간왕平干王에 세웠다. 흉노가 상곡, 오원에 침입해 관리와 백성을 살해하거나 약탈했다.

정화 3년(B.C. 90년) 봄 정월, 옹현에 행차해 안정, 북지까지 순행했다. 흉노가 오원, 주천에 침입해 도위 두 명을 살해

---

157 한 무제 때 경사京師의 안전과 방어를 강화하기 위해 군대를 처음으로 성문에 주둔시킨 것을 말한다.

했다.

3월, 이사장군 이광리에게 병졸 7만을 거느리고 오원에서, 어사대부 상구성商丘成에게 2만을 거느리고 서하에서, 중합후重合侯 마통馬通에게 기병 4만을 거느리고 주천에서 출병하게 했다. 상구성이 준계산浚稽山 부근에서 흉노와 싸워 적을 매우 많이 베었다. 마통이 천산天山까지 진군하자 흉노가 퇴각했는데, 그 기세를 타고 거사국車師國을 항복시켰다. 출병한 부대가 모두 복귀했지만 이광리는 패해 흉노에 투항했다.

여름 5월, 천하에 사면령을 내렸다.

6월, 승상 유굴리가 이광리와 황제 옹립 모의를 했다는 죄로 체포되어 감옥에 갇혔다가 요참형을 받았고, 처자는 효수형에 처해졌다.

가을, 메뚜기 떼가 들판을 휩쓸었다.

9월, 공손용公孫勇, 호천胡倩이 반란을 모의하다 발각되어 법에 따라 처벌당했다.

정화 4년(B.C. 89년) 봄 정월, 동래東萊에 행차해 동해까지 이르렀다.

2월 정유일, 운석 두 개가 옹현에 떨어졌는데, 추락하는 소리가 4백 리 밖까지 들렸다.

3월, 무제가 거정현鉅定縣에서 직접 농사 시범을 보였다.

돌아오다가 태산에 행차해 제단을 정비한 다음 봉선제를 지냈다. 경인일, 명당에서 종실 조상에 제사 지냈다. 계사일, 석려산에서 산천에 제사 지냈다.

여름 6월, 감천궁에 행차했다.

가을 8월 그믐 신유일, 일식이 있었다.

후원後元 원년(B.C. 88년) 봄 정월, 감천궁에 행차해 태치에서 하늘에 제사 지내고 안정安定에 행차했다. 창읍왕 유박이 죽었다.

2월, 조칙을 내렸다.

"짐이 교외에서 하늘에 제사 지낼 때 상제를 만났다. 또 북쪽 변방에 순행할 때 두루미가 모여 있는 것을 봤는데, 아직 그물을 쓸 때가 아니라서 잡아서 바치지 못했다. 태치 제사에 제물을 바치자 신비한 빛과 현상이 동시에 나타났다. 천하에 사면령을 내리겠다."

여름 6월, 어사대부 상구성이 죄를 지어 자살했다[158]. 시중侍中 복야僕射 모하라莽何羅가 그 아우 중합후 모통莽通과 반란을 모의했다[159]. 시중 부마도위駙馬都尉 김일제金日磾와 봉거도위奉車都尉 곽광霍光, 기도위 상관걸上官桀이 이들을 토벌했다.

---

158 황실 사당에서 술에 취해 고성방가를 하다가 처벌을 받았다.
159 정화 3년에는 '중합후 마통馬通'이라 했는데, 여기서는 '모莽'라고 했다. 이는 후한 명덕 마황후가 조상이 반란을 일으킨 것을 부끄럽게 여겨서 조상의 성을 '모莽'라고 고친 것이다.

가을 7월, 지진이 일어나자 가는 곳마다 지하수가 솟아올랐다.

후원 2년(B.C. 87년) 봄 정월, 감천궁에서 제후왕을 조회하고 종실에 상을 내렸다.

2월, 주질현盩厔縣 오작궁五柞宮에 행차했다. 을축일, 유불릉劉弗陵을 황태자로 세웠다. 정묘일, 무제가 오작궁에서 죽었다. 미앙궁 전전前殿에서 관에 시신을 안치했다.

3월 갑신일, 무릉에 장사 지냈다.

[찬贊]: 한漢은 지나간 왕조王朝의 폐단을 이어받았다. 고조高祖는 어지러운 세상을 바로잡아 회복시켰고, 문제文帝, 경제景帝는 백성을 잘살게 하는 데 힘썼다. 그러나 옛 경전經傳과 예법禮法을 상고하는 일에는 아직도 부족한 점이 많았다. 효무제는 즉위 후, 결연히 백가百家를 물리치고 유가儒家의 육경六經[160]만을 인정해, 두루 천하에 자문을 구하고 인재를 등용해 이들과 공을 세웠다. 그런 다음 태학太學을 세우고, 교사를 정비하고, 정삭正朔을 고치고, 역법曆法을 제정하고, 음률音律을 맞추고, 시詩와 악樂을 짓고, 봉선封禪을 거행하는 등 주周나라 유풍을 계승했다. 호령號令과 제도制度가 매우 훌륭해 칭송할 만하고, 후대 황제가 대업大業을 그대로 따

---

160 『역易』, 『시詩』, 『서書』, 『예禮』, 『악樂』, 『춘추春秋』.

르기만 했는데도 하夏, 은殷, 주周 삼대三代의 유풍이 있었다. 훌륭한 재주와 원대한 계획을 가졌던 무제가 문제와 경제의 공손한 처신과 검약한 태도로 백성을 구제했으니,『시경』과『서경』에서 칭송한 훌륭한 선왕先王이라도 이보다 더할 수 있겠는가.

7
소제기

昭帝紀

효소황제孝昭皇帝 유불릉劉弗陵은 무제의 작은아들이다. 어머니는 조첩여趙婕妤[161]로, 몸이 특이해서 무제가 총애했는데, 소제를 낳을 때도 예사롭지 않았다. 이 이야기는 「외척전」에 자세히 실려 있다.

무제 말년에 여태자戾太子가 죽고, 연왕 단旦과 광릉왕廣陵王 서胥는 교만했는데, 후원 2년(B.C. 87년) 2월, 무제가 병이 깊어지자 결국 소제를 태자로 세웠다. 이때 소제의 나이가 겨우 여덟 살이었으므로 시중 봉거도위 곽광을 대사마 대장군으로 삼아, 유조를 받들어 어린 임금을 보필하게 했다. 다음날 무제가 죽었다. 무진일, 태자가 황제에 즉위해 고묘에서 제사 지내고 즉위를 고했다. 소제의 누나 악읍공주鄂邑公主에게 탕목읍을 더해 주고 '장공주長公主'라는 칭호를 내리고서 궁중宮中에서 황제를 받들게 했다. 대장군 곽광은 정권을 잡고서, 상서尚書의 일을 주관하고, 거기장군 김일제金日磾

[161] 첩여는 한漢 나라 궁중의 여자 벼슬 명칭을 말한다.

와 좌장군 상관걸이 도왔다.

여름 6월, 천하에 사면령을 내렸다.

가을 7월, 혜성이 동쪽 하늘에 나타났다. 제북왕濟北王 유관劉寬이 죄를 지어 자살했다. 장공주와 종실 여러 형제에게 각각 지위에 따라 하사했다. 어머니 조첩여를 황태후에 추증하고, 운양에 운릉雲陵을 조성했다.

겨울, 흉노가 삭방에 침입해 관리와 백성을 죽이고 약탈했다. 서하에 군대를 주둔시키고, 좌장군 상관걸이 북쪽 변방을 순찰했다.

시원始元 원년(B.C. 86년) 봄 2월, 큰 새가 건장궁 태액지太液池로 내려앉았다. 공경 신하가 황제에게 헌수례獻壽禮를 올렸다. 제후왕, 열후, 종실에게 각각 지위에 따라 금전金錢을 차등 있게 하사했다. 기해일, 소제가 구순鉤盾[162]의 농전弄田에서 밭갈이하는 놀이를 했다. 연왕, 광릉왕과 악읍장공주에게 각각 1만 3천 호를 더 봉해 줬다.

여름, 태후를 위해 운릉에 원묘園廟를 조성했다. 익주군益州郡의 염두廉頭, 고증姑繒과 장가군牂柯郡의 담지談指, 동병同竝 등지의 읍 스물네 곳에서 반란이 일어났다. 수형도위水衡都尉 여파호呂破胡를 보내 관리와 백성을 모으고 건위군犍爲郡, 촉군蜀郡에서 명을 듣고 달려온 병사를 선발해 익주를 쳐서

---

162 소부少府의 소속관으로, 원유苑囿의 일을 관장했다.

크게 이겼다. 담당 관리가 하내河內는 기주冀州에, 하동河東은 병주幷州에 속하게 하자고 청했다.

가을 7월, 천하에 사면령을 내리고, 백성에게 1백 호마다 소고기와 술을 하사했다. 큰비가 내려 위수渭水의 다리가 끊어졌다.

8월, 제효왕齊孝王의 손자 유택劉澤이 반역을 꾀해 청주자사 준불의雋不疑를 죽이려다 발각되어 모두 처형됐다. 준불의를 경조윤京兆尹으로 옮기고, 1백만 전을 하사했다.

9월 병자일, 거기장군 김일제가 죽었다.

윤9월, 정위를 지낸 왕평王平 등 다섯 명을 보내, 부절을 가지고 군국을 다니면서 현량을 추천하는 한편, 백성이 힘들거나 억울해하는 사정을 살피고 생업을 잃은 자를 위로하게 했다.

겨울, 얼음이 얼지 않았다.

시원 2년(B.C. 85년) 봄 정월, 반란을 일으켰던 중합후 마통 등을 사로잡고 참수한 공으로 대장군 곽광은 박륙후博陸侯, 좌장군 상관걸은 안양후安陽侯에 봉해졌다. 작위를 받지 못한 황제 종실 가운데 무재茂才[163]로 추천된 유벽강, 유장락劉長樂을 광록대부로 삼고, 벽강은 장락궁 위위衛尉를 맡게 했다.

---

163 수재秀才를 말한다. 동한 때 광무제 유수劉秀의 이름을 피하기 위해 무재茂才로 바꾼다. 이후로도 수재를 무재라고 부르기도 한다.

3월, 사자를 파견해 종자나 양식이 없는 가난한 백성에게 종자나 양식을 꾸어 줬다.

가을 8월, 조칙을 내렸다.

"작년에는 재해가 잦았고, 올해도 누에고치와 보리 수확에 피해를 봤으니 꾸어 주었던 종자와 양식은 거둬들이지 말고, 올해 토지세도 면제하겠노라."

겨울, 훈련이 잘되고 활을 잘 쏘는 병사를 뽑아 삭방으로 보내고, 관리를 해 본 사람을 뽑아 장액군張掖郡에서 둔전屯田하게 했다.

시원 3년(B.C. 84년) 봄 2월, 혜성이 서북쪽에 나타났다.

가을, 백성을 모집해 운릉에 이주시키고, 돈과 땅과 집을 하사했다.

겨울 10월, 봉황이 동해東海에 모이자, 사신을 보내 제사를 지내게 했다.

11월 임진 초하루, 일식이 있었다.

시원 4년(B.C. 83년) 봄 3월 갑인일, 상관씨上官氏[164]를 황후에 세웠다. 천하에 사면령을 내렸다. 무제武帝 후원 2년(B.C. 87년) 이전의 송사訟事는 모두 다스리지 말게 했다.

여름 6월, 황후가 고묘에 가서 제사 지냈다. 장공주, 승상,

---

164 상관걸의 손녀.

장군, 열후, 중이천석 이하 낭리와 종실까지 각각 돈과 비단을 지위에 따라 하사했다. 삼보의 부자를 운릉으로 이주시키고, 호당 10만 전을 하사했다.

가을 7월, 조칙을 내렸다.

"지난 몇 년 흉년이 들어 백성이 먹을 양식이 없고, 품을 팔러 간 사람도 다 돌아오지는 않았다. 이전에 백성에게 말을 바치라는 영을 내렸으나 이제 그 영을 시행하지 말라. 경사 관부에 바치던 세금도 감면하라."

겨울, 대홍려 전광명田廣明을 보내 익주益州를 공격하게 했다. 정위 이충李种이 이전에 사형에 처할 죄수를 풀어 줬는데 이 일이 발각되어 기시형에 처해졌다.

시원 5년(B.C. 82년) 봄 정월, 황태후의 아버지를 순성후順成侯에 추존했다. 하양夏陽 사람 장연년張延年이 북문에서 자신이 위태자衛太子라고 주장해 무망죄誣罔罪로 요참형에 처해졌다[165].

---

165 위태자衛太子는 한 무제 때 무옥巫獄 사건으로 폐위된 태자 거據를 말하는데, 시호는 여戾로 위 황후衛皇后의 소생이다. 이 해에 하양 출신의 어떤 사람이 위태자를 사칭해, 관민官民이 그 진위를 가리지 못하고 있었는데, 경조윤京兆尹 준불의가 "옛날에 괴외蒯聵가 아버지인 위衛 영공靈公 명을 어기고 도망쳐 나간 뒤에 그 아들 첩이 그를 받아들이지 않은 것을 『춘추』에서 옳게 여겼는데, 위 태자가 무제에게 죄를 얻고 도망쳤다가 바로 죽지 않고 이제 다시 나타났으니, 이는 죄인이다."라고 선언하고는, 그를 즉석에서 잡아 하옥시켜 심문했다. 심문 결과 복자卜者 방성수方成遂가 위태

여름, 천하의 정亭에서 암말을 기르도록 한 영과, 말이나 10석 이상 궁노弩를 함곡관 밖으로 반출을 금지한 영을 폐지했다.

6월, 황후 아버지 표기장군 상관안上官安을 상락후桑樂侯에 봉했다. 조칙을 내렸다.

"짐이 보잘것없는 몸으로 종묘를 보존하면서 전전긍긍하고 밤낮으로 옛 제왕의 일을 익히며『보부전保傳』,『효경孝經』,『논어論語』,『상서尙書』등을 모두 읽었지만, 아직 확실히 이해했다고 할 수는 없다. 삼보, 태상太常에게는 현량 두 명씩, 군국에 학문으로 유명한 사람 한 명씩을 천거하도록 명하노라. 중이천석 이하 이민吏民까지 각각 차등을 두어 작을 하사하라."

담이儋耳, 진번眞番군을 폐지했다.

가을, 대홍려 전광명과 군정軍正 왕평王平이 익주益州를 쳐서, 3만여 명을 참수하거나 사로잡고, 가축 5만여 마리를 빼앗았다.

시원 6년(B.C. 81년) 봄 정월, 황제가 상림원에서 적전례籍田禮를 거행했다.

2월, 담당 관리에게 조칙을 내려 군국郡國이 추천한 현량,

>자와 용모가 비슷한 것을 이용해 부귀를 도모하려는 음모였음이 드러나 요참형을 당했다.

문학文學과 백성이 힘들어하는 것을 물어보게 했다. 조정에서 염철관鹽鐵官과 각고관榷酤官[166] 폐지를 의논했다. 이중감移中監 소무蘇武가 전에 흉노에 사신으로 갔다가 선우의 궁에 19년간 억류됐다가 돌아왔는데, 한의 사신으로서 절개를 지켰으므로 소무를 전속국에 임명하고 백만 전을 하사했다.

여름, 가뭄이 들자 기우제를 크게 지내고 불을 쓰지 못하게 했다.

가을 7월, 각고관을 폐지하고 나서 백성에게 법률에 근거해 세금을 신고하게 했는데, 술 1되에 4전을 넘지 못하도록 했다. 변경 지역은 땅이 넓고 멀어 천수天水, 농서隴西, 장액張掖군에서 현을 두 개씩 떼어 금성군金城郡을 설치했다.

조칙을 내렸다.

"구정후鉤町侯 무파毋波는 부락 원로와 백성을 거느리고 반역자를 공격했고, 적을 참수하고 사로잡는 데 공을 세웠다. 무파를 구정왕에 세우겠다. 대홍려 전광명은 군대를 이끌어 공을 세웠으니 관내후 작과 식읍을 하사하겠다."

---

166 술의 전매를 담당하던 관리. 각주榷酒는 한나라 이후 역대 정부에서 시행된 술 전매 제도로 일체 술과 관련된 일을 단속하고 이익을 취하는 조치를 말한다. 천한天漢 3년(B.C. 98년)에 이 제도를 시행해 술의 생산과 판매를 독점했다. 후대에는 이 제도를 따라, 정부에서 전매하거나, 고호酤戶나 고사酤肆에 대해 주세를 징수하거나, 각주전權酒錢을 균등하게 분배해서 묘畝별로 징수하는 등 정부의 재정 수입을 증가시켰다.

원봉元鳳 원년(B.C. 80년) 봄, 장공주가 궁중에서 어린 황제를 받든 노고를 치하해, 남전藍田 땅을 장공주의 탕목읍으로 더해 줬다. 사수泗水 대왕戴王이 전에 죽었는데 후사가 없어서 나라가 폐지됐다. 후궁의 유복자 난煖이 있었지만, 사수의 상相과 내사內史가 이를 보고하지 않았다. 황제가 듣고 가엽게 여겨서 난을 사수왕에 세웠다. 상과 내사는 모두 하옥시켰다.

3월, 군국에서 선발된 관리로서 의로운 행동을 한 탁군涿郡의 한복韓福 등 다섯 명에게 비단 50필씩을 하사하고 고향으로 보냈다. 조칙을 내렸다.

"짐은 이들이 관직 일로 고생하는 것이 몹시 안타깝다. 효제를 권장하여 향리를 교화하도록 하라. 매년 정월에 양고기와 술을 내리도록 군현郡縣에 영을 내리노라. 이들이 죽으면 수의 한 벌을 내리고 양과 돼지를 써서 중뢰中牢로 제사를 지내도록 하라."

무도군武都郡의 저氐 부족이 반란을 일으켰다. 삼보, 태상에서 복역 중인 형도刑徒의 형을 면해 주고, 집금오執金吾 마적건馬適建, 용액후龍額侯 한증韓增, 대홍려 전광명에게 이들을 거느리고 공격하게 했다.

여름 6월, 천하에 사면령을 내렸다.

가을 7월 을해일 그믐, 개기일식이 일어났다.

8월, 연호를 시원始元에서 원봉元鳳으로 고쳤다.

9월, 악읍장공주鄂邑長公主, 연왕燕王 유단劉旦이 좌장군 상관걸과 아들 표기장군 상관안上官安 그리고 어사대부 상홍양桑弘羊과 함께 반란을 모의했다가 모두 사형당했다. 이전에, 상관걸과 상관안이 대장군 곽광과 권력을 다투다가, 곽광을 해치려고 연왕 단旦의 상소문인 것처럼 꾸며서 곽광의 죄를 성토했다. 이때 소제는 열네 살이었지만 거짓임을 알아차렸다. 이후에도 곽광을 참소할 때마다 소제는 "대장군은 국가의 충신인 데다 선제께서도 나를 돌보라고 부탁하셨다. 대장군을 헐뜯으면 처벌하겠다."라며 화를 내서 곽광도 충성을 바칠 수 있었다. 이 이야기는 「연왕전燕王傳」과 「곽광전霍光傳」에 실려 있다.

겨울 10월, 조칙을 내렸다.

"좌장군 안양후 상관걸, 표기장군 상락후 상관안, 어사대부 상홍양은 자주 간사한 주장으로 국사에 간여했다. 대장군이 반대하자 원망하면서 연왕과 역마로 오가며 반역을 공모했다. 연왕은 수서장壽西長과 손종지孫縱之 등을 보내, 장공주와 정외인丁外人, 알자 두연년杜延年, 대장군 장사長史 공손유公孫遺 등에게 뇌물을 주고 몰래 서신을 교환하며, 장공주에게 주연을 베풀게 하고 복병을 숨겨 두었다가 대장군 광을 살해한 다음 자신을 불러 천자로 삼도록 공모했다. 참으로 대역무도하다. 이들의 음모를 도전사稻田使를 지낸 연창燕倉이 발각하여 대사농 양창楊敞에게 보고했고, 양창은 간대부간大夫[167] 두연년杜延年[168]에게 알려, 두연년이 이 일을 나에게 보고했다. 승상 징사徵事 임궁任宮이 직접 상관걸을 체포하여 참수했고, 승사 소사少史 왕수王壽가 상관안을 속여서 승상부에 출두하도록 했는데, 이 두 사람을 처형하고서야 관리와 백성이 안심했다. 두연년, 양창, 임궁, 왕수를 열후에 봉하노라."

이어 다시 조칙을 내렸다.

"연왕이 실성하여 제왕齊王의 아들 유택劉澤 등과 역모를 꾀했을 때, 조정은 이 일을 덮고 추궁하지 않으면서 반성하고 깨우치기를 바랐지만, 지금 또 그는 장공주와 좌장군 상관걸 등과 나라에 위해를 입히려 모의했다. 연왕과 공주가 죄를 털어놓고 처벌을 받았으니, 연왕의 태자 건建과 장공주의 아들 문신文信 그리고 종실의 자제로서 연왕, 상관걸 등과 함께 모반에 연루된 형제들은 용서하되 면직해서 서인으로 강등시키겠다. 상관걸 모반 사건에 연루됐으나 죄상이 밝혀지지 않아 아직 체포되지 않은 관리는 죄를 묻지 않겠다."

원봉 2년(B.C. 79년) 여름 4월, 황제가 건장궁에서 미앙궁으로 거처를 옮기고 주연을 크게 베풀었다. 낭관郎官과 시종

---

[167] 왕의 자문 역할을 수행하며 국가의 중대사 회의에 참여했다. 대부분 이름난 학자나 덕망 있는 사람이 맡았다.
[168] 위의 알자 두연년과는 다른 인물이다.

관侍從官에게 비단을 하사하고, 종실의 자제에게 각각 20만 전을 하사했다. 관리와 백성으로 소와 술을 바친 자에게 비단 한 필씩 하사했다.

6월, 천하에 사면령을 내렸다. 이어 조칙을 내렸다.

"짐이 가난한 백성을 염려하여, 작년에 조운하는 곡식 3백만 석을 감해 주었다. 수레 끄는 말과 상림원 말을 대폭 줄여서 변방 군과 삼보의 역마驛馬에 보충하라. 군국은 올해 마구전馬口錢[169]을 거두지 말고, 삼보와 태상 관할 군은 곡식[菽粟]으로 세금을 내도록 영을 내리노라."

원봉 3년(B.C. 78년) 봄 정월, 태산의 큰 바위가 절로 섰고, 상림원에서는 말라 죽었던 버드나무가 다시 살아났다. 중모원中牟苑에서 빈민에게 거둬들이던 세금을 폐지했다. 조칙을 내렸다.

"백성이 얼마 전 물난리를 만나 양식이 모자란다고 하니, 짐이 곡식 창고를 열어 가난한 백성을 구제하겠다. 내년에는 곡물을 받지 않겠으니 조운漕運하지 말라. 이전에 빌려주었던 돈이나 곡식, 변방의 각 군읍에서 백성에게 빌려준 경작용 소에 대해서는 승상과 어사대부가 요청하지 않으면 이자를 거두지 않겠다."

여름 4월, 소부少府 서인徐仁, 정위 왕평王平, 좌풍익左馮翊

---

169 한나라 때 말에 부과한 세금.

가승호賈勝胡가 모두 반역자를 풀어 준 일에 연좌됐다. 서인은 자살했고, 왕평과 가승호는 요참형에 처해졌다.

겨울, 요동의 오환烏桓이 반란을 일으켰다. 조정은 중랑장中郎將 범명우范明友를 도료度遼장군에 임명해 북쪽 변방 일곱 개 군에서 각각 기병 2천을 징발해서 공격했다.

원봉 4년(B.C. 77년) 봄 정월 정해일, 황제가 관례冠禮를 거행하고 고묘에 제사 지냈다. 제후왕, 승상, 대장군, 열후, 종실 이하 관리와 백성에 이르기까지 금과 비단, 소고기, 술을 각각 차등을 두어 하사했다. 중이천석 이하 천하 백성에게 작爵을 내렸다. 원봉 4년과 5년에 구부전口賦錢[170]을 거두지 말도록 했다. 원봉 3년 이전 미납된 수자리세[171]는 추징하지 않도록 했다. 천하에 영을 내려 닷새간 잔치를 열게 했다. 갑술일, 승상 전천추田千秋가 죽었다.

여름 4월, 조칙을 내렸다.

"도료장군 범명우는 전에 강기교위羌騎校尉로 강족의 왕후

---

[170] 고대에 모든 사람에게 거둬들인 세금. 진나라 때 시작됐다. 한나라 때에는 7세에서 14세까지 각자 매년 20전을 천자에게 바쳤는데 이를 구부口賦라 했다. 한 무제 때는 23전까지 받아 전쟁용 수레와 말을 위한 비용에 충당했다.

[171] 한대 백성은 모두 1년에 사흘간 '수자리' 근무를 서야 했다. 관부는 사람을 고용해 수자리 근무를 서게 했는데, 수자리 근무를 설 수 없는 사람에게는 대신 돈을 내게 했다. 이것이 '수자리세'이다. 안사고 주석에 따르면 당시 수자리세는 월 2천 전이었다고 한다.

와 군장 등을 거느리고 익주益州 반란을 평정했고, 또 이들을 거느리고 무도에서 반란을 일으킨 저 부족을 공격했다. 지금 오환을 격파하여 적을 죽이고 사로잡았으니 공을 세웠다. 범명우를 평륙후에 봉하노라. 평락감平樂監 부개자傅介子는 부절을 가지고 가서 누란왕樓蘭王 안安을 죽였고, 그 목을 가지고 돌아와 북궐에 걸었으니, 의양후義陽侯에 봉하노라."

5월 정축일, 효문묘孝文廟[172] 정전에 불이 났다. 황제와 군신이 모두 소복으로 갈아입었다. 중이천석 관리를 보내 오교五校[173]의 군사를 거느리고 수리하게 했고, 엿새 만에 본디 모습을 찾았다. 태상과 묘를 관리하는 영令, 승丞, 낭郎, 리吏가 모두 대불경죄大不敬罪[174]로 탄핵됐는데, 마침 사면령이 내렸다. 다만 태상太常 요양후轑陽侯 강덕江德은 작위를 빼앗고 서인으로 강등시켰다.

6월, 천하에 사면령을 내렸다.

원봉 5년(B.C. 76년) 봄 정월, 광릉왕廣陵王이 조회하러 오자, 1만 1천 호를 더해 주고, 돈 2천만 전, 황금 2백 근, 검 두 자루, 안거 한 승, 말 여덟 필을 하사했다.

여름, 크게 가뭄이 들었다.

---

172 한 문제 유항劉恒의 묘.
173 보병步兵, 둔기屯騎, 장수長水, 월기越騎, 사성射聲 등 오교위五校尉를 말한다.
174 열 가지 큰 죄인 '십악대죄' 중의 하나. 조상을 업신여기거나 제왕의 존엄과 안전을 범한 언행을 일컫는다.

6월, 삼보와 군국의 불량배와 죄를 짓고 도망간 관리를 요동에 보내 둔전하게 했다.

가을, 상군象郡을 폐지하고, 나눠서 울림군鬱林郡, 장가군牂柯郡에 편입시켰다.

겨울 11월, 큰 벼락이 쳤다.

12월 경술일, 승상 왕흔王訢이 죽었다.

원봉 6년(B.C. 75년) 봄 정월, 노역형에 복역 중인 죄수를 군국에서 모집해 요동에 현토성을 쌓게 했다.

여름, 천하에 사면령을 내렸다. 조칙을 내렸다.

"곡식 가격이 너무 싸면 농민이 파산한다. 지금 삼보, 태상이 보유한 곡식의 가격이 떨어졌으니, 곡식으로 올해 세금을 내게 하겠다."

우장군 장안세張安世가 궁궐 숙위 직무를 잘 수행해 부평후富平侯에 봉해졌다. 오환이 다시 변경을 침범하자, 도료장군 범명우를 보내 공격하게 했다.

원평元平 원년(B.C. 74년) 봄 2월, 조칙을 내렸다.

"농사짓고 누에 치는 것이 천하의 근본이다. 얼마 전에 궁궐 지출을 줄이고, 급하지 않은 관직을 없애고, 요역徭役 징발을 줄였는데, 농사짓고 누에 치는 백성이 늘어나기는 했으나 여전히 형편이 부족하다고 하니 몹시 안타깝다. 구부

전을 줄이겠다."

담당 관리가 10분의 3으로 줄이자고 청하자 황제가 허락했다. 갑신일, 새벽에 유성이 떨어졌는데 달만큼 컸다. 많은 별이 유성을 따라 서쪽으로 떨어졌다.

여름 4월 계미일, 황제가 미앙궁에서 죽었다[崩][175].

6월 임신일, 평릉平陵에 장사 지냈다.

[찬贊]: 옛날 주나라 성왕成王이 어린 나이에 왕위를 계승하자, 관숙管叔과 채숙蔡叔을 비롯한 네 나라가 유언비어를 퍼뜨렸다. 소제 역시 어린 나이로 즉위하자 연왕, 개장공주, 상관걸이 반란을 모의했다. 주 성왕은 주공周公을 의심하지 않았고, 소제는 곽광에게 정사를 맡겨서, 모두 그 시대에 명성을 얻었으니 훌륭하다. 무제가 사치하고 군대를 자주 일으켜, 국고國庫는 비고 인구는 절반이 줄었지만, 곽광이 긴급히 해야 할 일을 잘 알아서 요역과 세금을 낮추고 백성을 소생하게 했다. 또 시원~원봉 연간에 흉노를 잘 구슬려 화친을 맺자 백성이 더욱 안정되고 넉넉해졌다. 현량, 문학을 천거하게 하고, 백성의 고충을 들었으며, 소금과 철 전매에 대해 의논하고 각고관을 폐지했으니, '소昭'라는 존호가 걸맞지 않은가.

---

[175] 소제는 8세에 즉위해 이듬해에 개원했고, 개원하고 13년을 재위해서 21세에 죽었다.

8

선제기

宣帝紀

효선황제孝宣皇帝는 무제의 증손이며, 여태자戾太子의 손자이다. 여태자는 사씨를 양제로 맞아 사씨에게서 황손을 얻었고, 황손은 왕씨 부인과 혼인해 선제를 낳았고 황증손이라 불렀다. 태어나서 몇 개월 후에 무고 사건에 연루되어 태자, 사양제, 황손, 왕부인 모두 죽었다. 자세한 내용은 「여태자전」에 실었다. 증손은 강보에 싸인 어린 아기였지만 죄에 연좌되어 군저옥郡邸獄[176]에 갇혔다. 하지만 정위감 병길이 군저郡邸에서 무고 사건을 처리하다가 죄 없는 증손을 불쌍히 여겼다. 노역형[177]을 받은 여자 죄수인 회양淮陽 출신 조징경趙徵卿, 위성渭城 출신 호조胡組에게 번갈아 젖을 먹이게 하고, 몰래 옷과 음식을 챙기는 등 지극히 보살폈다.

176 한나라 때 제후왕이나 군수郡守, 각 군국郡國에서 수도 장안에 두었던 관사인 군저郡邸에 임시로 설치했던 감옥. 각국의 제후나 소수 민족의 일을 처리하던 대홍려의 소속이었다고 한다.
177 원문은 '복작復作'으로 되어 있다. '복작'은 가벼운 죄를 범한 경우, 형을 주거나 형구를 씌우는 대신 관청에서 노역하게 하는 벌을 말한다. 남성은 변경에 보내 성을 쌓게 했고, 여성의 경우 관청에서 노역하게 했다. 복역 기간은 남성과 여성이 모두 1년이었다.

몇 년이 지났으나 무고 사건이 마무리되지 않았다. 후원 2년(B.C. 87년)에 무제가 병에 걸려 장양궁과 오작궁을 왕래했는데, 운기를 살펴 길흉을 점치는 사람이 수도 장안 옥長安獄에 천자 기운이 있다고 했다. 황제는 장안의 각 관부에 설치된 옥에 사자를 보내 죄의 경중을 막론하고 수감된 자들을 모두 죽였다. 내알자[178]가 곽양郭穰을 밤에 군저옥에 보냈으나 병길이 문을 닫고 버텨서 들어가지 못했고, 증손은 병길 덕분에 목숨을 건졌다. 얼마 후 대사면령이 내려오자, 병길은 증손을 수레에 태워 할머니 사양제史良娣 집으로 보냈다. 자세한 내용은 (「열전」의) 「병길전」과 「외척전」에 실려 있다.

그 후 조칙을 내려 액정掖庭 소속 비빈이 돌보게 했고, 황제는 종정에게 황실 호적에 올리게 했다. 이때 예전에 여태자를 모셨던 액정령 장하張賀는 옛 은혜를 생각해 증손을 불쌍히 여기고 봉양에 정성을 다했으며 사비로 증손을 교육시켰다. 그가 성장하자 폭실색부暴室嗇夫[179] 허광한廣漢女의 딸과 혼인하게 했다. 증손은 광한 형제와 할머니 사씨 집안에 의지해 살았다. 동해 복중옹復中翁에게서 『시경』을 배웠다. 재주가 뛰어나고 공부를 좋아했으나 한편으로 유협游俠을 좋

---

178 천자의 유시를 전달하거나 통보하는 일을 담당했다. 보통 환관이 담당했다.
179 폭실暴室의 관리를 말한다. 폭실은 궁중에서 포목을 물들이고 짜는 일을 담당하는 관서이다. 햇볕에 쬐는 일이 필요했으므로 폭실이라고 했다.

아했고, 투계鬪鷄와 경마를 하면서 자연히 마을의 흉사나 관리의 은밀한 사정에 대해 잘 알게 되었다. 조상의 능묘를 여러 차례 찾아보고 삼보 지역을 두루 다녔는데, 연작현 노중鹵中 땅에서 사람들에게 곤란을 겪기도 했다. 그는 두현과 우현 사이 지역을 특히 좋아해 대부분 하두下杜에 머물렀다. 때가 되면 종실 어른을 따라 조정에 문안 인사를 드리러 갔는데 이때는 장안 상관리尚冠里에서 묵었다. 발바닥에도 털이 많았고, 누웠을 때 몸에서 빛이 자주 났다. 전병을 살 때마다 가게 주인이 많이 줘서 자신도 이상하게 여겼다.

원평 원년(B.C. 74년) 4월, 소제가 죽고 후사가 없었다. 대장군 곽광은 황후에게 창읍왕을 부르도록 청했다.

6월 병인일에 창읍왕은 황제의 옥새를 받았고, 황후는 황태후로 높여 불렀다. 계사일에 곽광은 창읍왕 유하가 도덕적으로 문제가 있다고 황태후에게 보고하고 폐위를 청했다. 자세한 것은 「유하전」과 「곽광전」에 실려 있다.

가을 7월, 곽광이 조정에서 논의해 결정된 사항을 황태후에게 보고했다.

"예에 따르면, 사람의 도리는 부모를 잘 모시는 데서 시작하며, 부모를 잘 모시게 되면 직계 조상을 높이고, 조상을 높일 줄 알면 종가宗家도 공경하게 됩니다. 적통이 후사를 잇지 못하면 방계 자손 가운데 뛰어난 자를 뽑아 계승하게 합니다. 효무황제의 증손 병이는 조칙에 따라 액정이 보살펴 왔고, 올해 열여덟 살이 됐습니다.『시경』,『논어』,『효경』을 배웠고, 검소하고 자애로워서 효소황제를 이어 조상을 받들고 백성을 자식처럼 돌볼 수 있습니다."

황태후가 윤허했다.

종정 유덕을 상관리 증손 집으로 보내 먼저 목욕을 하게 한 후 어부御府의 의관을 갖춰 입게 했다. 태복은 가벼운 영엽거輧獵車[180]를 몰고 나가서 증손을 맞이해 종정부에서 재계하게 했다. 경신일에 미앙궁에 들어가 황태후를 알현했고, 황태후는 양무후에 책봉했다. 그러고 나서 신하들은 옥새를 바쳤고, 바로 황제위에 즉위했으며 고묘에 가서 알리고 제사 지냈다.

8월 기사일, 승상 양창이 죽었다.

9월, 천하에 대사면령을 내렸다.

11월 임자일, 허씨를 황후로 세웠다. 제후왕 이하 관리와 백성, 홀아비, 과부, 고아, 독거노인에게 등급에 따라 금전을 하사했다. 황태후는 장락궁으로 돌아갔다. 처음으로 둔위를 설치했다.

본시 원년(B.C. 73년) 봄 정월, 군과 국의 관리와 백성 가운데 재산 백만 전 이상인 자를 모집해 평릉平陵으로 이주시켰

---

180 작고 가벼운 수레.

다. 부절을 지닌 사신을 각 군과 국 이천석에게 보내 백성을 잘 이끌고 교화에 힘쓰도록 조칙을 내렸다. 대장군 곽광이 머리를 조아리며 사임하려 하자 황제가 자신을 낮추며 나랏일을 위임했다. 황제를 세운 공훈을 따져서 대장군 곽광에게 1만 7천 호를 더해 줬고, 거기장군 광록훈 부평후 장안세에게는 1만 호를 더해 줬다. 조칙을 내렸다.

"죽은 승상 안평후安平侯 양창 등은 관직에 있으면서 직분을 다했고, 대장군 곽광, 거기장군 장안세와 함께 황제를 세우자고 건의해서 종묘를 안정시켰으나 상이 내리기 전에 죽었다. 양창 아들 양충楊忠과 승상 양평후 채의, 도료장군 평릉후 범명우, 전장군 용락후 한증韓增, 태복 건평후 두연년, 태상 포후 소창蘇昌, 간대부 의춘후 왕담王譚, 당도후 평平, 두후 도기당屠耆堂, 장신소부 관내후 하후승夏侯勝 등에게는 등급에 맞게 봉읍 호수를 더해 주도록 하라. 어사대부 전광명은 창수후, 후장군 조충국趙充國은 영평후, 대사농 전연년田延年은 양성후, 소부 악성樂成은 원지후, 광록대부 왕천王遷은 평구후에 봉한다. 우부풍 주덕周德, 전속국 소무蘇武, 정위 이광李光, 종정 유덕劉德, 대홍려 위현韋賢, 첨사 송기宋畸, 광록대부 병길丙吉, 경보도위 조광한趙廣漢에게는 관내후 작위를 내린다. 유덕과 소무에게는 식읍을 하사한다."

여름 4월 경오일에 지진이 났다. 관내 군과 국에 문학文學, 경학에 뛰어난 인재 한 명씩 추천하라는 조칙을 내렸다.

5월, 봉황이 교동과 천승에 날아들었다. 천하에 사면령을 내렸다. 이천석, 제후상, 아래로 중도관, 환리, 육백석에게 각각 등급에 따라 작위를 내렸는데, 제15작 좌경부터 제9작 오대부까지 등급에 맞게 작을 하사했다. 천하 백성에게 작 1급씩, 효자에게는 특별히 2급을 내렸고, 1백 호마다 소고기와 술을 아낙에게 하사해 잔치를 벌이도록 했다. 세금을 거두지 않았다.

6월, 조칙을 내렸다.

"돌아가신 황태자는 호현湖縣에 묻혔지만, 아직 시호가 없다. 계절마다 제사를 지내고, 시호는 의논해서 정하라. 원읍園邑(능지기 마을)을 설치하겠다."

자세한 것은 「여태자전」에 실려 있다.

가을 7월, 연 날왕剌王의 태자 유건을 광양왕에, 광릉왕 유서의 작은아들 유홍을 고밀왕에 세우라는 조칙을 내렸다.

본시 2년(B.C. 72년) 봄, 황실이 소유한 수형전水衡錢으로 평릉을 수리하고, 이주한 백성이 살 집을 지었다. 대사농 양성후 전연년이 죄를 지어 자살했다.

여름 5월, 조칙을 내렸다.

"짐은 보잘것없는 몸으로 조상의 뜻을 받들고, 밤낮으로 오직 효무황제께서 직접 실천하신 인의仁義만을 생각했다. 뛰어난 장수를 뽑고, 복종하지 않으면 토벌하자, 흉노는 멀리 달아났고, 저·강·곤명·남월을 평정하자 여러 야만 부족이 교화를 바라며 변방 관문을 두드리고 들어와 복종했다. 태학을 세우고, 천지 제사를 정비했으며, 역법을 정하고, 음률을 맞췄다. 또 태산에서 봉선 의식을 행하고, 선방 둑을 막았더니 좋은 징조가 때에 맞게 나타나고, 보배로운 솥[鼎]이 나왔으며, 흰 기린을 잡았다. 공덕이 너무나 융성하여 이루 다 말로 할 수 없을 정도인데도 무제 묘에서 연주하는 음악은 그 공덕과 어울리지 않으니 논의하여 보고하라."

담당 관리가 존호를 격상해야 한다고 청했다.

6월 경오일, 효무묘를 높여 세종묘世宗廟라고 칭하고, 성덕, 문시, 오행의 무곡舞曲을 연주했으며, 대대로 천자가 몸소 제사를 올리도록 했다. 무제가 순행한 군과 국에는 무제의 묘를 세웠다. 백성에게 작 1급씩 내리고, 여성에게는 1백 호마다 소고기와 술을 하사했다.

흉노가 변경을 여러 차례 침입하면서 또 서쪽으로는 오손을 공격했다. 오손 곤미昆彌와 공주는 한의 사신 편에 소식을 전해 왔는데, 정예병으로 흉노를 공격해 주기를 청했고, 또 오손을 불쌍히 여겨 파병해 공주를 도와달라고 했다. 가을 함곡관 동쪽 지역의 가벼운 전차와 정예 병사를 선발하고 각 군과 국의 삼백석 관리 가운데 건장하고 기마와 활쏘기 훈련이 잘된 자를 뽑아 모두 종군시켰다. 어사대부 전광명은 기련장군, 후장군 조충국은 포류장군, 운중 태수 전순田

順은 호아장군에 임명하고 거기에 도료장군 범명우, 전장군 한증 등 모두 장군 다섯이 15만 기병을 이끌었고, 교위 상혜는 부절을 지니고 가서 오손 부대를 호위하며 함께 흉노를 공격하기로 했다.

본시 3년(B.C. 71년) 봄 정월 계해일에 황후 허씨가 죽었다. 무진일에는 장군 다섯이 장안을 출발했다.

여름 5월, 전쟁이 끝났다. 기련장군 전광명은 전장에서 나가지 않고 머문 죄, 호아장군 전순은 노획을 더 많이 한 죄를 지었다. 담당 관리에게 넘기자 모두 자살했다. 교위 상혜常惠는 오손 군대를 이끌고 흉노 오른쪽 지역으로 들어가 크게 승리하고 열후에 책봉됐다. 큰 가뭄이 들었다. 군과 국의 피해가 심해 백성의 세금을 면제해 줬다. 삼보 백성 가운데 가난해진 자도 세금과 노역을 본시 4년까지 면제해 줬다.

6월 기축일, 승상 채의가 죽었다.

본시 4년(B.C. 70년) 봄 정월, 조칙을 내렸다.

"농사는 덕을 베푸는 근본인데, 올해는 수확이 좋지 않아 사신을 보내 빈곤한 백성을 구제했다. 또 태관은 반찬 가지 수를 줄이도록 하라. 희생 가축도 줄이며, 악부 악사를 감원하고 고향으로 돌려보내 농사짓도록 하라. 승상 이하 도관都官의 령令과 승丞까지 들어온 곡식의 양을 보고하고 장안의

창倉으로 보내 빈민 구제를 돕도록 하라. 수레나 선박으로 곡식을 싣고 오는 백성은 전부(傳符, 통행증) 없이 함곡관으로 들어올 수 있도록 하라."

3월 을묘일, 곽씨를 황후로 세웠다. 승상 이하 낭리종관郎吏從官까지 황금, 돈, 비단을 등급에 맞게 하사하고 천하에 사면령을 내렸다.

여름 4월 임인일, 군과 국 49곳에 지진이 나서 산이 무너지기도 하고 땅이 갈라져 물이 치솟기도 했다. 조칙을 내렸다.

"자연재해는 천지가 보내는 경고이다. 짐은 나라를 이어받았고 종묘를 받들며 관원과 백성 위에 있으면서도 백성이 편하게 하지 못했다. 얼마 전에는 북해와 낭야에 지진이 나서 조종의 묘가 무너져 짐은 너무나 걱정스럽다. 승상, 어사는 열후, 중이천석과 함께 경학에 밝은 학자에게 널리 자문하고, 변고에 대응할 방법을 찾아 짐이 부족한 점을 꺼리지 말고 보좌하도록 하라. 삼보, 태상 및 군과 국은 현량과와 방정과 각 한 명씩 추천하도록 하라. 만약 어떤 율령을 폐지하여 백성이 잘 살 수 있다면 하나도 남김없이 보고하라. 지진 피해가 심한 백성은 세금을 면제해 주겠다."

천하에 대사면령을 내렸다. 황제는 종묘가 무너져서 소복을 입었고, 닷새 동안 정전에서 대신을 만나지 않았다.

5월, 봉황이 북해군 안구安丘현과 순우淳于현에 날아들었다.

가을, 광천왕 유길劉吉이 죄를 지어 폐위되고 상용上庸으로 유배되자 자살했다.

지절 원년(B.C. 69년) 봄 정월, 서쪽에 혜성이 나타났다.

3월, 군과 국의 빈민에게 농지를 빌려줬다.

여름 6월, 조칙을 내렸다.

"요임금은 친족을 가까이하여 모든 나라가 화목하게 했다. 짐은 선조의 덕을 입고 왕위를 이어받았으니, 생각건대 종실 가운데 아직 족보에는 있지만, 죄를 지어 관계가 끊어진 친족이 있을 것이다. 만약 훌륭한 인재가 있다든가, 잘못된 행동을 바로잡고 올바르게 살려는 종친이 있다면 종실의 자격을 회복시켜 주어 새롭게 살아갈 수 있도록 하라."

겨울 11월, 초왕 유연수劉延壽가 반란을 모의했다가 자살했다.

12월 계해일 그믐에 일식이 있었다.

지절 2년(B.C. 68년) 봄 3월 경오일에 대사마 대장군 곽광이 죽었다. 조칙을 내렸다.

"대사마 대장군 박륙후는 효무황제를 30여 년 동안 호위했고, 효소황제를 10여 년 동안 보좌했다. 나라에 큰 어려움이 있을 때 몸소 솔선하고 삼공·제후·구경·대부와 적절한 대책을 세워 종묘를 안정시켰다. 모든 백성이 덕분에 편안하게 살았으니 그 공덕이 정말로 크다. 그 후손의 조세와 부역을 면제하고, 작위와 식읍을 그대로 두며 대대로 간섭하지 않도록 하라. 그 공훈은 소하蕭何와 같다."

여름 4월, 봉황이 노군魯郡에 날아들었고, 새 떼가 따라왔다. 천하에 대사면령을 내렸다.

5월, 광록대부 평구후 왕천이 죄를 지어 감옥에서 죽었다. 선제가 직접 정치를 시작했고, 또 대장군의 공덕에 대한 보답으로 곽광 형의 손자 악평후 곽산에게 다시 영상서사領尙書事[181]를 맡겼다. 한편 여러 신하에게 직접 보고하도록 해서 백성의 실정을 알 수 있도록 했다. 닷새마다 국사를 청취했는데, 승상 이하는 각자 맡은 일에 대해 보고하고 거기에 자신의 의견을 덧붙이게 했으며 그것으로 공적과 능력을 평가하려고 했다. 시중과 상서의 공로가 승진시켜 줄 만하거나 특별한 공적을 세운 사람에게는 상을 더 후하게 내렸고, 그들의 자손에게도 끝까지 바꾸지 않았다. 조정의 주요 부문과 직위는 빈틈이 없었고 품계와 격식이 완비되어서 위아래 모두 안정감 있게 직무를 수행하고 적당히 하려는 사람이 없었다.

---

181 관직 이름. 영상서사領尙書事는 대신으로서 상서를 겸한다는 뜻이다. 한대에는 다른 관官은 겸하면서 직職은 겸하지 않는 것을 령領이라고 했다. 한 무제 때 상서가 황제의 직속 관직이 됐다. 한 소제 때는 군주가 나이가 어려 곽광이 천자의 일을 대행했는데, 상서를 겸한다는 명분으로 상서를 통제했으니 한나라 때 영상서사는 이때부터 시작됐다. 이후로 권력을 가진 중신들은 모두 이 선례를 따라 상서의 일을 겸했다.

지절 3년(B.C. 67년) 봄 3월, 조칙을 내렸다.

"공을 세웠어도 상을 내리지 않고, 죄를 지었는데도 벌하지 않으면, 요순이라 해도 세상을 교화하지 못한다. 지금 교동의 국상國相 성成은 백성의 수고를 위로하고 근면하여, 떠돌아다니던 백성 8만여 명이 새로 호적에 등록했다고 하니 참으로 잘 다스렸다. 성成의 녹봉을 중이천석으로 하고, 관내후 작위를 하사한다."

조칙을 통해 또 다음과 같이 말했다.

"홀아비, 과부, 고아, 독거노인, 고령이거나 빈곤한 백성을 짐은 불쌍히 여긴다. 예전에 공전, 종자, 양식을 빌려주라고 조칙을 내렸다. 이제 거기에 더하여 홀아비, 과부, 고아, 독거노인, 고령의 노인에게 비단을 내린다. 이천석은 책임지고 관리들에게 지시해 가난한 백성을 잘 돌보게 하고, 백성이 생업을 잃는 일이 없도록 하라."

관내의 군과 국에 백성과 친근하게 지낼 현량과, 방정과 인재를 추천하라는 명령을 내렸다.

여름 4월 무신일, 황태자를 세우고, 천하에 대사면령을 내렸다. 어사대부에게는 관내후 작을, 중이천석에게는 우서장 작을 하사했고, 집안 제사를 모시는 자에게 작 1급씩 내렸다. 광릉왕에게는 황금 1천 근, 제후왕 15명에게는 황금 각 1백 근, 자기 나라에 있는 열후 87명에게는 황금 각 20근을 하사했다.

겨울 10월, 조칙을 내렸다.

"지난 9월 임신일, 지진이 일어나서 짐은 걱정이 많았다. 짐의 과실을 경계시켜 주거나 현량과 방정 중에 간언諫言으로 짐의 부족을 바로잡아 줄 사람이 있으면 직무에 관계없이 꺼리지 말고 말하도록 하라. 짐이 부덕하여 이민족을 포용하지 못하고 변경의 군영을 계속 지켜야 했다. 게다가 이제 또다시 병사를 징발하여 변경 수비를 강화한다면 백성을 오래도록 고생시키는 것일 뿐 천하를 편안하게 하는 방법은 아니다. 거기장군과 우장군의 변경 수비 부대를 해산하도록 하라."

또 조칙을 내렸다.

"황실 소유의 물고기 기르는 곳과 새 기르는 곳 가운데 오랫동안 사용되지 않은 곳은 빈민에게 빌려주도록 하라. 각 군과 국의 궁궐과 관청은 더는 수리하지 않도록 하라. 떠돌다 돌아온 백성에게 공전뿐만 아니라 종자와 양식을 빌려주고 세금과 노역을 면제해 주도록 하라."

11월, 조칙을 내렸다.

"짐은 생각이 두루 미치지 못하고 백성을 이끄는 방법도 잘 몰라서, 밤에도 잠 못 들고 새벽같이 일어나서 나랏일만 생각하며 백성을 잊은 적이 없다. 선제의 성덕에 누가 될까 현량과 방정을 선발하고 백성과 가까이하기를 노력하여 오늘에까지 이르렀는데도, 풍속의 교화가 부족한 것 같다.『논어』에 '부모에게 효도하고 어른을 공경하는 것이 인仁을 실천하는 근본이다!'[182]라고 했다. 군과 국에 명령을 내려 부모에게 효도하고 어른을 공경하며, 행동이 올바르다고 알려진 사람 한 명씩 추천하게 하라."

12월, 정위평 네 명을 두었고, 녹봉은 육백 석이었다. 문산군을 폐지하고 촉군에 편입시켰다.

지절 4년(B.C. 66년) 봄 2월, 외조모를 박평군博平君에, 찬후 소하의 증손 소건세蕭建世를 후侯에 책봉했다. 조칙을 내렸다.

"백성에게 효도를 권장하면 천하가 잘 따른다. 그런데 지금 백성은 상을 당해도 관리들은 부역을 보내어 자식 도리를 다하지 못하니 짐은 안타깝다. 지금부터 조부모나 부모 상을 당하면 부역을 보내지 말고 장례를 치러 자식 도리를 다하게 하라."

여름 5월, 조칙을 내렸다.

"부자와 부부 사이의 도리는 천륜이다. 재앙을 당하더라도 죽음을 무릅쓰고 지켜야 한다. 진정으로 아끼는 마음이 가장 지극한 인仁이니, 어떻게 어길 수 있겠는가! 지금부터 자식이 부모의 죄를, 아내가 남편의 죄를, 손자가 조부모의 죄를 숨겨 준 것은 모두 처벌하지 않도록 하라. 부모가 자식의 죄를, 남편이 아내의 죄를, 조부모가 손자의 죄를 숨겨 주

---

[182] 『논어』「학이學而」.

었을 때 그 죄가 사형에 해당된다면 모두 정위廷尉에게 알려 짐에게 보고하도록 하라."

광천혜왕廣川惠王의 손자 유문을 광천왕으로 세웠다.

가을 7월, 대사마 곽우가 반란을 모의했다. 조칙을 내렸다.

"최근에 동직실영사[183] 장사가 위군의 호족 이경이 관양후 곽운霍雲과 반란을 모의했다고 보고했는데, 짐은 그가 대장 군이어서 마음을 고쳐먹었으면 했다. 그런데 지금 대사마 박육후 곽우가 모친 선성후 부인 현顯, 사촌 형제 관양후 곽운, 악평후 곽산, 그리고 도료장군 범명우, 장신소부 등광한, 중랑장 임승, 기도위 조평, 장안 남자 풍은 등의 자형이나 매제와 반란을 모의했다. 현은 예전에도 여시의女侍醫 순우연淳于衍을 시켜 공애후를 독살했고, 또 태자를 독살하려고 모의하는 등 종묘를 위태롭게 했다. 반역을 도모한 자들은 모두 처벌하도록 하라. 곽씨와 연루된 자들 가운데 체포되지 않았거나 발각되지 않은 자는 모두 사면하라."

8월, 황후 곽씨가 폐위됐다.

9월, 조칙을 내렸다.

"짐은 백성이 생업을 잃고 힘들까 봐 관리를 보내 군과 국을 돌며 어려운 점을 조사하게 했다. 그런데 어떤 관리는 자

---

183 관직 이름으로 서한 때 설치했다. 동직실에서 실무를 맡아 보는 관리를 말한다. 동직실은 황실의 재산을 관리하고 일상생활과 관련된 일을 처리하는 소부少府에 속했으며, 교묘郊廟에서 제사 지낼 때 입는 옷을 만드는 일을 담당했다.

기 이익만을 추구하느라 백성을 힘들게 하면서도 자기 허물을 살피지 않는다고 들어서 짐은 매우 걱정스럽다. 올해 군과 국은 수해가 심해서 구제책을 시행했다. 소금은 꼭 필요한데 값이 너무 비싸서 백성은 이중으로 힘이 든다. 소금값을 내리도록 하라."

또 조칙에서 말했다.

"죽은 사람은 살릴 수 없고, 또 처벌하면 되돌릴 수 없으므로 신중해야 한다는 것이 선제의 첫째 명령이었다. 그런데도 관리들은 그 뜻에 제대로 부합하지 못하고 있다. 지금 체포되어 갇힌 사람 가운데에는 매질 당하여 거짓으로 자백하거나, 굶주림과 추위로 병에 걸려 죽는 사람도 있다고 하니, 어찌 이리도 모진가! 짐은 매우 가슴이 아프다. 매질을 당해 죽었거나 굶주림과 추위로 병에 걸려 죽은 일이 있으면 군과 국은 연루된 관리의 이름, 소속 현, 관작, 사는 마을을 보고하고, 승상과 어사는 조사하여 보고하라.[184]"

12월, 청하왕 유년이 죄를 짓자 폐위하고 방릉현으로 보냈다.

원강 원년(B.C. 65년) 봄, 두현 동쪽 들에 능을 조성하고, 두

---

[184] 관찰사가 각 고을 수령의 실적을 조사해서 중앙에 보고했다. 성적을 고사 考課할 때 상上을 최最, 하下를 전殿이라 해서, 매년 6월 15일과 12월 15일 두 차례에 걸쳐 시행했다.

현을 두릉현杜陵縣으로 바꿨다. 승상, 장군, 열후, 이천석 관리, 자산 백만 전의 부호를 두릉현으로 이주시켰다.

3월, 조칙을 내렸다.

"최근 봉황이 태산군과 진류군에 날아들고, 단 이슬이 미앙궁에 내렸다. 짐은 선조의 훌륭한 업적을 밝히지 못하고, 백성을 편안하게 하지 못했다. 천지의 뜻을 잘 따르지도 못했고, 사계절의 운행이 고르지 않았다. 상서로운 징조도 받지 못했고, 하늘로부터 복된 기운도 받지 못했다. 밤낮없이 조심하고, 교만하지 않으며, 늘 반성했으며, 올바른 법도를 따르려 했다. 『서경書經』에 '봉황이 날아오고, 모든 관리는 화합한다'[185]라고 하지 않았던가? 모든 죄수를 사면하고, 직무에 힘쓴 중이천석 이하 육백석까지의 관리에게 작위를 내리고, 중랑리中郎吏에게 오대부 작위를 하사하고, 그 이상은 등급에 맞게 작위를 내린다. 좌사 이상에게는 2급, 백성에게는 1급씩 작을 내리고, 여자에게는 1백 호마다 소고기와 술을 하사한다. 홀아비, 과부, 고아, 독거노인, 삼로, 효제와 역전에게는 추가로 비단을 하사하고, 빌려준 것은 환수하지 말라."

여름 5월, 황고묘皇考廟를 세우고, 봉명원의 호구 수를 늘려 봉명현으로 승격시켰다. 고황제 때 공신 강후 주발 등 136개 집안 자손의 작위를 회복시켜 줘서 대대로 제사 지내

---

[185] 『서경』 「우서虞書, 익직益稷」.

게 했다. 후손이 없으면 방계 자손의 품급을 회복시켰다.

가을 8월, 조칙을 내렸다.

"짐이 육경[186]에 어둡고 대도를 잘 몰라서 자연이 제때에 순행하지 않는 것 같다. 관리와 백성 가운데 행실이 바르고 학문이 뛰어나며, 선왕의 통치에 대해 밝고 그 뜻을 다 헤아린 자를 추천하라. 승상과 어사는 각 두 명씩, 중이천석은 각 한 명씩 추천하라."

겨울, 건장궁建章宮에 호위군을 두었다.

원강 2년(B.C. 64년) 봄 정월, 조칙을 내렸다.

"『서경』에 '문왕은 법령을 제정하고, 어기면 용서하지 않았다'[187]라고 했는데, 지금 법을 집행하는 관리는 짐의 뜻대로 행하지 못하는 것 같아 걱정이다. 천하에 사면령을 내리고, 사대부와 함께 노력하여 다시 시작해 보겠다."

2월 을축일, 왕씨를 황후로 세웠다. 승상 이하 낭종관까지 돈과 비단을 등급에 따라 하사했다.

3월, 봉황이 날아들고 감로가 내려 관리에게는 작 2급씩, 백성에게는 작 1급씩, 여자에게는 1백 호마다 소고기와 술을 내리고, 아비·과부·고아·독거노인·고령의 노인에게는 비단을 하사했다.

---

186 『역易』, 『시詩』, 『서書』, 『예禮』, 『악樂』, 『춘추春秋』.
187 『서경』「주서周書, 강고康誥」.

여름 5월, 조칙을 내렸다.

"법은 만민의 생명을 좌우한다. 법은 폭력과 악행을 막고 백성이 안전하게 살게 한다. 산 사람은 원망하지 않고 죽은 사람은 원한이 없어야 관리가 법령을 제대로 집행했다고 평가할 수 있다. 그런데 지금은 법을 교묘하게 적용하고 법을 마음대로 해석하여 엄하지도 관대하지도 못하며, 말을 지어내고 잘못을 꾸며 억지로 죄명을 만들어 낸다. 보고는 사실과 달라서 짐이 알 도리가 없다. 짐은 사실을 파악하지 못하고, 관리는 직무를 제대로 처리하지 못한다면 백성은 어디에 의지하겠는가! 이천석은 휘하 관리를 잘 살펴서 이런 사람을 임용하지 않도록 하라. 관리는 법을 공평하게 집행하도록 하라. 마음대로 요역시키고, 지나가는 관리에게 음식과 숙소를 과도하게 대접하면서 제 이름을 알리려는 자가 있다. 이것은 얇은 얼음을 밟고 뜨거운 해를 기다리는 것과 같으니 정말로 위태로운 짓이다! 지금 천하에 돌림병이 상당히 심하여 짐은 걱정이다. 재해가 심한 군과 국은 올해 세금을 거두지 말라는 명령을 내리도록 하라."

또 조칙에서 말했다.

"옛 천자 이름은 아는 사람도 적고 피하기도 쉬웠다. 요즘 백성이 글을 올릴 때 짐의 이름 글자를 모르고 써 죄를 많이 지으니 안타깝다. 이름을 병이病己에서 순詢으로 바꾸겠다. 지금까지 이 죄를 지은 자는 사면하라."

겨울 경조윤 조광한이 죄를 지어 요참형에 처했다.

원강 3년(B.C. 63년) 봄, 신작神爵이 태산에 몇 차례 날아들어 제후왕, 승상, 장군, 열후, 이천석에게 황금을, 낭종관에게 비단을 등급에 따라 하사했다. 관리에게 작 2급을, 백성에게 작 1급을, 여자에게 1백 호마다 소고기와 술을, 홀아비·과부·고아·독거노인·고령의 노인에게는 비단을 내렸다.

3월, 조칙을 내렸다.

"아우 상相이 죄를 지었는데도 순임금은 책봉해 줬다. 피붙이에게는 은혜를 베풀어 혈육의 정을 끊지 않아야 한다. 창읍왕이었던 유하劉賀를 해혼후海昏侯에 책봉한다."

또 조칙에서 말했다.

"어사대부 병길, 중랑장 사증史曾과 사현史玄, 장락위위 허순許舜, 시중광록대부 허연수許延壽는 짐이 보위에 오르기 전에 은덕을 베풀었다. 죽은 액정령 장하張賀는 짐에게 경학을 가르쳐 은혜가 특별하고 그 공 또한 매우 크다.『시경』에 '덕을 베풀면 반드시 보답을 받는다'[188]고 하지 않았느냐? 장하가 양자로 들인 동생 아들 시중중랑장 장팽조將彭祖를 양도후에 책봉하고, 장하에게는 양도애후 시호를 내린다. 병길, 사증, 사현, 허순, 허연수는 열후에 책봉한다. 군저옥에서 형집행의 유예를 받았던 호저, 조징경 등은 짐을 살려 준 공이

---

[188]『시경』「대아大雅 · 억抑」.

있으니 은혜의 경중을 따져 관직과 봉록, 전답과 가옥, 재물을 하사한다."

여름 6월, 조칙을 내렸다.

"작년 여름 신작이 옹 땅에 날아들었다. 금년 봄에는 오색조 1만여 마리가 삼보의 여러 현을 지나다 하늘에서 빙빙 돌기만 하고 내려오지 않았다. 봄여름에 새 둥지를 뒤지거나 나는 새를 쏘지 말도록 삼보에 명령을 내려라. 명령을 갖춰 집행하라."

황자 유흠을 회양왕으로 세웠다.

원강 4년(B.C. 62년) 봄 정월, 조칙을 내렸다.

"노인은 머리카락과 이가 빠지고 기운이 쇠약하며 사납지 않다. 그런데 더러 법을 어기고 감옥에 갇혀 제명대로 살지 못하니 짐은 몹시 안타깝다. 지금부터 80세 이상은 무고나 살상죄 이외에는 처벌하지 않겠다."

태중대부 강 등 12명을 파견해 어려운 백성을 위문하고 풍속을 살피며 관리를 평가하고 인재를 추천하게 했다.

2월, 하동 곽징사 등이 모반해 처형했다.

3월, 조칙을 내렸다.

"최근 신작과 오색조 떼가 장락, 미앙, 북궁, 고침, 감천 태치 등의 궁전과 상림원에 날아들었다. 덕이 부족한 데도 여러 차례 길한 조짐이 나타난 것은 짐 때문이 아니다. 관리에게 작 2급을, 백성에게 작 1급을, 여자에게 1백 호마다 소고기와 술을 하사한다. 삼로·효제·역전에게는 비단 두 필을, 홀아비·과부·고아·독거노인에게는 한 필씩 추가로 하사한다."

가을 8월, 죽은 우부풍 윤옹귀의 아들에게 황금 1백 근을 하사해 제사 지내게 했다. 또 공신 직계 후손에게 황금 20근씩 하사했다. 병인일에 대사마 위장군 장안세가 죽었다. 풍년이 계속되어 곡식 1석(10말) 값이 5전이었다.

신작 원년(B.C. 61년) 봄 정월, 감천에 행차해 태치泰畤에서 하늘에 제사 지냈다.

3월, 하동에 행차해 땅에 제사 지냈다. 조칙을 내렸다.

"짐은 종묘를 물려받고, 늘 조심하며 법도를 따르려 했으나 방법을 잘 몰랐다. 지난 원강 4년 군과 국에 좋은 벼와 검은 기장이 떨어지고, 신작이 잇달아 날아들었으며, 줄기가 아홉인 금색 버섯이 함덕전函德殿 동지銅池 근처에서 자라고, 구진[189]에서는 신기한 짐승을, 남군에서는 백호와 봉황을 잡아 헌상했다. 짐은 현명하지 못해서 진기한 물건에 놀라 바로 재계하고 백성을 위해 빌었다. 동으로 황하를 건널 때에는 날씨가 맑고 신령한 물고기가 춤추었다. 만세궁에 행차

---

189 한漢나라 때부터 당唐나라 때에 걸쳐 베트남의 하노이 남쪽과 타인호아 북쪽에 두었던 군.

했을 때 신작이 날아들었다. 짐이 부덕하여 감당하지 못할까 걱정했다. 원강 5년을 신작 원년으로 하겠다. 직무에 충실한 관리에게 작 2급, 백성에게 작 1급, 여자에게 1백 호마다 소고기와 술, 홀아비·과부·고아·독거노인·고령의 노인에게 비단을 하사한다. 구휼하려고 빌려준 것은 환수하지 않겠다. 행차한 지역에서는 토지세를 걷지 않겠다."

서강이 반란을 일으켰다. 삼보와 장안 관내 노역 죄수를 징발하고 차비 궁수[190], 우림 고아[191], 호와 월의 기병과 삼하·영천·패군·회양·여남의 보병, 금성·농서·천수·안정·북지·상 군의 기병, 강족의 기병을 모집해 금성으로 보냈다.

여름 4월, 후장군 조충국, 강노장군 허연수를 보내 서강을 공격했다.

6월, 동쪽에 혜성이 나타났다. 주천 태수 신무현을 현지에서 파강장군에 임명하고 장군 둘을 함께 진격시켰다. 조칙을 내렸다.

"군대가 찬 이슬 맞고 군수품 수송에 지쳤으니 내년 정월에 조회하러 와야 할 제후왕, 열후, 이민족 왕후 군장은 오지

---

190 한 무제 때 설치한 관직 이름. 소부少府에 소속된 좌익左弋이었는데 한 무제 태초 원년에 차비로 명칭을 바꾼다. 활 쏘는 일을 담당했다. 차비佽飛는 민첩하기가 나는 새와 같다는 뜻이다.

191 전쟁에 나갔다 순직한 사람의 자식들을 거둬 다섯 종류의 병기를 사용하도록 가르쳐 천자의 호위를 담당하는 관직인 우림으로 양성했기 때문에 '우림 고아'라고 했다는 기록이 『한서』 「백관공경표(상)」에 나온다. 한 무제 태초 원년에 설치됐다.

않도록 하라."

가을, 죽은 대사농 주읍의 아들에게 황금 1백 근을 하사해 제사 지내게 했다. 후장군 조충국은 둔전책을 올렸다. 자세한 내용은 「조충국전」에 실려 있다.

신작 2년(B.C. 60년) 봄 2월, 조칙을 내렸다.
"지난 정월 을축일, 봉황과 감로가 장안에 내리고 새 떼가 따라왔다. 짐이 부덕한 데도 하늘의 복이 여러 차례 내렸으니 더 삼가고 게을리하지 말라는 뜻이다. 천하에 사면령을 내린다."

여름 5월, 강족 포로가 항복했고, 악행을 선동한 괴수 양옥과 추비를 참수했다. 금성에 속국을 두어 항복해 온 강족을 살게 했다.

가을, 흉노 일축왕 선현탄先賢撣이 1만여 명을 이끌고 투항했다. 도호서역기도위都護西域騎都尉 정길을 보내 일축을 영접했고, 거사국 군대를 격파했다. 모두 열후에 책봉했다.

9월, 사예교위司隸校尉 개관요蓋寬饒가 죄를 지어 담당 관리에게 넘기자 자살했다. 흉노 선우가 휘하의 이름난 왕을 보내 공물을 바치고, 정월을 축하했으며, 비로소 화친을 맺었다.

신작 3년(B.C. 59년) 봄, 낙유원樂游苑을 개축했다.
3월 병오일, 승상 위상이 죽었다.

가을 8월, 조칙을 내렸다.

"관리가 청렴해도 공평하지 않으면 기강이 문란해진다. 요즘 하급 관리는 모두 열심히 일하는데도 봉록이 적어서 수탈하지 못하게 하기가 어렵다. 일백석 이하 관리에게 녹봉을 반 더 올려 주겠다."

신작 4년(B.C. 58년) 봄 2월, 조칙을 내렸다.

"최근 장안에 길한 징조인 봉황과 감로가 내렸다. 태일, 오제, 후토 사당을 정비하고 백성에게 복이 내리도록 기도했다. 난새와 봉황 떼가 높이 날아 장안을 보고 내려앉았다. 재계하는 날 저녁에 신령한 빛이 비쳤다. 울창주를 바치는 밤에는 신령한 빛이 하늘에서 내려오기도, 땅에서 올라가기도 했으며, 사방으로부터 제단을 비추는 것도 있었다. 상제께서 제사를 좋게 받아 주셨으니 온 나라가 복 받을 것이다. 천하에 사면령을 내리고, 백성에게 작 1급을, 여자에게는 1백 호마다 소고기와 술을, 홀아비·과부·고아·독거노인·고령의 노인에게는 비단을 하사한다."

여름 4월, 영천군 태수 황패가 잘 다스려 중이천석 봉록과 관내후 작을 내리고 황금 1백 근을 하사했다. 아울러 영천군에서 행실이 바른 관리와 백성에게 작 2급씩, 역전에게는 1급, 절개를 지킨 부인과 정숙한 여자에게는 비단을 하사했다. 관내 군과 국에 현량 가운데 백성을 교화할 인재 각

한 명씩 추천하라고 명했다.

5월, 흉노 선우가 아우 호류약왕呼留若王 승지를 조회에 보냈다.

겨울 10월, 봉황 열한 마리가 두릉에 날아들었다.

11월, 하남 태수 엄연년嚴延年이 죄를 지어 기시형에 처했다.

12월, 봉황이 상림원에 날아들었다.

오봉 원년(B.C. 57년) 봄 정월, 감천으로 행차해 태치에서 하늘에 제사 지냈다. 황태자의 관례를 거행했다. 황태후가 승상, 장군, 열후, 중이천석에게 각각 비단 1백 필씩, 대부인에게 80필씩, 부인에게는 60필씩 하사했다. 열후의 대를 이을 아들에게 오대부 작, 각 집안의 대를 이을 아들에게 작 1급씩 하사했다.

여름, 두릉을 세우는 데 동원된 죄수를 사면했다.

겨울 12월, 초하루 을유일에 일식이 있었다. 좌풍익 한연수韓延壽가 죄를 지어 기시형에 처했다.

오봉 2년(B.C. 56년) 봄 3월, 옹으로 행차해 오치에서 땅에 제사 지냈다.

여름 4월, 기축일에 대사마 거기장군 한증이 죽었다.

가을 8월, 조칙을 내렸다.

"혼례는 인류의 대사이며 연회는 예악을 행하는 장이다.

그런데 군과 국의 이천석 가운데 혼례 연회에 하객을 부르지 못하도록 제멋대로 금지한 자가 더러 있다. 향당에 예가 없어지고 백성이 즐기지 못하니 교화하는 좋은 방법이 아니다. '음식 대접 때문에 백성이 덕을 잃는다'[192]고 『시경』에서 강조했으니 가혹하게 하지 않도록 하라."

겨울 11월, 흉노 호속루선우呼䵣累呼單于가 투항해 와서 열후에 책봉했다.

12월, 평통후 양운은 광록훈 때문에 죄를 지어 서인으로 강등됐다. 잘못을 뉘우치지 않고 원망만 하는 등 대역무도해서 요참형에 처했다.

오봉 3년(B.C. 55년) 봄 정월 계묘일에 승상 병길이 죽었다.

3월, 하동으로 행차해 땅에 제사 지냈다. 조칙을 내렸다.

"전에 흉노가 변경을 자주 침범하여 백성의 피해가 심했다. 짐이 황제 자리를 이었으나 흉노를 평정하지 못했다. 허려권거선우虛閭權渠單于가 화친을 청해 왔지만 병으로 죽었고, 우현왕 도기당이 자리를 이었다. 친족 대신이 허려권거선우 아들을 호한야선우虖韓邪單于로 세우고 도기당을 죽였다. 그 후로 여러 왕이 스스로 선우를 칭하여 선우가 다섯이 되었고, 전쟁을 벌여 수없이 많은 사람이 죽고 가축은 8~9할을 잃었으며, 백성은 굶주림에 허덕이다가 사람을 구워

---

192 『시경』「소아小雅·벌목伐木」.

먹는 지경에 이르는 등 혼란이 극에 달했다. 이에 선우 연지의 자손과 형제 그리고 호속루선우, 명왕, 우이질지, 저거, 당호 이하 5만여 명이 투항해 왔다. 선우가 신하의 예로 아우를 조회에 보내 보물을 바치고 정월을 축하하고 나서야 비로소 북쪽 변경이 안정되고 전쟁이 멈췄다. 짐이 재계하고 상제와 후토에 제사 지내자, 신령한 빛이 계곡에서 나와 두 시간 정도 재계하는 궁을 비췄다. 감로가 내리고 신작도 날아들어 담당 관리에게 상제와 종묘에 제사 지내라고 명령했다. 3월 신축일에 난새와 봉황이 장락궁 동궐 나무로 날아들었다가 땅에 내려와 두 시간 정도 아름다운 무늬를 이룬 것을 관리와 백성이 함께 보았다. 짐이 부족하여 중임을 다하지 못하는데도 여러 차례 길조가 나타나고 복을 받았다. 『서경』에 '훌륭한 덕이 있더라도 자만하지 말고 더 노력하라.'[193]고 했으니 공경대부는 더 힘쓰도록 하라. 구부전을 경감하고 사형 이외의 죄는 사면한다. 백성에게 작 1급을, 여자에게 1백 호마다 소고기와 술을 내리고 닷새 동안 잔치를 벌이게 하라. 홀아비·과부·고아·독거노인·고령의 노인에게는 비단을 추가로 하사한다."

서하, 북지에 속국을 설치하고 투항해 온 흉노를 살게 했다.

오봉 4년(B.C. 54년) 봄 정월, 광릉왕 유서가 죄를 짓고 자

---

193 『서경』「주서周書, 여형呂刑」.

살했다. 흉노 선우가 신하를 자칭하고 아우 녹래왕을 볼모로 보냈다. 흉노가 변방을 더는 침범하지 않아 병사 8할을 줄였다. 대사농 중승 경수창이 상평창을 설치해 북쪽 변경에 군수품을 공급하고 수송비를 줄이자고 상주했다. 관내후 작을 내렸다.

여름 4월 신축일 그믐에 일식이 있었다. 조칙을 내렸다.

"짐의 덕이 부족하고 관리가 맡은 직책을 제대로 수행하지 않아서 하늘이 이상 현상을 보여 경고했다. 전에 사신을 보내 힘들게 사는 백성을 위문했는데, 이번에는 다시 승상, 어사연 등 스물네 명을 전국으로 보내 억울한 재판을 검토하고, 제멋대로 포학하게 굴어서 경고했는데도 반성의 기미가 없는 관리를 사찰하겠다."

감로 원년(B.C. 53년) 봄 정월, 감천에 행차해 태치에서 하늘에 제사 지냈다. 흉노 호한야선우가 아들 우현왕 수루거당銖婁渠堂을 볼모로 보내 왔다.

2월, 정사일에 대사마 거기장군 허연수가 죽었다.

여름 4월, 황룡이 신풍에 나타났다. 병신일에 태상황묘에 불이 났다. 갑진일에 효문묘에 불이 났다. 황제가 닷새 동안 소복을 입었다.

겨울, 흉노 선우가 아우 좌현왕을 조회에 보내 새해를 축하했다.

감로 2년(B.C. 52년) 황자 유효劉囂를 정도왕으로 세웠다. 조칙을 내렸다.

"최근에 봉황이 날아들고, 감로가 내리며, 황룡이 나타나고, 물맛 좋은 샘이 솟아 흐르며, 마른 나무에 꽃이 무성해지고, 신비한 빛이 났는데 이 모두가 길조다. 천하에 사면령을 내린다. 백성에게 인두세人頭稅 30전씩을 경감시키도록 하라. 제후왕, 승상, 장군, 열후, 중이천석에게 황금과 돈을 등급에 맞춰 하사한다. 백성에게 작 1급씩을, 여자에게 1백 호마다 소고기와 술을, 홀아비·과부·고아·독거노인·고령의 노인에게는 비단을 내린다."

여름 4월, 호군도위 녹을 보내 주애珠崖를 공격했다.

가을 9월, 황자 유우劉宇를 동평왕으로 세웠다.

겨울 12월, 배양궁 촉옥관으로 행차했다. 흉노 호한야선우가 오원새五原塞에 와서, 보물을 가지고 감로 3년 정월 조회에 참가하고 싶다고 했다. 담당 관리에게 의논하도록 했더니 모두 이렇게 말했다.

"고대 성왕의 제도에 따르면 은택을 베풀고 예를 행할 때에는 수도가 먼저이고 지방은 나중이며, 중원이 먼저이고 이민족은 나중입니다. 『시경』에서는 '예를 따르고 법도를 지키며, 모두 가르침을 받들어 실천하네. 상토가 무위를 떨치니 이민족 모두가 따르는구나'라고 했습니다. 폐하의 훌륭한 덕이 천지를 채우고 사방 이역에까지 빛이 납니다. 흉노 선우가 폐하의 교화를 흠모하고, 부족 전체가 한마음으로 보물을 들고 축하하러 조회 오는 일은 예로부터 한 번도 없었습니다. 선우는 제후가 아니라 빈객일 뿐입니다. 제후왕처럼 '신하로서 황제께 복종합니다'든지 '죽음을 무릅쓰겠습니다'든지 '두 번 절합니다'는 등의 말을 쓰게 하고, 자리는 제후왕보다 낮게 정하십시오."

이에 조칙을 내렸다.

"오제와 삼황은 예가 미치지 않는 곳에 법령을 시행하지 않았다. 지금 흉노가 북쪽 변경의 신하로 자칭하고 정월 조회에 오겠다고 하는데, 짐은 오제와 삼황에게 미치지 못하고 덕도 부족하여 모든 곳에까지 미치지는 못한다. 국빈으로 예우하고 자리는 제후왕보다 높게 정하라."

감로 3년(B.C. 51년) 봄 정월, 감천으로 행차해 태치에서 하늘에 제사 지냈다. 흉노 호한야선우 계후산稽侯䄅이 조회 와서 알현하자 번신이라 칭하고 이름을 말하지는 않았다. 도장을 묶는 끈, 갓과 허리띠, 의상, 수레, 수레 끄는 말, 황금, 수놓은 비단, 면포를 하사했다. 담당 관리에게 선우를 인도해 먼저 장안 객저客邸로 가게 했다가 장평에서 묵게 했다. 황제는 감천으로부터 지양궁으로 돌아왔다. 황제는 장평 비탈에 올라 선우에게 알현의 예를 차리지 않도록 명령했다. 선우의 좌우당호 모두 나와서 황제를 차례대로 바라보았고,

조회 온 각 부족의 군장君長, 왕후王侯 수만 명이 길가에 늘어섰다. 황제가 위교에 오르자 모두 만세를 불렀다. 그러고 나서 선우는 객저로 갔다. 건장궁에서 선우에게 주연을 베풀고 보물을 보여 줬다.

2월, 선우가 돌아갔다. 장락위위 고창후 동충, 거기도위 한창, 기도위 호에게 기병 1만 6천 기를 이끌고 전송하게 했다. 선우는 막남에 머물며 광록성을 지켰다. 북쪽 변경에서 곡식을 걷어 주게 했다. 질지선우郅支單于가 멀리 물러나자 마침내 흉노는 안정됐다. 조칙을 내렸다.

"최근에 봉황이 여남군 신채현에 모여들고 새 떼 수만 마리가 사방에서 봉황을 향해 줄을 지어 섰다. 여남 태수에게 비단 1백 필을, 신채 장리·삼로·효제·역전과 홀아비·과부·고아·독거노인에게는 등급에 따라 비단을 하사한다. 백성에게 작 2급을 내린다. 올해 토지세는 면제한다."

3월 기축일, 승상 황패가 죽었다. 여러 유학자에게 각 학파의 오경 해석의 차이를 토론하게 하고 태자태부 소망지 등이 보고하자 황제가 직접 결정했다. 『역경』에 양구하梁丘賀, 『상서』에 하후승夏侯勝과 하후건夏侯建, 『춘추』에 곡량적穀梁赤을 박사관으로 세웠다.

겨울, 화친을 맺으려고 오손국으로 시집보낸 초왕 유무의 손녀인 유해우가 돌아왔다.

감로 4년(B.C. 50년) 광천왕 유해양이 죄를 지어 폐위시키고 방릉으로 보냈다.

겨울 10월 정묘일, 미앙궁 선실각에 불이 났다.

황룡 원년(B.C. 49년) 봄 정월, 감천으로 행차해 태치에서 하늘에 제사 지냈다. 흉노 호한야선우가 조회 와서 감로 3년처럼 예우했다.

2월, 선우가 돌아갔다. 조칙을 내렸다.

"상고시대 정치는 군주와 신하가 한마음으로 잘못을 바로잡아 모든 것이 올바르게 되었다. 그래서 상하가 화목하고 전국이 평안해졌다고 하는데 그런 정치를 지금은 행하기는 어렵다. 짐은 현명하지 못하여 여러 차례 공경대부에게 관대하게 다스리도록 힘쓰고, 백성이 힘들어하는 것을 알아내어 처리하도록 명령해서 삼왕시대처럼 번영하고 선왕의 덕을 밝히고자 했다. 하지만 요즘 관리 가운데 간사한 짓을 막지 않는 것을 관대하다 여기고, 죄지은 사람을 마음대로 풀어 주는 것을 가혹하지 않다고 여기며, 잔혹하고 악하게 구는 것을 능력 있다고 여기는데 모두가 올바르지 않다. 조칙을 받들면서 이런 식으로 짐의 명을 왜곡하고 백성을 교화하는 것은 잘못이 아니겠는가! 지금 천하를 보면 일은 적고, 요역은 줄었으며, 전쟁은 일어나지 않는데도 백성 대부분은 가난하고 도적이 줄지 않으니 누구의 잘못인가? 짐에게 호적과 조세, 회계를 기록한 장부나 문서를 올릴 때는 숫자만 맞출 뿐이고, 오로지 윗사람을 속여 나쁜 고과를 받지 않으려고만 한다. 삼공三公은 전혀 신경 쓰지 않으니 짐은 이 일을 누구에게 맡겨야 하는가? 그동안 명을 받들어 시찰 나갈 때 수행 관리의 수를 줄이고 현지에서 비용을 조달하도록 했는데 이제부터 모두 그만두도록 하라. 어사는 보고된 장부나 문서를 살펴 의심되는 것은 조사하고 진위를 밝히도록 하라."

3월, 혜성이 왕량, 각도 자리에서 자궁紫宮 자리로 들어갔다.

여름 4월, 조칙을 내렸다.

"렴리廉吏를 등용할 때 진정 청렴한지 살피고 선발하도록 하라. 육백석으로 대부 작위가 있는 관리가 죄를 지어서 먼저 자백하면 등급과 봉록이 오를 수 있다. 이것은 그들이 재간을 보일 충분한 조건이 되니, 이제부터 육백석은 청렴한 관리로 선발하지 않도록 하라."

겨울 12월 갑술일에 황제가 미앙궁에서 죽었다. 계사일에 황태후를 태황태후로 존칭했다.

[찬贊]: 효선황제의 통치는 상벌을 정확하게 하고 명실을 다각도에서 잘 살폈다. 정치, 경학, 법리를 연구하는 학자 모두가 뛰어났고 기술 분야에서도 원제와 성제 때보다 더 나았다. 그리고 관리는 직위를 잘 수행하고 백성은 생업에 어

려움 없이 종사할 수 있었다. 흉노 내부의 분열과 혼란에 대해서는 무도하면 멸망시키고 도를 지키면 안정시켜 줘서 신뢰와 위세가 북쪽 이민족에게까지 미쳤고, 선우는 (선제를) 흠모해 머리를 조아리고 번신을 자칭했다. 세운 공은 선조를 빛내고 벌인 사업은 후대에 드리웠으니 중흥이라 할 만하고 그 덕은 은 고종 무정武丁과 주 선왕宣王에 비길 만하다.

9

원제기

元帝紀

효원황제孝元皇帝는 선제宣帝의 태자이다. 어머니는 공애허황후共哀許皇后로, 선제가 즉위하기 전에 민간에서 원제를 낳았다. 두 살 때 부친인 선제가 황위에 올랐고, 여덟 살 때 태자가 되었다. 장성하자 성격은 유순하고 인자했으며 유학儒學을 좋아했다. 선제는 법에 정통한 관리를 많이 등용하고 형명학刑名學을 내세워 아랫사람을 속박했다. 대신인 양운揚惲, 개관요蓋寬饒 등이 조정을 비방했다는 죄목으로 피살당했다. 원제는 선제를 연회에서 시중들다가 조용히 말씀드렸다.

"폐하께서는 법에 지나치게 의존하십니다. 유생儒生을 쓰십시오."

그러자 선제는 성내며 이렇게 쏘아붙이면서 탄식했다.

"한漢나라 황실에 내려오는 제도는, 패도覇道와 왕도王道를 같이 쓰는 것이다. 어찌 주나라처럼 덕정德政만 펼치겠느냐! 또 유생이란 것들은 당장에 시급한 일은 잘 모르고, 옛것만 옳고 지금 것은 그르다는 말만 좋아하여 명분과 실제를 혼동시켜 각자 지켜야 할 것을 모르게 하니, 어떻게 이들에게 일을 맡기겠는가? 태자가 한나라 황실을 어지럽히겠구나."

이때부터 태자를 멀리하고 회양왕淮陽王을 좋아하며 종종 이렇게 말했다.

"회양왕은 사리에 밝고 법을 좋아하니 정말로 내 아들답다."

회양왕의 생모인 장첩여張婕妤를 더욱 총애했다. 선제는 회양왕을 태자로 삼을 생각이 있었으나, 소싯적에 허씨에게 의지했고 부자父子가 함께 궁밖에 살다가 궁으로 들어왔기에 끝까지 허씨와 태자를 버리지 않았다.

황룡黃龍 원년(B.C. 49년) 12월, 선제가 죽었다. 계사일에, 태자가 황제에 즉위하고 고묘에 제사를 올렸다. 황태후를 태황태후로, 황후를 황태후로 높여 칭했다.

초원初元 원년(B.C. 48년) 봄 정월 신축일, 효선황제를 두릉杜陵에 장사 지내고, 제후왕·공주·열후에게 황금을, 이천석 관리 이하에게 돈과 비단을 신분 등급에 따라 하사했다. 천하에 대사면령을 내렸다.

3월, 황태후의 오라비 시중 중랑장 왕순王舜을 안평후에 봉했다. 병오일, 왕씨를 황후에 세웠다. 삼보, 태상, 군국의 공전公田과 규모를 줄일 수 있는 관官의 원전苑田으로 빈민을 구제하고 자산이 1천 전 미만인 궁핍한 백성에게는 종자와 양식을 지급하거나 빌려줬다. 외조부 평은대후平恩戴侯 허광한許廣漢 아우의 아들인 중상시 허가許嘉를 평은후에 봉해 대후 뒤를 잇게 했다.

여름 4월, 조칙을 내렸다.

"짐이 선제先帝의 공업을 잇고 종묘 제사를 받들며 늘 마음이 조마조마하다. 얼마 전 지진이 몇 번 일어나 아직도 그치지 않고 있는데, 천지의 경고가 두렵지만, 무엇 때문인지 모르겠다. 이제 농사철이라 짐은 백성이 생업을 잃을까 걱정이다. 광록대부 포襃 등 열두 명을 천하에 내려보내어 예순 이상 노인[耆老], 홀아비, 과부, 고아, 독거노인과 생업을 잃은 백성을 위로하고, 준재를 등용하고 숨어 있는 인물을 불러 풍속을 살피게 하겠다. 이천석인 상相과 군수郡守가 자신을 바르게 하고, 나랏일에 힘쓰며, 교화를 밝혀 백성에 가까이할 수 있다면 천지 사방이 모두 화목하여 근심이 없어질 것이다. '신하가 어질면 만사가 평안하다'라고 『서경』에서도 말하지 않았는가. 천하에 포고하여 짐의 뜻을 분명히 알게 하라."

또 조칙에서 말했다.

"함곡관 동쪽은 올해 흉년이 들어 많은 백성이 궁핍하다. 군국에 영을 내리노라. 재해를 크게 입은 백성은 세금을 면제하겠다. 강가와 바닷가에 있는 제방·호수·산림·못 가운데 소부少府가 관할하는 것은 빈민에게 빌려주고 세금을 거두지 말라. 종실에 적을 둔 사람에게는 말 한 필에서 여덟 필을, 삼로와 효자에게 비단 다섯 필을, 어른을 공경하는 자와 농사에 힘쓰는 자에게 세 필을, 홀아비·과부·고아·독거노인에게는 두 필을 하사하고, 관리와 백성에게는 50호마다 소와 술을 하사하라."

6월, 민간에 역병이 돌자, 태관에 영을 내려 반찬 수를 줄이고, 악부樂府의 정원을 축소하며, 궁원宮苑에 쓰이는 말을 줄여 힘든 백성을 구제하게 했다.

가을 8월, 상군에서 투항해 한漢에 의탁한 이민족 1만여 명이 흉노로 도망갔다.

9월, 함곡관 동쪽의 군국 열한 곳에서 홍수가 나서, 대기근이 발생했고 인육을 먹는 지경에 이르자, 인근 군의 곡식과 돈으로 구제하게 했다. 조칙을 내렸다.

"요즈음 음양이 조화롭지 못해 백성이 굶주림과 추위에 시달리는데, 조정은 다스려서 백성을 편안히 할 대책을 내놓지 못하니, 짐은 덕이 얕아 황위를 잇기에 부족하다. 여러 궁관 중에 자주 쓰지 않는 건물은 보수 공사를 하지 말고, 태복은 말에게 먹이는 곡식을 줄이고, 수형水衡은 고기를 먹는 짐승을 줄이도록 하라."

초원 2년(B.C. 47년) 봄 정월, 감천궁에 행차해 태치에서 하늘에 제사를 올렸다. 운양 백성에게 작 1급씩, 여자에게 1백 호마다 소와 술을 하사했다. 아우 유경劉京을 청하왕淸河王에 세웠다.

3월, 광릉여왕廣陵厲王의 태자 유패劉霸가 왕이 되었다. 조칙을 내려 황문黃門이 관할하는 수레와 개, 말을 없애고, 수형이 관할하는 금원禁苑, 의춘하원宜春下苑과 소부가 관할하는 차비의 외지外池, 활쏘기 터와 지전池田을 빈민에게 빌려주게 했다. 조칙을 내렸다.

"어진 성인이 제위에 있으면 음양이 조화롭고 비바람이 때에 맞으며, 해와 달이 빛을 잃지 않고 별자리는 고요하여 백성은 편안하고 늙은이는 천수를 누린다고 들었다. 지금 짐이 공손히 천지를 받들어 공후公侯 윗자리에 이 몸을 맡겼지만, 사방을 다 살피지 못하고 은택을 두루 내리지 못하여 재난과 이변이 연이어 일어나, 한 해가 가도 그치지 않는다. 2월 무오일에, 농서군에서 지진이 일어나, 태상황묘[선제의 묘] 벽의 나무장식이 훼손되어 떨어졌으며, 원도현獂道縣 성곽과 궁실, 백성 가옥이 무너져 깔려 죽은 사람이 많았다. 산은 무너지고 땅은 갈라지며, 물기둥이 솟구쳐 올랐다. 하늘이 재이災異를 내리는 것은 짐 등을 경계하려는 것이다. 천하를 잘 다스리지 못하여 허물이 이 지경에 이르렀다. 밤낮으로 근심하지만, 큰 이변이 왜 일어났는지 알 수 없어 몹시 걱정되고 답답하기만 할 뿐 어떻게 구해 나가야 할지 모르겠다. 요즈음 여러 해 동안 흉년이 들었는데, 백성이 궁핍하여 굶주림과 추위를 견디지 못하고 죄에 빠져 처벌을 받으니 짐은 이것이 몹시 안타깝다. 군과 국에서 지진 피해를 크게 입은 곳에는 세금을 걷지 말도록 하라. 천하에 사면령을 내리노라. 줄일 수 있는 것은 줄여서 백성을 안정시킬 수 있다면 거리낌 없이 주청하라. 승상·어사·중이천석 관리가 무재茂材로서 나랏일에 직언하고 극간하는 데 뛰어난 사士를 천거하면, 짐이 직접 살펴볼 것이다."

여름 4월 정사일, 황태자를 세웠다. 어사대부에게 관내후 작을, 중이천석에게 우서장 작을, 집안 제사를 계승하는 자에게 작 1급씩 하사했다. 열후에게 20만 전, 오대부에게 10만 전을 하사했다.

6월, 관동關東에 기근이 들어 제齊 땅 사람들이 인육을 먹었다.

가을 7월에 조칙을 내렸다.

"매년 재해가 발생하여 백성이 초근목피로 연명하니 몹시 애통하다. 관리에게 조칙을 내려 곡식 창고를 비우고, 부고府庫를 열어 백성을 구제하게 하고, 추위에 떠는 자에게 옷을 하사하게 하라. 이제 가을이 되었지만, 벼와 보리가 대부분 쓰러졌고 올해에는 지진이 두 번이나 일어났다. 북해군北海郡에서는 강이 넘쳐 백성을 휩쓸고 갔다. 음양이 조화롭지 못하니 그 허물이 어디에 있는가? 공경대신은 어떻게 대처할 것인가? 짐의 과실을 거리낌 없이 말하라."

겨울, 조칙을 내렸다.

"나라가 발전하려면 스승[師傅]을 공경해야 한다. 전장군을 지낸 소망지蘇望之는 8년간 짐을 가르쳤고, 경서經書로 인도하였으니, 그 공이 크다. 소망지에게 관내후의 작과 식읍 8백 호를 하사하고, 매월 초하루와 보름에만 입조하게 하라."

12월, 중서령 홍공弘恭, 석현石顯 등이 소망지를 참소하자 영을 내려 자결하게 했다.

초원 3년(B.C. 46년) 봄에, 영을 내려 제후 상相의 지위를 군수郡守 아래에 두도록 했다. 주애군珠厓郡 산남현山南縣에서 반란이 일어나자 군신에게 대책을 널리 들었다. 대조待詔 가연지賈捐之가 백성을 기근에서 구제하는 것이 더 중요하니 주애군을 포기하는 것이 더 낫다고 해서, 주애군의 설치를 그만두었다.

여름 4월 을미 그믐, 무릉茂陵 백학관白鶴館에 불이 났다. 조칙을 내렸다.

"이번에 재앙이 효무원孝武園 건물에 내려 짐이 몹시 두렵다. 재이가 내린 이유를 알 수 없으나 그 허물은 짐에게 있다. 여러 관리가 또 짐의 잘못을 말하려고 하지 않아서 이 지경에 이르렀으니 앞으로 어떻게 잘못을 깨닫겠는가! 백성이 자주 재난을 만나 구제할 방법이 없는데, 더욱이 가혹한 옥리에 괴로워하고 하잘것없는 법조문에 얽매여 목숨을 보전하기 어려우니 짐이 몹시 안타깝다. 천하에 사면령을 내리노라."

여름, 가뭄이 들었다. 장사양왕長沙煬王의 아우 유종劉宗을 왕으로 세웠다. 해혼후海昏侯였던 유하劉賀의 아들 유대종劉代宗을 후侯에 봉했다.

6월, 조칙을 내렸다.

"백성을 편안케 하려면 음양陰陽의 조화에 근본을 둔다고 한다. 요즘 음양이 어긋나고 비바람이 절기와 어긋난다. 짐이 덕이 없으니, 여러 공이 짐의 잘못을 말해 주기를 바랐지만, 지금 그렇게 하지 못하고 세상 풍조에 영합하여 맹목적으로 따르기만 하며, 사실대로 말하려 하지 않으니 몹시 걱정스럽다. 백성이 오랫동안 굶주리고 추위에 시달리는 데다 부모 처자와 멀리 떨어져 살고, 시급하지도 않은 일에 고생하고, 아무도 살지 않는 궁을 지키는 것을 생각해 보니 음양의 도를 따르지 않는 것 같다. 감천궁, 건장궁의 숙위병宿衛兵을 해산하여 농사를 짓게 하라. 백관은 모두 비용을 줄여라. 이러한 내용을 조목을 갖춰 거리낌 없이 주청하라. 담당 관리는 힘쓰되 각각 절기에 금하는 것을 어기지 말라. 승상과 어사는 음양과 재이에 밝은 자를 각각 세 사람씩 추천하라."

그러자 음양과 재이에 대해서 논하는 사람이 많았다. 발탁되어 황제 앞에 불려 가기도 했는데, 이들은 모두 스스로 황제에게 인정을 받았다고 생각했다.

초원 4년(B.C. 45년) 봄 정월에, 감천궁에 행차해 태치에서 하늘에 제사를 지냈다.

3월에, 하동河東에 행차해 후토에 제사를 지냈다. 분음현汾陰縣의 노역 죄수를 사면했다. 백성에게 작 1급씩, 여자에게 1백 호마다 소와 술을, 홀아비·과부·노인에게는 비단을 하사했다. 행차가 지나간 곳에는 세금을 거두지 않았다.

초원 5년(B.C. 44년) 봄 정월에, 주자남군周子南君을 주승휴후周承休侯에 봉하고, 지위는 제후왕 다음으로 했다.

3월, 옹雍에 행차해 오치에서 하늘에 제사를 지냈다.

여름 4월, 혜성이 별자리 참參에 나타났다. 조칙을 내렸다.

"짐이 잘못하여 백관 가운데 어떤 곳은 품위와 직관이 맞지 않고, 어떤 곳은 관직이 비어 있는데 마땅한 사람을 아직 얻지 못했다. 백성이 실망하여, 위로 황천皇天을 움직이자 음양이 변하여 그 재앙이 백성에게 내리니, 짐은 이것이 매우 두렵다. 얼마 전 관동에서 연이어 재해를 만나고 기아와 역병에 시달려 백성이 제명을 다하지 못한다. 『시경』에서 '백성에게 안 좋은 일이 있으면, 힘을 다해 구제한다'[194]라고 하지 않았는가! 영을 내리노라. 태관은 날마다 가축을 죽이지

---

[194] 『시경』 「패풍邶風, 곡풍谷風」.

말고 올리는 음식은 반으로 줄여라. 황제와 제후의 수레와 말은 예를 행할 정도만 남겨라. 각저角抵, 상림上林의 궁관에서 황제를 시중드는 사람, 제齊의 삼복관三服官[195], 북가北假의 전관田官, 염철관, 상평창을 폐지하라. 다만 박사제자博士弟子는 정원을 한정하지 말고 학생 수를 늘려라. 종실에 적을 둔 자제에게 말 한 필에서 여덟 필을, 삼로와 효자에게는 비단 다섯 필을, 효제와 역전에게는 세 필을, 홀아비·과부·고아·독거노인에게는 두 필을, 관리와 백성에게는 50호마다 소와 술을 하사하라."

그리고 형벌 중에서 70여 가지를 줄였다. 광록대부 이하 낭중에 이르기까지 자신의 죄로 부모와 형제까지 연좌하는 조목을 없앴다. 궁에서 종관從官, 급사給事, 사마중司馬中을 담당하는 자는 조부모, 부모, 형제가 궁문을 출입하는 적籍에 등록할 수 있게 했다.

겨울 12월 정미일, 어사대부 공우貢禹가 죽었다. 위사마衛司馬 곡길숌吉을 흉노에 사신으로 보냈으나 돌아오지 않았다.

영광永光 원년(B.C. 43년) 봄 정월에 감천궁에 행차해서 태치에서 하늘에 제사를 지냈다. 운양현雲陽縣의 노역 죄수를 사면했다. 백성에게 작 1급을, 아낙에게는 1백 호마다 소와 술을, 노인에게는 비단을 하사했다. 행차가 지나간 곳은 세

---

195 한 왕실 전속 직물공장.

금을 걷지 않았다.

2월, 승상과 어사에게 조칙을 내려 질박質樸, 돈후敦厚, 손양遜讓, 유행有行을 천거하게 하고, 광록대부는 매년 이 과목을 평가해서 낭관 및 종관에 임명하도록 했다.

3월, 조칙을 내렸다.

"오제와 삼왕은 재주와 덕을 겸비한 사람을 임명하여 천하를 태평하게 하였는데, 지금 잘 다스려지지 않는 것이 어찌 다스리는 백성이 달라서겠는가! 허물은 짐이 밝게 살피지 못하여 현자를 알아보지 못해서이다. 이 때문에 간사한 사람은 자리에 있으나 훌륭한 사士는 길이 막혀 등용되지 못한다. 게다가 주, 진의 폐단으로, 백성이 경박한 습속에 빠지고 예의를 버려 형법에 걸리니 얼마나 애처로운 일인가! 하지만 백성에게 무슨 허물이 있겠는가? 천하에 사면령을 내려, 이들이 마음을 가다듬고 잘못을 깨닫게 하여 농사에 힘쓰게 하라. 토지가 없다면 모두 빌려주고, 종자와 양식을 주되 빈민을 구제하라. 육백석 이상 관리에게 오대부의 작을, 직무를 잘 수행하는 관리에게 작 2급을, 집안 제사를 잇는 자에게 작 1급을, 여자에게 1백 호마다 소와 술을, 홀아비·과부·고아·독거노인·고령의 노인에게는 비단을 하사하겠다."

이달에 눈이 오고 서리가 내려 보리가 상해서, 가을에 수확할 것이 없었다.

영광 2년(B.C. 42년) 봄 2월, 조칙을 내렸다.

"당·우唐·虞 시대에 상형象刑[196]을 두자 백성이 법을 어기지 않았고, 은·주殷·周 시대에 법령을 시행하자 간사한 자들이 복종했다고 한다. 지금 짐이 고조의 대업을 계승하여 공후公侯 윗자리에 거하는데, 밤낮없이 전전긍긍하며 백성의 고통을 한시도 잊은 적이 없다. 그러나 음양이 조화롭지 못하고 해와 달과 별이 빛을 잃었다. 백성이 살 수 없어 집을 떠나 유랑하고, 도적이 날뛰고 있다. 담당 관리가 백성을 도적으로 만드는 꼴이니 치국의 도를 잃어버렸다. 이는 모두 짐이 어리석어 나라 정치가 무너진 탓이다. 허물이 이 지경에 이르러 짐은 몹시 부끄럽도다. 백성의 부모가 되어 은덕이 이렇게 박하니 무슨 말을 하겠는가! 천하에 대사면령을 내리고, 백성에게는 작 1급을, 여자에게는 1백 호마다 소와 술을, 홀아비·과부·고아·독거노인·고령의 노인과 효제·역전에게는 비단을 하사하노라."

또 제후왕·공주·열후에게 황금을, 중이천석 이하 경사京師 각 관부의 장리에게는 등급에 따라 황금을 하사하고, 육백석 이상 관리에게는 오대부 작을, 모범 관리에게는 각각 작

---

[196] 죄인에게 실제로 육형을 가하지 않고 법을 범했다는 표시로 다른 사람들과 복식服飾만을 달리해 스스로 치욕을 느끼게 하는 형벌을 말한다. 순임금이 우禹에게 이르기를 "온 천하가 나의 덕교를 실행하게 된 것은 바로 그대의 공이 이루어진 것이기 때문이니, 고요가 바야흐로 그대의 공을 받들어서 상형을 밝게 베풀고 있다"라고 했다.

2급을 내렸다.

3월 임술 초하루, 일식이 있었다. 조칙을 내렸다.

"짐이 전전긍긍 밤낮없이 과실을 생각하니 편안히 지낼 수가 없다. 음양이 조화롭지 못한데 그 허물이 왜 일어났는지 모르겠다. 대책을 찾으라고 공경公卿에게 누차 명하고 좋은 방법을 찾기를 날마다 바랐지만, 지금까지도 담당 관리가 대책을 찾지 못했다. 상과 벌이 모두 민심에 어긋난다. 풍속이 점점 사나워지고, 화목한 도의는 날로 쇠퇴하여, 백성이 고통스러워도 고달픈 몸을 쉴 곳이 없다. 따라서 사악한 기운이 해마다 증가하여 태양을 가리고, 바른 기운이 막혀서 해가 빛을 잃은 지 오래되었다. 결국 임술일에 일식이 일어나고 말았다. 하늘이 큰 이변을 내려서 짐에게 경고하니 짐은 몹시 두렵다. 군국에 명하여 무재로서 뛰어난 자와 현량으로서 직언을 잘하는 사士를 각각 한 명씩 천거하라."

여름 6월, 조칙을 내렸다.

"몇 년간 계속 흉년이 들어 전국이 다 힘들다. 백성이 힘들게 농사를 지어도 거둘 것이 없어 기근에 시달리니 백성을 구제할 길이 없다. 짐이 백성의 부모로서 은덕을 베풀어 주지도 못하는데, 오히려 형벌을 가하니 마음이 몹시 아프다. 천하에 사면령을 내리노라."

가을 7월, 서강西羌이 반란을 일으켰다. 우장군 풍봉세馮奉世를 보내 진압하게 했다.

8월, 태상太常 임천추任天秋를 분위장군奮威將軍에 임명해 따로 오교五校를 이끌고 우장군과 함께 서강으로 진격하게 했다.

영광 3년(B.C. 41년) 봄, 서강이 평정되자 군대를 해산했다.
3월, 황자 유강劉康을 제양왕濟陽王에 세웠다.
여름 4월 계미일, 대사마 거기장군 왕접王接이 죽었다.
겨울 11월, 조칙을 내렸다.
"얼마 전 기축일에 지진이 일어나고, 한겨울 11월에도 비가 내리고 안개가 짙게 끼었다. 또 도적 떼가 도처에서 일어났다. 관리는 어찌 월령月令을 지키지 않는가? 각자 원인을 찾아서 보고하라."
겨울, 염철관과 박사제자 정원을 회복시켰다. 나라 예산이 부족한데도 백성이 부역을 많이 면제받아 요역을 충당할 방법이 없었다.

영광 4년(B.C. 40년) 봄 2월, 조칙을 내렸다.
"짐이 황제 자리를 이었으나, 백성을 잘 다스리지 못하여 재앙이 자주 발생했다. 게다가 변경이 불안하여 군대가 밖에 나가 있는데, 부세를 거두면 먼 길을 운송하느라 백성이 술렁인다. 백성은 곤궁함을 해결할 길이 없어 법을 어기고 죄를 짓는다. 윗사람이 도를 잃어서 아랫사람이 큰 죄를 짓게 되니 짐이 마음이 몹시 아프다. 천하에 사면령을 내리고 빈민에게 빌려주었던 돈과 양식은 거두지 말라."

3월, 옹으로 행차해 오치에서 오제께 제사를 올렸다.

여름 6월 갑술일, 효선원孝宣園 동쪽 궐에 불이 났다. 그믐 무인일, 일식이 있었다. 조칙을 내렸다.

"현명한 왕이 윗자리에 있고 충성스러운 신하가 직책을 맡으면 백성이 화목하고 은택이 중국 밖에까지 미친다. 지금 짐이 왕도에 어두워 밤낮없이 애를 쓰나 그 이치를 몰라서, 눈여겨보아도 정세에 밝지 못하고 귀 기울여 들어도 도리에 어둡다. 그래서 정령政令은 체계가 없고 민심도 얻지 못하였는데, 짐에게 올라오는 의견은 쓸데없는 말뿐이라서 나랏일이 제대로 되지 않는다. 이는 천하가 다 아는 사실이다. 공경대부가 백성을 다스리는 기준이 다른 데다, 어떤 자는 간사한 짓을 벌여 백성을 쥐어짜는데 백성이 어떻게 짐을 따르겠는가. 이 때문에 6월 그믐에 일식이 일어났다.『시경』에서도 '지금 우리 백성이 너무나 고달프네'[197]라고 탄식하지 않았는가. 이제부터 공경대부는 하늘이 보여 준 경계를 깊이 유념하고, 스스로 수양하고 길이 나라를 다스려 갈 방법을 생각하여 짐의 부족한 점을 보좌하라. 마음을 다해 기탄없이 직언하라."

---

197 『시경』「소아小雅·절남산節南山·십월지교十月之交」.

9월 무자일, 위사후원衛思后園[198]과 여원戾園을 폐지했다.

겨울 10월 을축일, 군과 국에 있는 조종의 묘를 폐지했다. 모든 능을 삼보가 나눠 관할하게 했다. 원제는 위성현渭城縣의 수릉정부壽陵亭部 들판 위에 초릉初陵을 조성했다. 조칙을 내렸다.

"백성은 본래 고향을 편히 여기고 떠나지 않으려 하며, 피붙이끼리 같이 살고자 하는데 이는 인지상정이다. 얼마 전 담당 관리가 신하된 도리를 지키고자 군국의 백성을 옮겨서 능원陵園을 유지하자고 주청하였다. 이 일로 백성은 조상의 무덤이 있는 고향을 떠나야 했고, 파산하여 재산을 잃었고, 가족이 생이별하였다. 사람들은 고향을 그리워하면서 불안에 떤다. 이 때문에 동쪽 지역은 텅 비고 관중에는 생업을 잃은 백성만 늘어났으니 올바른 방법이 아니다.『시경』에서도 '백성이 괴로운데 지금 조금이라도 편안하게 해 줄 수 있다면 은택이 온 나라에 미치고 사방이 편안하겠네'[199]라고 하지 않았는가! 이제 초릉을 조성하는 곳에 현읍을 두지 않겠다. 백성이 모두 고향에 편히 살면서 생업에 종사하게 하여 불안에 떨게 하지 말라. 천하에 널리 알려 분명히 알게 하라."

또 원제는 부모 봉읍奉邑을 관리하는 데 필요한 정원定員을

---

198 여태자 어머니의 능원.
199 『시경』「대아大雅·생민生民·민노民勞」.

폐지했다.

영광 5년(B.C. 39년) 봄 정월, 감천궁에 행차해 태치에서 하늘에 제사 지냈다.

3월, 원제가 하동에 행차해 후토에 제사 지냈다.

가을, 영천군潁川郡에서 강물이 넘쳐서 사람이 물살에 휩쓸려 죽었다. 영천 출신 관리와 시종관에게 휴가를 주고, 사졸은 고향에 돌려보냈다.

겨울, 원제가 장양長楊 석웅관射熊館에 행차해, 전차와 기병을 거느리고 크게 사냥을 했다.

12월 을유일, 태상황太上皇[200] 효혜황제의 침묘원寢廟園을 허물었다.

건소建昭 원년(B.C. 38년) 봄 3월, 황제가 옹에 행차해 오치에서 제사 지냈다.

가을 8월, 흰 나방 떼가 날아와 동도문東都門에서 지도枳道에까지 하늘을 뒤덮었다.

겨울, 하간왕河間王 유원劉元이 죄를 지어 폐위시키고 방릉房陵에 이주시켰다. 효문태후와 효소태후孝昭太后의 침원寢園을 폐지했다.

---

200 원제의 아버지 선제宣帝.

건소 2년(B.C. 37년) 봄 정월, 감천으로 행차해 태치에서 하늘에 제사를 지냈다.

3월, 하동에 행차해 땅에 제사를 지냈다. 삼하三河 지역 12만 호 이상의 큰 군郡 태수에게 녹봉을 더해 줬다.

여름 4월, 천하에 사면령을 내렸다.

6월, 황자 유여劉興를 신도왕信都王에 세웠다.

윤6월 정유일에, 태황태후 상관上官씨[201]가 죽었다.

겨울 11월, 제와 초에 지진이 일어나고, 큰 눈이 내려 나무가 쓰러지고 집이 무너졌다. 회양왕의 장인 장박張博과 위군태수魏郡太守 경방京房이 몰래 제후왕을 규합하려고 궁중의 비밀을 누설했다. 장박은 요참에, 경방은 기시형棄市刑에 처했다.

건소 3년(B.C. 36년) 여름, 영을 내려 삼보도위三輔都尉와 대군도위大郡都尉의 녹봉을 모두 2천 석으로 했다.

6월 갑신일, 승상 위현성韋玄成이 죽었다.

가을에, 사신으로 갔던 호서역기도위 감연수甘延壽와 부교위副校尉 진탕陳湯이 황제 명을 사칭해 무기교위戊己校尉 둔전의 관리와 병사 그리고 서역 용병을 이끌고 질지선우를 공격했다.

겨울, 질지선우의 목을 베어 경사로 보내자 만이저蠻夷邸에 걸어 놓았다.

---

[201] 효소황후孝昭皇后.

건소 4년(B.C. 35년) 봄 정월, 천지와 조묘에 질지선우를 죽였다고 고하고 제사를 지냈다. 천하에 사면령을 내렸다. 여러 신하가 원제를 위해 축하 주연을 벌이고 질지선우를 토벌할 때 쓴 작전도, 문서 등을 후궁과 귀인에게 보여 줬다.

여름 4월, 조직을 내렸다.

"짐이 황제 자리에 올라 밤낮없이 전전긍긍하며 소임을 다하지 못할까 늘 걱정하였다. 요즘 음양은 조화롭지 못하고, 오행이 순행하지 않아 백성은 굶주림에 시달린다. 많은 백성이 생업을 잃어 먹고살 수 없게 되자, 간대부諫大夫 박사 상賞 등 스물한 명을 전국에 내려보내어, 지역 원로와 홀아비·과부·고아·독거노인과 가난하고 생업을 잃은 자를 위로하고, 무재과茂才科 인재를 추천하게 했다. 장상將相과 구경九卿은 짐의 뜻을 따라 태만하지 말고 그 성과를 보고하라."

6월 갑신일, 중산왕中山王 유경劉竟이 죽었다. 남전현藍田縣에 지진이 일어나 산이 무너지고 모래와 바위가 패수霸水에 쏟아져 물길을 막았다. 안릉安陵[202] 부근에서 산기슭이 무너져 경수涇水를 막자 강물이 범람했다.

건소 5년(B.C. 34년) 봄 3월, 조칙을 내렸다.

"현명한 임금의 정치는 좋고 나쁜 것을 가려서 버리고 취할 것을 정하고, 공경하고 겸손한 예를 높여서 백성의 힘을

---

202 혜제惠帝의 능.

북돋는다. 그래서 법을 반포하면 범하지 않고, 영令을 내리면 따른다. 지금 짐이 황제 자리에 올라 전전긍긍하며 감히 국사에 나태하지는 않으나 덕이 부족하고 시야가 좁아 교화가 두텁게 이루어지지 못하였다. '백성이 잘못을 저지르면 그 원인이 짐 한 사람에게 있다'[203]라는 말도 있지 않은가. 천하에 사면령을 내리고, 백성에게 작 1급을, 여자에게 1백 호마다 소고기와 술을, 삼로·효제·역전에게는 비단을 하사하겠다."

이어 명했다.

"봄이 한창이라 농사짓고 누에치기로 바쁜 계절이라서 백성이 힘을 모아 전력을 다해야 할 때이다. 이달에는 농민을 위로하고 농사를 권장하여 때를 놓치지 않아야 한다. 그런데도 지금 못된 관리가 사소한 죄까지 들추어 불러서 조사하고 사안과 대조하며, 시급하지 않은 일을 일으켜 백성을 불편하게 하여 농사 때를 놓쳐서 수확할 것이 없게 하니, 공경은 꼼꼼히 살펴 거듭 경계하도록 하라."

여름 6월 경신일, 여태자 능원을 복구했다. 임신일 그믐, 일식이 있었다.

가을 7월 경자일, 태상황太上皇의 침묘원과 원묘原廟[204], 소

---

203 『서경』 「태서泰誓」.
204 고조의 묘는 장안성 안에 있었는데, 혜제가 위수 북쪽에 다시 묘를 만들어 원묘라고 했다.

령후昭靈后[205], 무애왕武哀王[206], 소애후昭哀侯[207], 위사후衛思后[208]의 능원을 복구했다.

경녕竟寧 원년(B.C. 33년) 봄 정월, 흉노 호한야선우가 조회朝會에 참석했다. 조칙을 내렸다.

"흉노의 질지선우는 예의로 존중해 준 중국을 배반하여 죗값을 치렀다. 호한야선우는 은덕을 잊지 않고 한의 예의를 흠모해서, 다시 조하朝賀의 예를 회복하고 길이 한의 울타리가 되어 변방이 안정되기를 원한다. 경녕竟寧으로 개원하도록 하라. 선우에게 대조待詔 액정掖庭 왕장王檣[209]을 보내어 연지閼氏[210]로 삼게 하겠다."

황태자가 관례를 치렀다. 열후의 후사에게 오대부 작을, 집안의 대를 이을 자에게 작 1급씩 하사했다.

2월, 어사대부 파연수繁延壽가 죽었다.

3월 계미일, 효혜황제의 침묘원과 효문태후, 효소태후의 침원을 복구했다.

여름, 기도위 감연수를 열후에 봉했다. 부교위 진탕에게

205 고조 모친의 능원.
206 고조 형의 능원.
207 고조 누이의 능원.
208 여태자 어머니의 능원.
209 왕소군王昭君을 말한다.
210 한나라 때 흉노 선우의 정처正妻를 부르는 호칭.

관내후 작과 황금 5백 근을 하사했다.

5월 임진일, 황제가 43세의 나이로 미앙궁에서 죽었다. 태상황, 효혜황제, 효경황제의 사당을 허물었다. 효문태후, 효소태후, 소령후, 무애왕, 소애후의 침원을 폐지했다.

가을 7월 병술일, 황제를 위릉渭陵에서 장사 지냈다.

[찬贊]: 신臣[211]의 외조 김창金敞 형제는 원제 때 시중侍中을 지냈는데, 신에게 말했다. "원제는 재주가 많고 대전大篆을 잘 썼다. 거문고와 퉁소를 잘 다루었고, 직접 작곡하고 노래하고 연주하여 박자를 잘 맞추는 것이 경지에 이르렀다. 어려서 유학을 좋아하여 즉위하고서 유생을 등용하여 정사를 맡겼는데, 공우貢禹, 설광덕薛廣德, 위현韋賢, 광형匡衡이 차례로 재상이 되었다. 원제는 경전 문구에 집착하고 우유부단하여 선제宣帝의 업적을 잇지 못하였다. 그러나 아랫사람에게 너그럽고, 검소했으며, 호령號令이 온화하고 우아했으니 옛 유풍遺風이 있었다."

---

[211] 「성제기」와 「원제기」는 반고의 부친 반표班彪가 썼으므로, 여기서 '신'은 반표를 가리킨다.

10
성제기

成帝紀

효성황제孝成皇帝는 원제의 태자이고 왕황후王皇后 소생이다. 원제가 태자궁에 있을 때 갑관화당甲觀畵堂에서 태어나 적황손嫡皇孫이 되었다. 선제宣帝가 손자를 아껴 자字를 태손太孫이라 했고 항상 곁에 두고 보살폈다. 세 살 되던 해에 선제가 죽고 원제가 즉위하자 태자太子가 되었다. 젊은 시절 경서 읽기를 좋아했으며 성격이 관대하면서도 신중했다. 계궁桂宮에 살 때 원제가 급히 부른 적이 있었다. 태자는 용루문龍樓門으로 나와 황제가 다니는 치도馳道를 가로지르지 않고 서쪽으로 직성문直城門까지 가서야 길을 건너 작실문作室門으로 들어갔다. 태자가 늦게 오자 그 까닭을 물었더니 상황을 있는 그대로 이야기했다. 원제가 매우 기뻐하며 태자가 치도로 다닐 수 있도록 영을 내렸다. 나중에 술을 좋아하고 연회만 즐기자, 원제는 태자가 마음에 들지 않았다. 오히려 정도공왕定陶恭王이 재주가 있고 그 어미 부소의傅昭儀도 총애해 원제는 늘 공왕을 후계자로 삼고 싶어 했다. 그러나 시중侍中 사단史丹이 태자가太子家를 보호하고 돕는 데 힘썼고, 원제도

선제가 태자를 아꼈다는 사실을 알아서 폐하지는 않았다.

경녕竟寧 원년(B.C. 33년) 5월, 원제가 죽었다.

6월 기미일, 태자가 황제로 즉위하고 고묘에서 제사 지냈다. 황태후를 태황태후로, 황후를 황태후로 높였다. 큰 외숙부 시중 위위衛尉 양평후陽平侯 왕봉王鳳을 대사마 대장군 영상서사에 임명했다. 을미일에 담당 관리가 "수레와 소, 말, 그 외 짐승을 묘장품으로 쓰는 것은 모두 예에 맞지 않으니 함께 묻어서는 안 됩니다."라고 주청하자, 허락했다.

7월, 천하에 대사면령을 내렸다.

건시建始 원년(B.C. 32년) 봄 정월 을축일에 황제의 증조부 도고묘悼考廟[212]에 불이 났다. 죽은 하간왕의 아우 상군 고령庫令[213] 유량劉良을 왕으로 세웠다. 혜성이 영실營室[214] 자리에 나타났다. 상림上林의 조옥을 폐지했다.

2월, 우장군 장사長史 요윤姚尹 등이 흉노에 사신으로 갔다가 돌아오던 도중, 변방 요새에서 1백여 리 떨어진 곳에서 돌풍이 일고 불이 나서, 요윤 등 일곱 명이 불에 타 죽었다.

---

212 선제의 아버지 사황손史皇孫 유진劉進의 묘.
213 관직 이름. 한나라 때 변경 군에 고령庫令, 고승庫丞을 설치했고, 무기 등의 저장을 담당했다.
214 영성營星, 정성定星이라고도 부른다. 28수宿 가운데 하나. 현무玄武 7수의 제6수이다.

제후왕, 승상, 장군, 열후, 왕태후, 공주, 왕주王主[215]와 이천석 관리에게 황금을 하사하고, 종실의 여러 관리 가운데 천석 이하 이백석까지와 종실의 자식 중 명적名籍에 오른 자 그리고 삼로·효제, 홀아비·과부·고아·독거노인·고령의 노인에게는 돈과 비단을 등급대로 하사하고, 관리와 백성에게 50호마다 소고기와 술을 하사했다. 조칙을 내렸다.

"얼마 전 조묘에 불이 나고, 혜성이 동쪽 하늘에 나타났다. 짐이 즉위한 첫 달부터 재이가 나타났으니 이보다 큰 허물이 어디 있겠는가. 『서경』「고종융일高宗肜日」에 '옛날에 지극한 도道를 지닌 왕은 자기 일부터 바로잡았다'라고 하였다. 여러 공은 부지런히 힘쓰고 백관에 솔선하여 못난 짐을 보필하라. 일 처리는 관대하고 화목하게 하고, 모든 일에 자신을 용서하듯이 하여 각박하게 굴지 말라. 천하에 대사면령을 내려 죄수에게 새 삶을 살게 하라."

외숙부 제리諸吏[216] 광록대부 관내후 왕숭王崇을 안성후安成侯에 봉했다. 외숙부 왕담王譚, 왕상王商, 왕립王立, 왕근王根, 왕봉시王逢時에게 관내후의 작을 하사했다.

여름 4월, 누런 안개가 사방에 짙게 끼었다. 공경대부에게 널리 자문하고 솔직하게 말하게 했다.

6월에 파리 떼가 미앙궁 조회하는 자리에 날아들었는데

---

215 왕주는 옹주翁主이다. 왕이 직접 혼례를 주관하므로 '왕주'라 했다.
216 본직 외에 겸하던 관직의 일종.

그 수가 헤아릴 수 없이 많았다.

가을, 상림의 궁관宮館 중 쓰지 않는 25곳을 폐지했다.

8월, 달(月) 두 개가 잇달아 떠올라 새벽에 동쪽 하늘에서 보였다.

9월 무자일에 유성 빛이 땅을 비췄다. 길이가 10미터 남짓에다 모양은 뱀 같았는데, 자궁紫宮 자리를 관통했다.

12월, 장안의 남북 교외郊外에 천지 제사를 지내는 제단을 짓고, 감천과 분음에서 지내는 제사를 폐지했다. 이날 돌풍이 불어 감천 제사 터 주변의 열 아름 이상 되는 큰 나무가 뽑혔다. 군과 국 가운데 수확량의 4할 이상이 해를 입어 줄어든 곳은 토지세를 거두지 않았다.

건시 2년(B.C. 31년) 봄 정월, 옹성雍城의 오치를 폐지했다. 신사일에 황제가 장안의 남쪽 교외에서 처음으로 하늘에 제사 지냈다. 조칙을 내렸다.

"얼마 전 태치와 후토를 남교南郊와 북교北郊에 옮겼는데, 짐이 직접 재계하고 상제에게 교사郊祀를 지냈다. 황천皇天이 이에 응하여 신비한 빛이 나타났다. 삼보三輔 지역은 오래 요역을 바치고도 위로받지 못하였으니 교사를 받드는 장안과 장릉 두 현과 중도관에서 내죄로 복역 중인 죄수를 사면하겠다. 천하의 부세를 감면하여 산부算賦[217]를 40전 줄이겠다."

[217] 성인에게 부과하는 인두세.

윤월, 위성渭城 연릉정延陵亭의 일부 지역에 성제成帝의 초릉을 조성하기 시작했다.

2월, 삼보 관할 군郡에 현량과와 방정과에 적합한 인재 각각 한 명씩 천거하도록 조칙을 내렸다.

3월, 북궁北宮의 우물이 넘쳤다. 신축일에 성제가 북교에서 처음 후토에 제사 지냈다. 병오일에 허씨許氏를 황후로 세웠다. 육구六廐[218]와 기교관技巧官[219]을 폐지했다.

여름, 크게 가물었다. 동평왕 유우가 죄를 지어, 번현樊縣과 항보현亢父縣을 삭감했다.

가을, 위태자 유거劉據의 박망원博望苑을 폐지해 종실 가운데 입조한 자에게 하사했다. 황제의 수레와 말을 줄였다.

건시 3년(B.C. 30년) 봄 3월, 천하의 노역 형도를 사면했다. 효제와 역전에게 작 2급씩 하사했다. 도망가서 내지 않은 조부租賦와 구제하려고 빌려준 돈은 받지 않았다.

가을, 관중에 홍수가 났다.

7월, 사상厩上에 사는 여자아이 진지궁陳持宮이 큰물이 곧 닥칠 것이라는 소문만 듣고 횡성문橫城門으로 달려가 곧장 상방尙方의 액문掖門에 난입해 미앙궁의 구순서鉤盾署에서 발

---

218 황제의 마구간. 미앙未央, 승화承華, 도도駒駼, 기마騎馬, 노령輅軨, 대구大廐이며, 말은 모두 1만 필이었다.
219 기예단을 말한다.

견됐다. 관리와 백성이 놀라 성 위로 올라갔다.

9월, 조칙을 내렸다.

"얼마 전에 군과 국에서 수재水災에 휩쓸려 죽은 자가 수천 명에 이르렀다. 경사에 홍수가 덮칠 것이라는 유언비어가 돌았는데 관리와 백성이 두려워하여 다투어 성 위로 달아났다. 이는 아마 난폭하고 각박한 관리가 없어지지 않아 백성 가운데 억울하게 생업을 잃은 자가 많아서일 것이다. 간대부 임林 등을 보내 천하를 돌며 감찰하게 하겠다."

겨울 12월 초하루 무신일에 일식이 있었다. 한밤중에 미앙궁 전각에 지진이 일어났다. 조칙을 내렸다.

"하늘이 백성을 내렸으나 질서가 잡히지 않자 임금을 세워 다스리게 했다. 임금의 도가 서면 초목과 곤충도 그 덕을 입는다. 임금이 덕을 잃어버리면 허물이 천지에 드러나고 재이가 계속 일어나 실정失政을 경고한다. 짐이 치도治道를 공부한 기간이 부족하고 인사 행정이 적절하지 않아 무신일에 일식과 지진이 일어났으니 몹시 두렵다. 공경은 짐이 무엇을 잘못했는지 낱낱이 보고하라. 그대들은 앞에서는 따르는 척하다가 뒤에서 이러쿵저러쿵 비난하지 말라. 승상, 어사 그리고 장군, 열후, 중이천석 및 내외의 군과 국은 현량과 방정으로 직언하고 극간할 수 있는 인재를 천거하여 공거公車[220]에 보내도록 하라. 짐이 그들을 살필 것이다."

---

220 한나라 때 상서上書와 징소徵召를 관장하던 관청.

월준군越嶲郡에서 산사태가 났다.

건시 4년(B.C. 29년) 봄, 중서의 환관을 폐지했다. 처음으로 상서의 정원을 다섯 명으로 정했다.

여름 4월에 눈이 내렸다.

5월, 중알자승中謁者丞 진림陳臨이 사예교위司隸校尉 원풍轅豐을 궁중에서 죽였다.

가을, 복숭아나무와 오얏나무에 열매가 열렸다. 홍수가 나서 황하가 동군東郡의 금제金隄로 범람했다.

겨울 10월, 어사대부 윤충尹忠이 황하가 범람하자 직분을 다하지 못했다고 여겨 자살했다.

하평河平 원년(B.C. 28년) 봄 3월, 조칙을 내렸다.

"황하가 동군으로 범람하여 연주兗州와 예주豫州가 떠내려 갔는데, 교위 왕연세王延世가 제방을 쌓자 바로 물길이 안정되었으니 개원하여 '하평'이라고 하겠다. 천하의 관리와 백성에게 등급에 따라 작을 하사하겠다."

여름 4월 그믐 기해일, 개기일식이 있었다. 조칙을 내렸다.

"짐이 천자에 즉위하고 전전긍긍 노력했지만, 아직 선조의 큰 업적을 제대로 계승할 수 없었다. 전傳에 '남자에 대한 교화가 이루어지지 않고, 나라의 정사가 제대로 이루어지지 않으면 일식이 일어나게 마련이다'라고 했다. 하늘이 재이를 보여 주었는데 그 죄는 짐에게 있다. 공경대부는 온 마음을 다해서 짐의 부족한 점을 돕도록 하라. 모든 관료는 직무를 잘 수행하여 어진 사람을 뽑고 악한 사람은 물리쳐라. 짐에게 잘못이 있다면 거리낌 없이 말하라."

천하에 대사면령을 내렸다.

6월, 전속국을 폐지하고 대홍려에 병합시켰다.

가을 9월, 태상황의 침묘원을 다시 복원했다.

하평 2년(B.C. 27년) 봄 정월, 패군沛郡의 철관에서 쇠를 주조하던 중에 쇳물이 용광로 속에서 터져 흩어져 버렸다. 이 이야기는 「오행지」에 실려 있다[221].

여름 6월, 외숙인 왕담, 왕상, 왕립, 왕근, 왕봉시를 모두 열후에 봉했다.

하평 3년(B.C. 26년) 봄 2월 병술일, 건위군에 지진이 일어나 산이 무너져 내렸다. 흘러내린 돌과 흙이 장강 물길을 막

---

221 『한서』「오행지」에 다음과 같은 기록이 있다. "한나라 성제 하평 2년 정월 패군 철관이 주철을 하는데, 철이 내려오지 않고 천둥소리처럼 웅웅거리고 북소리처럼 둥둥거리자 공인 13명이 겁이 나 도망갔다. 소리가 멈춘 후 땅을 보니 땅이 수 척이나 파이고 용광로는 열 조각이 나 버렸다. 용광로 속의 쇳물은 유성처럼 흩어져 날아가 버리니 정화 2년의 사건과 같았다."라고 했다. 정화 2년의 관련 기사는 다음과 같다. "한나라 무제 정화 2년(B.C. 91년) 봄, 탁군의 철관이 주철을 하다가 기술상의 어떤 문제로 철이 녹아 모두 날아가 버렸다."

아 강이 범람했다.

가을 8월 그믐 을묘일, 일식이 일어났다. 광록대부 유향劉向이 궁중 장서를 교정했다. 알자 진농陳農을 보내 전국에 흩어진 책을 찾아 모으게 했다.

하평 4년(B.C. 25년) 봄 정월, 흉노 선우가 조회하러 왔다. 천하의 노역 형도를 사면하고, 효제와 역전에게 작 2급씩 하사했으며, 세금을 피해 도망쳤거나 관에서 빌렸는데 상환하지 못한 돈은 환수하지 않았다.

2월, 선우가 조회를 마치고 돌아갔다.

3월 초하루 계축일, 일식이 있었다. 광록대부 박사 가嘉 등 11명을 보내, 황하 부근의 군을 순행하며 수해로 궁핍해져 먹고살기 힘든 자를 선별해 곡식을 꾸어 줘 구제하게 했다. 가족이 물살에 휩쓸려 죽었는데 장례를 치를 수 없는 집은 군과 국이 작은 관을 제공해 매장하도록 했다. 장례를 치른 경우는 1인당 2천 전씩 지급했다. 수해를 피해 고향을 떠나 인근 군국에서 관에서 나눠 준 양식으로 생활하는 자에게는 마음 상하지 않게 잘 대해 주고 생업을 잃게 하지 않았다. 또한 인정이 많고 행실이 믿음직하며 직언을 할 수 있는 인재를 천거하게 했다. 임신일, 장릉長陵 부근 경수涇水 가의 산이 무너져 물길이 막혔다.

여름 6월 경술일, 초왕 유효劉囂가 죽었다. 산양 땅의 바위에서 불이 일어나 양삭陽朔으로 개원했다.

양삭陽朔 원년(B.C. 24년) 봄 2월 그믐 정미일, 일식이 있었다.
3월, 천하의 형도를 사면했다.
겨울, 경조윤 왕장王章이 죄를 지어 하옥시켰는데 죽었다.

양삭 2년(B.C. 23년) 봄, 날씨가 추웠다. 조칙을 내렸다.
"옛날 요堯 임금이 희씨羲氏와 화씨和氏를 관직에 세우고서 사계절의 일을 관장하게 하고 그 질서를 잘 지키게 하였다. 그래서 『상서』「요전堯典」에 '백성이 아! 변화하니 이에 평화롭다'라고 하였으니 음양陰陽으로 근본을 삼은 것이 분명하다. 지금 공경대부 가운데 음양을 믿지 않고 이를 경박하고 하찮은 것으로 생각하여 주청하는 것이 월령에 어긋나는 것이 많다. 잘 모르는 일을 천하에 가르치면서 음양의 조화를 바라면 어찌 잘못된 일이 아니겠는가. 사계절의 월령에 따르도록 힘써라."
3월, 천하에 대사면령을 내렸다.
여름 5월, 질秩 팔백석과 오백석 관직을 없앴다.
가을, 관동關東에 홍수가 나서 유민流民들이 함곡函谷, 천정天井, 호구壺口, 오완五阮 관關에 들어가려고 하자 입관 심사를 엄격히 하지 말도록 명했다. 간대부 박사를 해당 관에 보내서 감찰하게 했다.

8월 갑신일, 정도왕定陶王 유강劉康이 죽었다.

9월, 사명使命을 받든 신하가 황제의 기대에 부응하지 못했다. 조칙을 내렸다.

"옛날에 태학을 세운 것은 선왕의 공적을 전하고 천하를 교화하기 위해서였다. 유림儒林의 관리는 천하 관원의 연원淵源으로 모두 고금의 사리에 밝고, 기존 지식을 바탕으로 새 지식을 열며, 나랏일에 통달해야 하므로 이들을 박사博士라 부른다. 반대로 학자가 연구하지 않아 아랫사람이 업신여긴다면 이는 도덕道德을 높이는 방법이 아니다. 옛말에 '장인이 제 일을 잘하려고 하면 먼저 도구를 잘 갈고 닦아야 한다'라고 했다. 승상, 어사대부는 중이천석, 이천석과 함께 박사 자리에 알맞은 인재를 천거하여 이들이 재능을 발휘하게 하라."

이 해에 어사대부 장충張忠이 죽었다.

양삭 3년(B.C. 22년) 봄 3월 임술일, 운석이 동군東郡에 떨어졌다. 여덟 개였다.

여름 6월, 영천군潁川郡 철관鐵官의 노역 죄수 신도성申屠聖 등 180명이 장리를 죽이고 무기고에서 병기를 훔쳐 장군이라 자칭하며 군 아홉 곳을 휩쓸고 다녔다. 승상장사丞相長史, 어사중승을 보내 체포하게 하고 군대를 일으켜 토벌하게 해서 죄에 따라 처벌했다.

가을 8월 정사일, 대사마 대장군 왕봉王鳳이 죽었다.

양삭 4년(B.C. 21년) 봄 정월, 조칙을 내렸다.

"「홍범洪範」 팔정八政²²² 가운데 '식食'이 제일 으뜸이다. 백성의 생활을 안정시키고 형벌을 쓰지 않는 근본이 되기 때문이다. 선제께서 농사를 권장하시며 세금을 낮추고 농업에 충실한 사람을 아껴서 역전과力田科를 효제과孝弟科와 나란히 두게 하셨다. 요즈음 백성이 게을러 농사짓는 자가 적고 장사치만 늘어나니 이들을 어떻게 바로잡겠는가? 지금이 바로 농사를 시작할 때이니 이천석 관리는 농사와 양잠을 권장하고 논밭에 직접 들어가, 위로하는 짐의 뜻을 전하라. 『상서』「반경盤庚」에 '농사에 힘써야 풍년이 들 것이다'라는 말도 있으니 힘쓰도록 하라."

2월, 천하에 사면령을 내렸다.

가을 9월 임신일, 동평왕 유우가 죽었다.

윤월 임술일, 어사대부 우영于永이 죽었다.

홍가鴻嘉 원년(B.C. 20년) 봄 2월, 조칙을 내렸다.

"짐이 천지를 받들어 황제 자리에 올랐으나, 눈은 가려져 인재를 제대로 못 알아보고, 덕은 모자라 백성을 편안히 다

---

222 옛날 중국의 여덟 가지 중요한 정치 사항. 곧, 식食, 화貨, 사祀, 사공司空, 사도司徒, 사구司寇, 빈賓, 사師를 일컫는다.

스리지 못하고, 형벌은 기준이 없으니, 백성이 생업을 잃고 원성이 가득하여 궐로 달려와 처지를 호소하는 자가 끊이지 않는다. 이는 추위와 더위가 순서를 잃고 해와 달이 빛을 잃는 등 음양 조화가 어그러진 허물을 백성이 받은 것이니 짐은 몹시 마음이 아프다.『상서』「문후지명文侯之命」에 '내 관리 가운데 어른이나 현자가 없으니 허물이 내 몸에 있다'라고 했다. 마침 봄이고 만물이 생장하는 때이다. 짐이 직접 간 대부 이理 등을 보내니 삼보, 삼하, 홍농의 억울한 옥사를 보고하도록 하라. 공경대부와 부部 자사는 군수와 상相에게 경계하여 짐의 뜻에 부응하라. 천하 백성에게 작 1급씩 하사하고, 여자에게 1백 호마다 소고기와 술을 내리며, 홀아비·과부·고아·독거노인·고령의 노인에게는 비단을 추가로 하사하겠다. 세금을 피해 도망하였거나 관에서 빌리고 갚지 못한 돈은 거두지 않겠다."

임오일, 초릉에 행차해 노역하던 죄수를 사면했다. 신풍新豐 희수戱水가 고을을 창릉현昌陵縣으로 삼아 초릉을 조성하는 비용을 대도록 하고, 1백 호마다 소고기와 술을 하사했다. 황제가 처음으로 미복을 입고 궐 밖으로 잠행 나갔다.

겨울, 진정眞定에서 황룡黃龍이 나타났다.

홍가 2년(B.C. 19년) 봄, 운양에 행차했다.

3월, 여러 박사가 음주 의례를 행하는데, 꿩이 뜰에 모여

들어 계단을 따라 당堂에 올라 울더니 각 관부에 모였다가 다시 승명전承明殿에 내려앉았다. 조칙을 내렸다.

"옛날에 인재를 선발할 때는, 말을 들어 보고 일로 시험하였다. 그러므로 나랏일을 망치는 관리가 없고 게으른 백성이 없었다. 그리고 교화는 아래까지 내려가고 날씨는 절기에 조화로워 온갖 곡식이 풍성해지니 백성이 일을 즐기고 모두 편안하였다. 짐이 대업을 계승하고 십여 년이 되었으나, 홍수, 가뭄, 전염병 같은 재해를 여러 차례 만나 백성이 배고프고 추위에 떨고 있으니, 예의가 흥하기를 바라기가 정말로 어렵구나! 짐에게는 나라를 이끌 방법이 없는데 제왕의 도는 날로 쇠퇴해져 간다. 인재를 선발하는 길이 막힌 것인가? 아니면 적합하지 않은 사람을 천거해서인가? 덕이 있고, 의를 행하고, 직언을 할 수 있는 자를 등용하여 시급한 일에 대한 대책을 듣고 짐의 부족한 점을 바로잡기를 바란다."

여름, 군국에서 자산이 5백만 전 이상인 자 가운데 5천 호를 창릉으로 이주시켰다. 승상, 어사대부, 장군, 열후, 공주, 중이천석 관리에게 묫자리와 저택을 하사했다.

6월, 중산中山 헌왕憲王의 손자 유운객劉雲客을 광덕왕廣德王으로 삼았다.

홍가 3년(B.C. 18년) 여름 4월, 천하에 사면령을 내렸다. 관리와 백성에게 작을 사고팔 수 있게 했는데, 값은 1급당 1천 전이었다. 가뭄이 혹심했다.

가을 8월 을묘일, 효경묘孝景廟의 문루門樓에 불이 났다.

겨울 11월 갑인일, 황후 허씨를 폐위했다. 광한廣漢 땅의 남자 정궁鄭躬 등 60여 명이 관청을 공격해, 죄수를 풀어 휘하에 두고 무기고를 털어서 스스로 산군山君이라 칭했다.

홍가 4년(B.C. 17년) 봄 정월, 조칙을 내렸다.

"법을 관대하게 행하고 가혹하게 하지 말라고 담당 관리에게 여러 차례 경계했지만, 지금까지도 바뀌지 않았다. 한 사람이 죄를 지으면 온 집안이 잡혀가고, 농민은 생업을 잃어 원성이 자자한데, 이것이 화목한 기운을 해쳐 홍수와 가뭄의 재앙이 내렸다. 관동에는 유민이 들끓고, 청주青州, 유주幽州, 기주冀州는 그중에서도 특히 심하니 짐이 몹시 애통하다. 그런데 관리로서 이를 측은하게 생각하는 자가 없으니 짐과 함께 걱정할 자는 누구인가! 얼마 전에 사자를 보내 군국을 순행하면서 실정을 파악하게 했다. 재해를 4할 이상 입고, 자산이 3만 전 이하이면 조부租賦를 내지 말고, 세금을 피해 도망했거나 관에서 빌렸는데 상환하지 못한 돈은 거두지 않겠다. 유민이 입관하려고 하면 성명을 기록한 다음 받아들이겠다. 군국은 유민을 예우하고 다시 일어설 수 있도록 도와주도록 하라. 짐의 뜻에 부합하도록 하라."

가을, 발해군勃海郡과 청하군淸河郡에서 황하 제방이 터져 수해를 입은 자를 구제했다.

겨울, 광한 땅 정궁 등의 무리가 점점 커져서, 현 네 곳을 약탈했는데 그 수가 1만 명에 달했다. 하동도위河東都尉 조호趙護를 광한 태수에 임명하고, 광한군과 촉군蜀郡에서 병사 3만 명을 징발해 공격했다. 같은 편을 잡아 오거나 목을 베어 오면 죄를 사면해 줬다. 한 달 만에 평정하자, 조호를 집금오執金吾로 승진시키고 황금 1백 근을 하사했다.

영시永始 원년(B.C. 16년) 봄 정월 계축일, 얼음을 보관하는 태관太官의 능실에 불이 났다. 무오일, 여후원戾后園의 문루에 불이 났다.

여름 4월, 첩여 조씨[趙氏, 조비연趙飛燕]의 아버지 조림趙臨을 성양후成陽侯에 봉했다.

5월, 외숙 왕만王曼의 아들인 시중 기도위 광록대부 왕망王莽을 신도후新都侯에 봉했다.

6월 병인일, 조씨를 황후로 세웠다. 천하에 대사면령을 내렸다.

가을 7월, 조칙을 내렸다.

"짐은 덕이 부족하고 아랫사람의 의견을 다 수렴하지 못하는데, 3년이면 창릉을 완성할 수 있다는 장작대장將作大匠 해만년解萬年의 말을 잘못 들어서, 공사를 시작한 지 5년이

나 되었는데도 능의 정침正寢과 사마문司馬門은 아직 착공도 하지 못했다. 천하에 재물을 허비하고 백성이 피로에 지쳤으며, 멀리서 운반해 온 흙이 좋지 않아 완공할 수 없다. 짐이 곤란한 점을 생각하면 몹시 가슴이 아프다. 공자가 '잘못을 하고도 고치지 않는다면 이것이 바로 잘못이다'라고 하지 않았던가! 천하가 술렁이지 않도록 창릉 공사는 중단하고, 연릉延陵으로 관리와 백성을 이주시키지 말라."

그리고는 성양城陽 효왕孝王의 아들 유이劉俚를 왕으로 세웠다.

8월 정축일, 선제宣帝의 황후 태황태후 왕씨가 죽었다.

영시 2년(B.C. 15년) 봄 정월 기축일, 대사마 거기장군 왕음王音이 죽었다.

2월 계미일 밤, 운석이 비처럼 떨어졌다. 그믐 을유일, 일식이 있었다. 조칙을 내렸다.

"얼마 전, 용이 동래東萊에 나타나고 일식이 있었다. 하늘이 재이를 보여 짐의 잘못을 드러내었으니 짐은 몹시 걱정이다. 공경은 모든 관리를 단속하고 하늘의 경고를 심사숙고하여, 부담을 줄여서 백성을 편안하게 할 수 있다면 조목을 갖춰 보고하라. 빈민에게 빌려준 돈은 거두지 말라."

또 명하였다.

"관동 지역이 몇 년 동안 흉년이 들어, 관리와 백성이 자

발적으로 빈민을 거둬 먹이고, 곡물을 내어 관청이 구제하는 일을 도왔는데, 이 비용은 이미 하사하여 전달하였다. 이 가운데 1백만 전 이상 낸 자에게는 우경右更 작을 하사하고 관리가 되고 싶어 한다면 삼백석에 임명하며, 신분이 관리라면 2등을 승진시키겠다. 30만 전 이상이면 오대부 작을 하사하고, 신분이 관리이면 2등을 승진시키며 백성이라면 낭郎에 보임하겠다. 10만 전 이상 내었다면 삼 년간 세금을 면제하고, 1만 전 이상이면 일 년간 조부를 면제하겠다."

겨울 11월, 옹 땅에 행차해 오치에서 제사를 지냈다.

12월, 조칙을 내렸다.

"전 장작대장 해만년解萬年은 창릉이 지세가 낮아 능을 조성할 수 없다는 것을 알고서도, 창릉을 조성하고 성곽을 만들자고 주청하였고, 함부로 교묘하게 속여 흙을 높이 쌓고 부세와 요역을 늘려 무리한 공사를 강행했다. 사졸과 노역 죄수가 죄를 지어 죽는 일이 끊이지 않고, 백성의 삶이 극도로 피폐해졌으며, 천하 물자는 바닥났다. 전에 대사농중승大司農中丞을 지낸 상시常侍 왕굉王閎은 창릉만은 안 된다고 여러 번 주청하였고, 시중 위위 순우장淳于長도 공사를 조기에 그만두고 옮겨 온 백성은 고향에 돌려보내야 한다고 여러 번 건의했다. 짐은 순우장이 이렇게 건의하기에 공사를 강행해서는 안 된다는 왕굉의 상소문을 공경에게 의논하게 했더니 의견이 모두 일치했다. 순우장이 시작하고 왕굉이 주관하여 비용을 크게 절약했고 백성도 편히 살게 되었다. 왕굉에게 전에 관내후 작과 황금 1백 근을 하사했으니, 순우장에게 관내후 작과 식읍 1천 호를 하사하고, 왕굉에게는 식읍 5백 호를 하사하겠다. 해만년은 간사하고 불충한 데다 백성에게 해악을 끼쳐서 천하에서 원망하는 말이 그치지 않는다. 설사 사면해 준다 해도 경사에 살게 할 수는 없으니, 돈황군敦煌郡으로 이주시키겠다."

이 해에 어사대부 왕준王駿이 죽었다.

영시 3년(B.C. 14년) 봄 정월 그믐 기묘일, 일식이 있었다. 조칙을 내렸다.

"재앙이 거듭되니 짐이 몹시 두렵다. 백성이 생업을 잃을까 걱정되어 태중대부 가嘉 등을 직접 보내 천하를 순행하게 하고 노인과 백성이 괴로워하는 일을 알아보도록 하겠다. 부部 자사와 함께 순박하고 겸손하며 의로운 행동을 한 자를 각각 한 명씩 추천하도록 하라."

겨울 10월 경진일, 황태후 왕정군王政君이 담당 관리에게 명해 감천의 태치와 분음의 후토, 옹雍의 오치, 진창陳倉의 진보사陳寶祠를 복구하게 했다. 자세한 이야기는 「교사지郊祀志」에 실려 있다.

11월, 위지현尉氏縣의 남자 번병樊並 등 열세 명이 모반해 진류 태수陳留太守를 살해하고 관리와 백성을 위협해 스스로 장군이라 칭했다. 노역 죄수 이담李譚 등 다섯 명이 함께 번병 등을 때려죽였다. 모두 열후에 봉해졌다.

12월, 산양山陽 철관鐵官의 노역 죄수 소령蘇令 등 228명이 장리를 죽이고 무기고를 턴 다음 스스로 장군이라 칭했다. 군과 국 19곳을 휩쓸면서 동군 태수東郡太守, 여남도위汝南都尉를 살해했다. 승상장사와 어사중승에게 부절을 주어 보내 잡아들이도록 재촉했다. 여남 태수汝南太守 엄흔嚴訢이 소령 등을 잡아 목을 베었다. 엄흔을 대사농에 승진시키고 황금 1백 근을 하사했다.

영시 4년(B.C. 13년) 봄 정월, 감천궁에 행차해 태치에서 하늘에 제사를 지냈는데 신령한 빛이 자전紫殿을 비췄다. 천하에 대사면령을 내렸다. 운양의 관리와 백성에게 작을 하사하고 여자에게 1백 호마다 소고기와 술을, 홀아비·과부·고아·독거노인·고령의 노인에게는 비단을 하사했다.

3월, 하동군河東郡에 행차해 후토에서 땅에 제사를 지내고 관리와 백성에게 운양에서처럼 하사했으며, 황제의 행차가 지나가는 곳은 토지세를 면제해 줬다.

여름 4월 계미일, 장락궁 임화전臨華殿과 미앙궁 동쪽 사마문司馬門에 불이 났다.

6월 갑오일, 패릉원霸陵園 문루에 불이 났다. 효선황제 두릉에서 황제를 한 번도 모신 적이 없는 여관女官은 모두 고향에 돌려보냈다. 조칙을 내렸다.

"얼마 전 장안에 지진이 일어나고 화재가 자주 일어나 짐이 몹시 걱정된다. 담당 관리는 그 재앙에 대해 자세히 설명하라. 짐이 직접 읽어 보겠다."

또 다음과 같이 명했다.

"옛날 성왕은 예제禮制를 밝혀 존비귀천을 나누었고, 수레와 복식에 차별을 두어 덕이 있는 사람을 드러내었다. 재산이 많아도 지위가 없으면 그 예를 행하지 못했다. 그러므로 백성이 기꺼이 따르며 의리義理를 숭상하고 사욕私慾을 멸시했다. 지금 세상은 사치스럽고, 분수를 지키지 않으며, 도무지 만족을 모른다. 공경과 열후 그리고 종친과 근신의 행실은 천하 사람의 표준이 되어야 하지만 스스로 단속하고 예를 준수하여 짐과 같은 마음으로 나라를 걱정하는 신하는 보지 못했다. 어떤 자는 사치와 온갖 즐거움을 다 누리면서 집을 크고 화려하게 짓고, 정원을 꾸미고, 노비를 많이 부리고, 수놓은 비단으로 옷을 해 입고, 제후나 가지는 종고鐘鼓를 설치하고, 미녀 가수나 무용수를 거느릴 궁리만 하여, 수레와 복식의 예 그리고 혼례와 상례에 모두 예법을 지키지 않는다. 관리와 백성이 본받아 점차 풍속이 되었으니 백성이 절약하고 풍족해지기를 바랄 수 있겠는가!『시경』「절남산節南山」에 '빛나고 빛나는 태사 윤씨여. 백성이 그대를 우러러보네.'라고 했다. 담당 관리에게 명하여 나쁜 습속을 금하게 하라. 청색, 녹색은 백성이 많이 입는 옷이니 금지하지 말라. 열후와 근신은 각자 반성하여 행실을 고치도록 하라. 사예교위司隸校尉[223]는 고치지 않는 자를 감찰하라."

가을 7월 그믐 신미일, 일식이 있었다.

원연元延 원년(B.C. 12년) 봄 정월 초하루 기해일, 일식이 있었다.

3월, 옹雍으로 행차해 오치에서 제사를 지냈다.

여름 4월 정유일, 마른번개가 치고 천둥이 울리고 섬광이 번쩍이더니, 갑자기 번개가 온 사방에 내리치다가 저녁이 되어서야 잦아들었다. 천하에 사면령을 내렸다.

가을 7월, 혜성이 동정 자리에 나타났다. 조칙을 내렸다.

"얼마 전 일식이 일어나고 운석까지 떨어져 하늘이 짐의 실정失政을 꾸짖었는데 큰 재앙은 계속해서 일어났다. 관직에 있는 신하 가운데 직언하는 자가 없다. 이번에 또 혜성이 동정 자리에 나타나 짐이 몹시 염려된다. 공경대부, 박사, 의랑議郎은 마음을 다하여 하늘이 재앙을 내린 뜻을 생각하고, 경전을 근거로 숨김없이 분명하게 설명하라. 관내의 군과 국에서는 방정方正하고 직언, 극간할 수 있는 자를 한 명씩 추천하고, 북쪽 변경 지역의 22개 군은 용맹하고 병법을 잘 아는 자를 한 명씩 추천하라."

[223] 황제의 친족을 포함한 조정 대신들을 감찰하는 관리.

소蕭 상국相國의 후손 소희蕭喜를 찬후酇侯에 봉했다.

겨울 12월 신해일, 대사마 대장군 왕상王商이 죽었다. 이 해에 황후 조비연의 자매 조소의趙昭儀가 후궁이 낳은 황자皇子를 죽였다.

원연 2년(B.C. 11년) 봄 정월, 감천궁에 행차해 태치에서 하늘에 제사 지냈다.

3월, 하동군에 행차해 후토에서 땅에 제사 지냈다.

여름 4월, 광릉효왕廣陵孝王의 아들 유수劉守를 광릉왕에 봉했다.

겨울, 장양궁長楊宮에 행차해 짐승을 큰 울타리에 몰아넣고 흉노 빈객과 함께 사냥했다. 배양궁賁陽宮에서 하루를 묵은 다음 시종관에게 하사했다.

원연 3년(B.C. 10년) 봄 정월 병인일, 촉군蜀郡 민산岷山이 무너져 장강 물길이 사흘 동안 막히자 물이 말랐다.

2월, 시중 위위 순우장淳于長을 정릉후定陵侯에 봉했다.

3월, 옹 땅에 행차해 오치에서 제사 지냈다.

원연 4년(B.C. 9년) 봄 정월, 감천에 행차해 태치에서 하늘에 제사를 지냈다.

2월, 사예교위 관직을 폐지했다.

3월, 하동에 행차해 후토에서 땅에 제사 지냈다. 감로가 장안에 내려서 장안 백성에게 소고기와 술을 하사했다.

수화綏和 원년(B.C. 8년) 봄 정월, 천하에 대사면령을 내렸다.
2월 계축일, 조칙을 내렸다.
"짐이 태조太祖의 대업을 계승하여 황제 자리에 오른 지 25년이 되었으나 덕이 천하를 편히 다스리기에 부족하여 원망하는 백성이 많다. 하늘이 복을 내리지 않아 아직 후사가 없으니 천하 백성이 마음을 의지할 데가 없다. 경계로 삼을 만한 지난 일을 살펴보면 재앙의 씨앗은 모두 황위 계승 문제에서 비롯되었다. 정도왕定陶王 유흔劉欣은 짐에게 아들뻘인데 성품이 어질고 효성스러우니 천명을 받들어 제사를 계승할 만하다. 유흔을 황태자로 삼겠다. 중산왕의 외숙 간대부 풍참馮參을 의향후宜鄕侯에 봉하고 식읍으로 중산국의 3만 호를 더해 주어 그 마음을 위로하겠다. 제후왕, 열후에게는 황금을, 백성 중에 집안의 대를 이을 자에게는 작을, 삼로·효제·역전에게는 비단을 각각 차등을 두어 하사하겠다."
또 다음과 같이 명했다.
"왕이 된 자는 반드시 전대 이왕二王의 후손[224]을 보존해 주어 천지인天地人 삼통三統을 두루 소통하게 했다고 한다. 옛날 성탕은 천명을 받아서 삼대三代의 반열이 되었으나 제사가

224 새 왕조가 건립된 뒤 전대 두 왕조의 왕족으로서 작위에 봉해진 후예.

끊어지고 말았다. 성탕의 후손을 찾아보니 공길孔吉만큼 바른 사람이 없다. 공길을 은소가후殷紹嘉侯에 봉하겠다."

3월, 작위를 공의 반열에 올렸고, 주승휴후周承休侯도 공에 봉했다. 봉지는 각각 1백 리였다. 옹 땅에 행차해 제사 지냈다.

여름 4월, 대사마 표기대장군票騎大將軍 왕근王根을 대사마에 임명하고 장군의 관부를 폐지했다. 어사대부를 대사공大司空으로 개칭하고 열후에 봉했다. 대사마와 대사공의 녹봉을 승상 수준으로 올렸다.

가을 8월 경술일, 중산왕 유흥劉興이 죽었다.

겨울 11월, 초효왕楚孝王의 손자 유경劉景을 정도왕定陶王으로 세웠다. 정릉후 순우장淳于長이 대역무도의 죄명으로 감옥에서 죽었다. 정위 공광孔光에게 부절을 주어 보내어 폐위된 귀인貴人 허씨에게 사약을 내렸고, 허씨는 사약을 마시고 죽었다.

12월, 부자사部刺史를 폐지하고 다시 주목州牧(주의 장관)을 설치했다. 질은 이천석이었다.

수화 2년(B.C. 7년) 봄 정월, 감천에 행차해 태치에서 하늘에 제사 지냈다.

2월 임자일, 승상丞相 적방진翟方進이 죽었다.

3월, 하동에 행차해 후토에서 땅에 제사 지냈다. 병술일, 성제가 미앙궁에서 죽었다. 황태후가 담당 관리에게 조칙을 내려 장안의 남교와 북교에서 천지天地에 지내던 제사를 복구하도록 명했다.

4월 기묘일, 연릉延陵에서 장사 지냈다.

[찬贊]: 신 반표班彪의 고모가 후궁으로서 첩여가 되어 우리 집안 부자 형제가 조정에서 황제를 모셨는데, 황제께서는 옛날의 성제를 언급하며 자주 신에게 이야기하셨습니다.

"성제께서는 예법禮法에 맞는 몸가짐을 잘 차리시어 수레에 오르면 단정하고 엄숙하게 서서 곁눈질하거나 함부로 말하거나 손가락으로 지적하지 않으셨고, 조정에서는 진중하고 말수가 적어 신神처럼 존엄했으니 참으로 위엄 있고 공경스러운 천자의 모습이라 할 만하다. 그리고 고금의 서적을 두루 살펴보고 직언을 너그럽게 받아 주셨다. 공경은 직무에 맞게 일을 수행하였고 주청하는 글은 모두 훌륭했다. 태평성세를 만나 상하가 화목했다. 그러나 술과 여색에 빠지자 조씨 자매가 궁중을 어지럽히고 외척 왕씨가 정사를 좌우했으니 이를 생각하면 탄식만 나올 뿐이다. 건시建始 연간 이래로 왕씨가 나라 권력을 장악했고, 애제, 평제께서는 재위 기간이 짧았으며, 왕망이 제위帝位를 찬탈하고 말았다. 대체로 왕망이 권력을 남용하여 찬탈에 이르게 된 것은 하루아침에 이루어진 것은 아니었다."

11

애제기

哀帝紀

효애황제孝哀皇帝는 원제 서손庶孫이고 정도定陶 공왕恭王의 아들이다. 정희丁姬 소생이다. 세 살 때 왕위를 이었고, 장성해서는 문장과 법학을 좋아했다. 그가 원연 4년(B.C. 9년)에 부傅, 상相, 중위中尉를 거느리고 조회에 왔다. 그때 성제 아우 중산효왕中山孝王도 조회에 왔는데 부傅만 데리고 왔다. 황제가 이상히 여겨 정도왕에게 물었더니 이렇게 대답했다.

"제후왕이 조회에 올 때 제후국의 이천석을 데려올 수 있다고 영을 내리셨습니다. 사부, 승상, 중위는 모두 이천석이라 다 데리고 왔습니다."

황제가 그에게 『시경』을 암송하게 했는데 다 익히고 그 뜻을 이야기할 수 있었다. 황제는 그 후에 중산왕에게 물었다.

"사부만 데려온 것은 어떤 법령에 따른 것이냐?"

중산왕은 대답하지 못했다. 다시 황제가 『상서』를 암송하게 했는데 다 외우지 못했다. 음식을 차려 주자 혼자 늦도록 배부를 때까지 먹었고, 일어날 때는 버선이 벗겨졌다. 이런 일이 있고 나서 성제는 중산왕이 부족하다고 여겼다. 반면에 황제는 정도왕을 인정하고 여러 차례 장점을 칭찬했다. 당시에 정도왕의 조모 부태후傅太后가 조회에 따라왔는데, 황제가 총애하는 조소의趙昭儀와 황제 외삼촌 표기장군 곡양후曲陽侯 왕근王根에게 몰래 뇌물을 보냈다. 조소의와 왕근은 성제가 후사가 없고 또 자신의 장래를 도모하려고, 모두 정도왕을 칭찬하면서 황제에게 후사로 삼을 것을 권유했다. 성제도 정도왕을 좋게 보고 관례를 치러 준 뒤에 돌려보냈는데 정도왕이 17세 때였다.

다음 해, 집금오 임굉任宏을 대홍려에 임명하고 부절을 주어 정도왕을 불러와 황태자로 세웠다. 정도왕은 사양했다.

"신은 운이 좋아서 부친이 지키던 번국藩國을 이어받아 제후왕이 되었지만, 태자궁에 들 자질은 못됩니다. 폐하께서는 관대하고 인자하시며 조상을 받들고 천지신명을 잘 따라서 자손 대대로 복 받으실 것입니다. 신은 다만 국저國邸[225]에 머물면서 아침저녁으로 폐하를 모시다가 황태자가 정해지면 돌아가 번국을 지키고 싶습니다."

이 서찰이 황제에게 전해졌다. 한 달쯤 뒤에 초효왕楚孝王 손자 유경劉景을 정도왕에 책봉하고 정도 공왕의 제사를 모시게 해 태자가 제위를 계승하는 데에 전념할 수 있게 했다. 자세한 이야기는 「외척전」에 실었다.

225 제후왕이 수도에 왔을 때 머무는 숙소.

수화綏和 2년(B.C. 7년) 3월, 성제가 죽었다.

4월 병오일, 태자가 황제로 즉위하자, 고조묘에 가서 알리고 제사 지냈다. 황태후를 태황태후, 황후를 황태후로 높여 불렀다. 천하에 대사면령을 내렸다. 종실 명부에 오른 왕자에게는 말 네 필을, 관리와 백성에게는 작을, 1백 호마다 소고기와 술을, 삼로·효제·역전·홀아비·과부·고아·독거노인·고령의 노인에게는 비단을 하사했다. 태황태후는 정도 공왕을 공황恭皇으로 추존했다.

5월 병술일, 부씨傅氏를 황후로 세웠다. 조칙을 내렸다.

"『춘추』에 '어미는 자식 덕에 신분이 존귀해진다'[226]라고 했으니 정도 태후는 공황태후, 정희丁姬는 공황후로 높여 부르고 좌우첨사左右詹事[227]를 두며, 식읍은 장신궁長信宮, 중궁中宮과 같게 하라."

부태후 부친은 숭조후崇祖侯, 정태후 부친은 포덕후褒德侯로 추존했다. 외삼촌 정명丁明을 양안후陽安侯, 외사촌 정만丁滿을 평주후平周侯에 책봉했다. 정만 부친 정충丁忠에게 평주회후平周懷侯, 황후 부친 부안傅晏에게 공향후孔鄕侯, 황태후 동생 시중 광록대부 조흠趙欽에게 신성후新成侯 시호를 내렸다.

6월, 조칙을 내렸다.

"음란한 정나라 음악이 아악을 어지럽혀 성왕이 금지했

---

226 『춘추공양전』 은공 원년.
227 황후皇后와 태자太子의 집안일을 담당한 관직.

으니, 악부를 폐지하도록 하라."

곡양후 왕근은 대사마였을 때 애제를 태자로 세우자고 건의해서 봉읍 2천 호가 더해졌다. 태복太僕 안양후 왕순王舜은 예전에 보필해서 봉읍 5백 호, 승상 공광孔光과 대사공 범향후 氾鄕侯 하무何武는 봉읍 각 1천 호가 더해졌다. 조칙을 내렸다.

"하간왕河間王 유량劉良은 태후의 3년 상을 치러 종실의 모범이 되었으니 봉읍 1만 호를 더해 주도록 하라."

조칙에서 또 이렇게 말했다.

"절제하고 법도를 지켜 사치와 음란을 막는 것이 정치에서 가장 중요한 것으로, 어떤 왕도 바꾸지 못할 도道이다. 제후왕, 열후, 공주, 이천석 관리, 부호가 노비를 많이 거느리고, 농지와 저택의 규모는 일정한 한도가 없으며, 백성과 이익을 다투어 백성은 생업을 잃고 여러 가지로 형편이 어렵다. 조례를 제정하여 제한할 방법을 의논하도록 하라."

담당 관리가 조례를 준비해 보고했다.

"여러 왕, 열후는 자신의 나라에서, 장안長安에 있는 열후와 공주는 기타 현도縣道에서, 관내후와 관리 그리고 서민은 모두 30경을 초과하여 개인 명의의 토지를 소유할 수 없게 하십시오. 노비 숫자는 제후왕은 200명, 열후와 공주는 100명, 관내후, 관리, 서민은 30명으로 제한하십시오. 60세 이상과 10세 이하는 포함하지 마십시오. 상인은 토지를 소유하지 못하고 관리도 되지 못하게 하시고, 위반하면 법률로 처벌하도록 하십시오. 토지와 노비 소유가 품급보다 많으면 국가가 몰수하도록 하십시오. 제나라의 삼복관과 여러 관서에서 짜는 수놓은 비단은 만들기도 어렵고 여공의 힘을 소모시키니, 모두 중단시키고 완성된 것도 조정으로 보내지 않도록 하십시오. 임자령任子令[228]과 비방저기법誹謗詆欺法[229]을 폐지하십시오. 액정掖庭 궁인 가운데 30세 이하는 궁에서 내보내서 시집가게 하십시오. 관노비 가운데 50세 이상은 서인으로 풀어 주십시오. 군과 국에서 귀한 짐승을 헌상하지 않도록 하십시오. 삼백석 이하 관리의 봉록을 더해 주십시오. 백성을 해치거나 포학한 관리를 감찰하여 바로 면직시키십시오. 담당 관리가 지난 일을 사면해 천거하지 못하게 하십시오. 박사제자의 부모가 죽으면, 휴가를 줘서 3년 상을 지내게 하십시오."

가을, 곡양후 왕근과 성도후成都侯 왕황王況이 모두 죄를 지었다. 왕근은 봉국으로 보내고, 왕황은 파면해 서인으로 강등시키고 고향 군으로 돌려보냈다. 조칙을 내렸다.

"짐은 종묘의 막중한 일을 이어서 전전긍긍하며 천명을 잃을까 걱정한다. 근래에 해와 달이 빛을 잃고, 오성은 그 자리를 벗어나 운행하며, 군과 국에서는 잇달아 지진이 일어

---

[228] 이천석 이상의 관리가 3년을 채우게 되면 형제나 자식 한 명을 낭郎으로 임용할 수 있게 한 것.
[229] 남을 비방하거나 모함해 속이는 말을 하는 자를 처벌하는 법.

났다. 최근 하남군河南郡과 영천군潁川郡에서 홍수가 나 백성이 죽고 가옥이 무너졌다. 부덕한 것은 짐인데도 백성이 그 고통을 받으니 매우 근심스럽다. 광록대부를 보내 순행하며, 호적과 대조하여 죽은 자에게는 관을 살 돈을 1인당 3천 전씩 하사하도록 했다. 홍수로 손해를 입은 현읍과 다른 군과 국 가운데 4할 이상 재해를 입은 곳이나, 백성 가운데 재산이 10만 전이 되지 않는 자 모두에게 금년 조부를 내지 말게 하라."

건평 원년(B.C. 6년) 봄 정월, 천하에 사면령을 내렸다. 시중 기도위 신성후 조흠과 성양후 조흔趙訢이 죄를 지어서, 파면해 서인으로 강등시키고 요서遼西로 이주시켰다. 태황태후가 외가 왕씨 토지 가운데 무덤 자리가 아닌 것을 모두 빈민에게 주도록 조칙을 내렸다.

2월, 조칙을 내렸다.

"성왕은 정치에서 인재를 얻는 것을 중시했다. 대사마, 열후, 장군, 중이천석, 주목, 군수, 상相은 효심이 깊고 우애가 있으며 직언하고 정사에 뛰어난 인재를 추천하되, 궁벽한 지역 출신이라도 벼슬을 시키면 백성과 친하게 지낼 만한 자를 각각 한 명씩 천거하라."

3월, 제후왕, 공주, 열후, 승상, 장군, 중이천석, 중도관낭리中都官郎吏에게 황금과 돈, 비단을 각각 등급에 맞춰 하사했다.

겨울, 중산효왕 태후 원원, 아우 의향후 풍참이 죄를 짓고 모두 자살했다.

건평 2년(B.C. 5년) 봄 3월, 대사공을 폐지하고, 어사대부를 다시 설치했다.

여름 4월, 조칙을 내렸다.

"한나라 황실의 제도는 가까운 친족일수록 더 존귀하게 해 준다. 정도定陶 공황恭皇의 호칭에서 정도라고 칭한 것은 적절하지 않다. 공황 태후를 높여 제태태후帝太太后라 하고 영신궁永信宮이라 칭하며, 공황후를 제태후라 하고 중안궁中安宮이라 칭하라. 장안에 공황묘恭皇廟를 세우도록 하라. 천하의 노역하는 죄수를 사면하라."

주목을 폐지하고, 자사를 다시 설치했다.

6월 경신일, 제태후 정씨가 죽었다. 황제가 말했다.

"짐은 부부는 한 몸이라 들었다. 『시경』은 '살아서는 다른 집에 살아도, 죽어서는 같은 묘에 묻힌다'[230]라고 했다. 옛날 계무자季武子[231]가 묘를 만들 때 두씨杜氏 빈소가 서쪽 계단 아래에 있어서 합장하길 청하자 허락했다[232]. 합장의 예는 주나

---

230 『시경』 「왕풍王風·대거大車」.
231 춘추시대 노魯의 경卿. 이름은 숙宿이다. 노 양공襄公 7년(B.C. 566년)에 정권을 장악하고 노나라의 병력을 증강시켰지만, 노 공실의 세력은 약화되고 계손씨가 전권을 휘두르는 계기가 됐다.
232 『예기禮記』 「단궁檀弓」.

라에서 시작되었다. '문물이 융성하도다. 나는 주나라를 따르겠다.'[233] 효자는 죽은 사람을 산 사람 섬기는 것처럼 한다. 제태후 능을 공황 원묘園廟에 세우라."

그러고 나서 정도에 장사 지냈다. 진류陳留와 제음濟陰에 가까운 군과 국에서 5만 명을 동원해 흙을 덮었다. 대조待詔 하하량夏賀良 등이 적정자赤精子[234] 참언으로 한 왕실의 기운이 쇠퇴할 것이니 다시 천명을 받아야 하므로 개원해 연호를 바꿔야 한다고 주장했다. 이에 조칙을 내렸다.

"한나라가 세워지고 2백 년이 지나는 동안 여러 차례 개원했다. 하늘이 재주가 없는 짐을 도와 한나라가 다시 천명의 조짐을 얻게 되었으니 짐이 부덕하기는 하지만 그 천명에 통하지 않을 수 있겠는가! 하늘의 대명을 받으려면 반드시 천하와 함께 새로워져야 하니 천하에 대사면령을 내린다. 건평 2년을 태초원장太初元將 원년으로 삼는다. 호칭은 진성유태평황제陳聖劉太平皇帝라 하겠다. 하루 시각은 100에서 120으로 나누도록 하라."

7월, 위성 서북쪽 들판 위쪽 영릉정의 일부 지역을 초릉으로 정했다. 또한 군과 국의 백성을 이주시키지 않고 편히 살게 했다.

233 『논어』「팔일八佾」.
234 한 고조 유방을 가리킨다. 유방이 적제의 정기로 태어났다 해서 이렇게 부른다. 일설에는 전국시대 월나라 재상 범려의 별호라고도 하고, 노자의 화신이라고도 한다.

8월, 조칙을 내렸다.

"대조 하하량 등이 개원하고 존호를 바꾸고 시각을 더 잘게 나누면, 나라를 영원히 편안케 할 수 있다고 했다. 짐이 잘못하여 하하량의 말을 들어주고 천하가 복을 받기를 바랐지만 걸맞은 응답이 없었다. 그의 말은 모두 경전에 어긋나고 옛일에 위배되며 시의에 적합하지 않다. 6월 갑자일 명령은 짐이 내린 것이라 할 수 없으니 모두 없던 것으로 하라. 하하량 등은 도를 어기고 백성을 현혹했으니, 담당 관리에게 보내라."

그 후 모두 죄에 따라 처벌했다. 승상 주박朱博, 어사대부 조현趙玄, 공향후 부안이 죄를 지었다. 주박은 자살하고, 조현은 사형에서 2등을 감해 처벌받았으며, 부안은 식읍 4분의 1을 삭감당했다. 이 이야기는 「주박전」에 자세히 실려 있다.

건평 3년(B.C. 4년) 봄 정월, 광덕이왕廣德夷王의 아우 광한廣漢을 광평왕廣平王으로 세웠다. 계묘일, 제태태후가 거처하는 계궁桂宮 정전에 불이 났다.

3월 기유일, 승상 평당平當이 죽었다. 혜성이 하고河鼓 자리(견우성)에 나타났다.

여름 6월, 노경왕魯頃王 아들 오향후郚鄕侯 유민劉閔을 왕으로 세웠다.

겨울 11월 임자일, 감천의 태치와 분음의 후토사를 복원하고, 남북 교郊 제사 지내는 곳을 없앴다. 동평왕東平王 유운劉雲, 유운 후비 알謁, 안성공후安成恭侯 부인 방放이 모두 죄를 지었다. 유운은 자살하고, 알과 방은 기시형에 처했다.

건평 4년(B.C. 3년) 봄, 큰 가뭄이 들었다. 관동關東 백성이 서왕모 산가지 점을 전하며 군과 국을 거쳐 서쪽으로 관내에 들어와 장안에까지 이르렀다. 백성도 모여서 서왕모에게 제사 지내고, 밤에 불을 들고 집 위로 올라가 북을 치고 소리를 지르기도 해서 놀라고 두려워했다.

2월, 제태태후의 사촌 동생 시중 부상傅商을 여창후汝昌侯로, 태후 조카 시중 정업鄭業을 양신후陽信侯로 책봉했다.

3월, 시중 부마도위 동현董賢, 광록대부 식부궁息夫躬, 남양태수南陽太守 손총孫寵이 모두 동평왕을 고발해서 열후에 봉해졌다. 이 이야기는 「동현전」에 실려 있다.

여름 5월, 중이천석에서 육백석 및 천하 남자에게 작을 하사했다.

6월, 제태태후를 황태태후皇太太后로 높였다.

가을 8월, 공황원恭皇園 북문에 불이 났다.

겨울, 장군과 중이천석에게 병법에 밝고 원대한 책모가 있는 자를 천거하게 했다.

원수元壽 원년(B.C. 2년) 봄 정월 초하루 신축일, 일식이 있었다. 조칙을 내렸다.

"짐이 종묘를 물려받아 지키게 되었지만 명민하지 못해 밤에 잠자리에 들어서도 걱정하고 애써서 잠시도 편히 쉴 겨를이 없다. 음양이 조화를 이루지 못하고, 백성이 풍족하지 못함을 생각하나 누구의 허물인지 모르겠다. 여러 차례 공경에게 권고하여 힘써 다스리길 바랐다. 지금 담당 관리는 법을 집행해도 올바르지 않고, 포학함을 숭상하거나 세력을 빌어 명성을 얻으려 하여, 어질고 관대한 이는 찾아볼 수가 없다. 그래서 잔학한 자들은 더 늘어나고, 화목함은 날로 쇠미해지며, 백성은 걱정하고 원망하면서 어쩔 줄 몰라 한다. 또 정월 초하루 일식은 그 허물이 다른 곳에 있는 것이 아니라 나 한 사람에게 있다. 공경대부는 각자 온 마음을 다해 여러 관리를 통솔하고, 인자한 사람을 신임하며, 잔적을 멀리 쫓아내어 백성이 편안히 지낼 수 있게 하라. 짐의 허물에 대해서는 꺼리지 말고 간언하라. 장군, 열후, 중이천석은 현량방정賢良方正하고 직언할 수 있는 자를 각각 한 명씩 천거하라. 천하에 대사면령을 내린다."

정사일, 황태태후 부씨傅氏가 죽었다.

3월, 승상 왕가王嘉가 죄를 지어 하옥시켰는데 죽었다.

가을 9월, 대사마 표기장군 정명丁明을 면직시켰다. 효원묘孝元廟 전문殿門에 있는 동銅으로 된 거북과 뱀의 문고리 머리에서 소리가 났다.

원수 2년(B.C. 1년) 봄 정월, 흉노 선우와 오손烏孫 대곤미大昆彌가 조회하러 왔다.

2월, 그들을 귀국시키자 선우가 좋아하지 않았다. 이 이야기는 「흉노전」에 실려 있다.

여름 4월 그믐 임진일, 일식이 있었다.

5월, 삼공의 관직을 바로잡고 직무를 나눴다. 대사마 위장군衛將軍 동현董賢은 대사마로, 승상 공광은 대사도大司徒에 임명하고, 어사대부 팽선彭宣은 대사공으로 임명하고 장평후長平侯에 책봉했다. 사직司直과 사예司隸를 바로잡고, 사구司寇 직을 만들었지만, 담당할 일을 정하지는 않았다.

6월 무오일, 황제가 미앙궁에서 죽었다.

가을 9월 임인일, 의릉義陵에 장사 지냈다.

[찬贊]: 효애황제는 번왕이었다가 태자가 되었는데, 학문이 두루 뛰어나 어릴 때부터 이름을 날렸다. 효성제 때 작록이 왕실을 떠나고, 권세가 밖으로 옮겨지는 것을 보고, 황제에 즉위하자 여러 차례 대신을 처벌했고, 황제 권력을 강화해 무제와 선제를 본받고자 했다. 고아한 성품이어서 음악이나 여색을 좋아하지는 않았지만, 때때로 무술·활쏘기와 무희武戲를 관람했다. 즉위하자 중병이 들었고 말년에 점차 심해져 제위에 오래 있지 못했으니 정말로 안타깝다!

12

평제기

平帝紀

효평황제孝平皇帝는 원제의 서손庶孫으로 중산효왕中山孝王 아들이다. 위희衛姬 소생이다. 세 살 때 왕위를 계승했다.

원수 2년(B.C. 1년) 6월, 애제가 죽자 태황태후가 조칙을 내렸다.

"대사마 동현은 나이가 젊고, 민심에 부합하지 못한다. 인수를 반납하게 하고 파직시켜라."

동현은 그날로 자살했다. 신도후 왕망이 대사마가 되어 상서尚書 일을 통솔했다.

가을 7월, 거기장군 왕순王舜, 대홍려 좌함左咸에게 부절을 줘서 보내 중산왕을 모셔 왔다. 신묘일, 황태후 조씨趙氏를 효성황후孝成皇后로 낮춰 북궁北宮으로 물러나 지내게 하고, 애제 황후 부씨傅氏는 계궁桂宮으로 물러나 지내게 했다. 공향후 부안, 소부少府 동공董恭 모두 관직을 파면하고 작위를 박탈한 다음 합포合浦로 가서 지내게 했다.

9월 신유일, 중산왕이 황제로 즉위하고 고묘에 가서 알리고 제사 지냈다. 천하에 대사면령을 내렸다. 황제 나이가 아홉 살이어서, 태황태후가 조회를 주관하고 대사마 왕망이 정사를 주도하자 백관이 왕망의 명을 따랐다. 조칙을 내렸다.

"사면령은 황제가 천하와 더불어 다시 시작하고, 백성은 행실을 새롭게 하여 성명을 보존하게 하기 위한 것이다. 예전에는 담당 관리가 이전에 사면한 것을 들추어 처벌하자고 상주하여, 죄가 더하여지고 무고한 사람을 처벌하는 일이 많았는데, 신의를 중시하고 형벌을 삼가며 마음을 깨끗이 하고 스스로 새롭게 한다는 취지와 맞지 않는다. 인재를 선발할 때 여러 직무를 거쳐 명망이 있는 사람도 지난 죄과 때문에 관직과 명망을 보전하기 어렵고 또 버려두고 추천하지 않으니, 작은 잘못을 사면하고 뛰어난 인재를 선발하려는 뜻에 심히 어긋난다. 뇌물을 받았거나, 나쁜 짓을 했지만 아직 발각되지 않은 채 추천된 사람에 대해서는 조사하지 말라. 추천된 사람이 힘써 정진하게 하고, 작은 허물이 큰 재능을 막지 않게 하라. 지금 이후로 담당 관리는 이전에 사면한 일에 대하여 상주하지 않도록 하라. 조칙대로 시행하지 않아서 짐의 은혜를 손상시킨다면 부도죄不道罪[235]로 다스리겠다. 법령을 정하고 조문을 작성해서 천하에 포고하여 짐의 뜻을 분명히 알게 하라."

---

235 군주 기망, 비방, 살인, 불효, 대역죄 등의 중범죄.

원시元始 원년(B.C. 1년) 봄 정월, 월상씨越裳氏가 흰 꿩 한 마리, 검은 꿩 두 마리를 여러 차례 통역을 거쳐 헌상하자, 삼공三公에게 종묘에 바치도록 명했다. 여러 신하가 대사마 왕망의 공덕이 주공에 비견된다고 주청해, 안한공安漢公 칭호를 내렸고, 태사太師 공광孔光 등도 모두 식읍을 더해 줬다. 이 이야기는 「왕망전」에 실려 있다. 천하 백성에게 작 1급씩 하사하고, 이백석 이상 견습 관리에게 모두 봉록 전액을 받게 했다. 그 후 옛 동평왕東平王 유운劉雲의 태자 유개명劉開明을 왕으로 세우고, 옛 도향경후桃鄕頃侯 아들 유성도劉成都를 중산왕으로 세웠다. 선제宣帝의 이손耳孫[236] 유신劉信 등 36명 모두를 열후로 책봉했다. 태복太僕 왕운王惲 등 25명은 정도定陶 부태후傅太后의 존호를 의논했을 때, 법을 따르고 지시에 아부하거나 간사한 것을 따르지 않았다. 우장군 손건孫建은 가까이 두고 신임하는 대신이며, 대홍려 좌함은 이전에 엄정하게 의논하고 아부하지 않아 나중에 부절을 받들고 사신으로 가서 중산왕을 모셔 왔다. 또 종정宗正 유불악劉不惡, 집금오 임잠任岑, 중랑장 공영孔永, 상서령尙書令 요순姚恂, 패군沛郡 태수太守 석후石詡는 모두 이전에 함께 대책을 세우고 동으로 가서 맞이하고 즉위하게 할 때 여러 일을 치밀하게 처리했다. 그래서 모두에게 관내후 작을 하사하고 등급에 따라 식읍을 하사했다. 황제가 즉위하러 불리어 올 때 지나온

---

236 자신을 제외한 7대손. 잉손仍孫.

현마다 이천석 이하 좌사까지 등급에 따라 작을 하사했다. 또 제후왕, 공, 열후, 관내후에게 자식이 없으면서 손자가 있거나, 형제의 자식을 양자로 삼았다면 모두 후사로 삼을 수 있게 했다. 공과 열후의 후사에게 죄가 있으면, 내죄耐罪 이상은 먼저 감형받도록 청했다. 종실 친척 가운데 죄 때문에 친척 관계가 끊어진 자는 종적宗籍을 회복시켜 주고, 관리로서 염결廉潔(청렴결백)로 추천받아 좌사가 된 자는 사백석에 임명했다. 천하 관리 비이천석 이상 가운데 연로해 관직에서 물러난 자는 옛 녹봉을 3분해서 그중 3분의 1을 종신토록 받게 했다. 간대부를 보내 삼보 지역을 순행시켰으며, 세금을 바친 명부에 오른 관리와 백성에게 원수 2년에 갑작스럽게 세금을 맘대로 거두었던 것을 그대로 보상해 줬다. 의릉義陵 백성의 무덤 가운데 전중殿中을 방해하지 않으면 파헤치지 말도록 했다. 천하 관리와 백성이 공공 집기를 쌓아 두지 못하게 했다.

2월, 희화관羲和官을 설치하고, 봉록 이천석으로 정했다. 외사外史, 여사閭師는 육백석으로 했다. 교화를 펴고, 음란한 제사를 금지하고, 정나라 음악을 폐지했다. 을미일, 의릉義陵 침묘에 신의神衣가 궤 속에 있었는데, 병신일 아침 그 옷이 바깥 상床 위에 있어서 침묘에서 급변急變으로 보고했다. 태뢰로 제사 지냈다.

여름 5월 초하루 정사일, 일식이 있었다. 천하에 대사면령을 내렸다. 공경, 장군, 중이천석에게 돈후하고 직언할 수 있는 인재를 한 명씩 천거하게 했다.

6월, 소부少傅 좌장군左將軍 견풍甄豊을 보내 황제 모친 중산효왕희中山孝王姬에게 옥새를 찍은 문서를 하사하고, 중산효왕후中山孝王后로 높였다. 황제 외삼촌 위보衛寶와 위보 아우 위현衛玄에게 관내후 작을 하사했다. 황제 여동생 네 명 모두에게 군君 칭호를 하사하고, 식읍을 2천 호씩 하사했다. 주공周公 후손 공손상여公孫相如를 포로후褒魯侯로, 공자 후손 공균孔均은 포성후褒成侯로 책봉해 제사를 받들게 했다. 공자의 시호를 추존해 포성선니공褒成宣尼公이라 했다. 명광궁明光宮과 삼보의 황제가 다니는 치도馳道를 폐쇄했다. 이미 죄가 정해진 여자 죄수는 귀가시키고, 매달 3백 전으로 사람을 고용해 벌목하게 했다. 정절을 지킨 부녀자에게 부역을 면제하되, 향鄕마다 한 명씩으로 했다. 소부少府에 해승海丞과 과승果丞 각 한 명씩 두고, 대사농에 부승部丞 13명을 두되, 한 사람이 한 주씩 맡아 농업과 잠업을 권장하게 했다. 태황태후가 식읍으로 삼는 탕목읍湯沐邑 10개 현을 줄여 대사농에 귀속시키고, 항상 따로 계산하는 조세 수입을 빈민에게 주도록 했다.

가을 9월, 천하 노역 죄수에게 사면령을 내렸다. 중산中山 고형현苦陘縣을 중산효왕후의 탕목읍으로 정했다.

원시 2년(A.D. 2년), 황지국黃支國에서 코뿔소를 헌상했다. 조칙을 내렸다.

"황제의 이름은 두 글자로 본명은 유기자劉箕子인데, 기箕는 기물의 일종이어서 기물에 통한다. 지금 이름을 유간劉衎으로 고쳐 옛 제도에 부합하게 하겠다. 태사 공광을 보내 태뢰로 고묘에 알리고 제사 지내도록 하라."

여름 4월, 대효왕代孝王 현손의 아들 유여의劉如意를 광종왕廣宗王으로, 강도이왕江都易王 손자 우이후盱台侯 유궁劉宮을 광천왕廣川王으로, 광천혜왕 증손 유륜劉倫을 광덕왕으로 세웠다. 옛 대사마 박륙후 곽광의 숙부 형제의 증손인 곽양霍陽, 선평후宣平侯 장오張敖 현손 장경기張慶忌, 강후絳侯 주발周勃 현손 주공周共, 무양후 번쾌 현손의 아들 번장樊章을 모두 열후에 봉하고 작위를 회복시켜 줬다. 옛 곡주후 역상 등의 후손과 현손인 역명우酈明友 등 113인에게 관내후 작을 내리고 식읍을 등급에 맞게 하사했다. 군과 국이 크게 가물고 황충蝗蟲이 날아들었는데 청주青州가 가장 심했고 백성은 떠돌아다녔다. 안한공 왕망, 사보四輔, 삼공, 경대부, 관리, 백성 가운데 궁핍한 백성을 위해 토지와 집을 헌상한 자가 230명이었는데 호구 수를 계산해 빈민에게 줬다. 사자를 보내 황충 잡는 것을 지휘하게 했고, 백성이 황충을 잡아 관리에게 보내면 석石, 두斗로 재어 돈을 줬다. 천하 백성 가운데 재산이 2만 전이 되지 않거나, 재해를 입은 군에서 재산이 10

만 전이 안 되는 백성은 조세를 내지 않게 했다. 역병을 앓는 백성에게 집을 비우지 않게 하고 약을 주고 치료했다. 죽은 사람이 한 집에 여섯 명 이상이면 5천 전, 네 명 이상이면 3천 전, 두 명 이상이면 2천 전을 하사했다. 안정安定 호지원呼池苑을 없애고 안민현安民縣으로 바꿨으며, 관사를 짓고 시장과 마을을 조성했으며, 빈민을 모집해 이주시키고 현에서 등급에 맞춰서 먹을 것을 줬다. 이주할 곳에 도착한 사람에게 토지와 집, 생활용품을 하사하고, 쟁기와 소, 종자, 음식을 임시로 빌려줬다. 또 장안성 안에 마을 다섯 곳을 조성하고 집 2백 채를 줘서 빈민들이 거처하게 했다.

가을, 용맹한 무인으로 절개 있고 병법에 밝은 자를 군마다 한 명씩 추천하게 하고 공거에 보냈다.

9월 그믐 무신일, 일식이 있었다. 천하의 노역 죄수를 사면했다. 알자대사마謁者大司馬의 속관 44명에게 부절을 지니고 변방 부대를 순행하게 했다. 집금오후執金吾候 진무陳茂에게 정고鉦鼓를 주고 여남汝南, 남양南陽으로 보내 용감한 관리와 무사 3백 명을 모집하게 하고, 강호江湖의 도적 성중成重 등 2백여 명을 구슬려 설득하자 모두 자진해서 나왔다. 각자 집으로 돌려보내 부역을 따르게 했다. 성중을 운양으로 이주시키고 공전과 집을 하사했다.

겨울, 중이천석에게 옥사를 공평하게 한 관리를 해마다 한 명씩 추천하게 했다.

원시 3년(A.D. 3년) 봄, 담당 관리에게 조칙을 내려 황제에게 안한공 왕망의 딸을 후비로 들이게 했다. 이 이야기는 「왕망전」에 실려 있다. 또 광록대부 유흠劉歆 등에게 조칙을 내려 혼례 제도를 두루 정하게 했다. 사보, 공경, 대부, 박사, 낭, 리의 가속 모두 예에 따라 장가들 때 작은 수레에 병마를 세워 친영하게 했다.

여름, 안한공이 수레와 복장 제도를 주청했는데, 관리와 백성의 양생, 장례, 혼례, 노비, 전택田宅, 기계器械의 품등에 대한 것이었다. 관직官稷과 학관學官을 세웠다. 군과 국에서는 학學이라 하고, 현縣, 도道, 읍邑, 후국侯國에서는 교校라고 했다. 교와 학에는 경사經師 한 명을 두었다. 향鄕에서는 상庠이라 하고, 취聚에서는 서序라고 했다. 서와 상에는 『효경』 사師 한 명을 두었다. 양릉陽陵의 임횡任橫 등이 장군을 자칭하며 무기고의 병기를 도적질하고, 관사를 공격해 죄수를 풀어 줬다. 대사도의 속관이 독려해 물리치고 모두 죄에 따라 처벌했다. 안한공 장남 왕우王宇와 황제 외가 위씨衛氏가 음모를 꾸몄다. 왕우는 하옥됐다가 죽었고, 위씨는 처형당했다.

원시 4년(A.D. 4년) 봄 정월, 고조에 교사를 지내고 하늘에 배향했으며, 효문황제에 종사宗祀하고 상제에 배향했다. 은소가공殷紹嘉公을 송공宋公으로, 주승휴공周承休公을 정공鄭公

으로 개칭했다. 조칙을 내렸다.

"부부가 바르면 부자가 친하고 인륜이 안정된다. 이전에 담당 관리에게 조칙을 내려 정절을 지킨 부녀자에게 조세를 면제해 주고 여죄수를 돌려보내어 간사함을 막고 정절을 보전하고자 했다. 노약자에게 형벌을 가하지 않는 것은 성왕의 법이다. 가혹하고 난폭한 관리만이 범법자의 친속을 잡아 두는 일이 많아서, 부녀자와 노약자는 원한을 품고 풍속은 나빠져서 백성이 고통받는다. 모든 관료에게 분명히 경계시켜, 부녀자는 직접 범법 행위를 하지 않은 자, 남자는 나이 80세 이상 7세 이하인 자의 경우에는 그 집안이 부도죄에 연좌되지 않았다면 특별히 체포하라는 조칙이 아니고서는 모두 잡아들이는 일이 없도록 하라. 조사해야 한다면 바로 가서 심문하라. 이번 조칙의 내용을 정리하여 법령으로 제정하라."

2월 정미일, 왕씨王氏를 황후로 세우고, 천하에 대사면령을 내렸다. 태복太僕 왕운王惲 등 여덟 명에게 부사副使를 배속시키고 부절을 지니고 천하를 순행하며 풍속을 살피게 했다. 구경 이하 육백석 관리나 종실 호적에 속한 자에게 작을 하사하되, 오대부 이상의 작을 등급에 맞게 하사했다. 천하 백성에게 작 1급씩을, 홀아비·과부·고아·독거노인·고령의 노인에게는 비단을 하사했다.

여름, 황후가 고묘에 알리고 제사 지냈다. 안한공의 칭호를 더해 '재형宰衡'이라 했다. 공의 태부인太夫人에게 공현군功顯君 칭호를 내렸다. 공의 아들 왕안王安, 왕림王臨을 모두 열후에 책봉했다. 안한공이 명당과 벽옹辟廱[237]을 세우자고 주청했다. 효선묘孝宣廟를 중종中宗, 효원묘를 고종高宗으로 높이고, 천자가 세세토록 제사하게 했다. 서해군西海郡을 설치하고, 천하의 금령을 범한 자를 이주시켜 살게 했다. 양왕梁王 유립劉立이 죄를 짓고 자살했다. 수도 장안을 나누고 전휘광前輝光, 후승열後丞烈 2군을 두었다. 공경, 대부, 81원 사관의 명칭, 순서 및 12주의 이름을 고쳤다. 군과 국에 소속된 바를 나눠 경계 짓고, 폐지하고 설치하고 고치고 바꾸는 등 천하에 일이 많아 관리들이 다 정리하기가 어려웠다.

겨울, 강한 바람이 불어 장안성 동문 가옥의 기와를 다 날려 버렸다.

원시 5년(A.D. 5년) 봄 정월, 명당에서 협祫 제사를 지냈다. 제후왕 28인, 열후 120인, 종실 자제 9백여 명이 소집되어 제사를 도왔다. 제사가 끝나고 나서 모두에게 식읍을 더해 주고, 작, 황금, 비단을 하사했으며 각자 등급에 따라 녹봉을 더해 주거나 관직에 임명했다. 조칙을 내렸다.

"제왕은 덕으로 백성을 대하고, 그다음으로는 가까운 이를 가깝게 함으로써 확장해 나가게 한다고 들었다. 옛날 요

[237] 천자가 있는 수도에 설립된 학교.

임금은 구족九族과 화목하고, 순임금도 돈독히 질서를 잡았다. 짐은 어린 황제로서 국정을 통괄하게 되었고, 종실은 모두 태조 고황제의 자손이거나 형제인 오吳 경왕頃王, 초楚 원왕元王의 후손으로, 한의 원년부터 지금까지 10만여 명이다. 비록 왕후의 친속이라 해도 다 바로잡아 줄 수는 없으니, 죄를 짓는 것은 가르침이 미치지 못했기 때문이다. '군자가 가까운 자에게 돈독하면, 백성이 어진 풍속을 일으킨다'[238]라고 『논어』에서 말하지 않았던가? 종실 가운데 태상황 이래의 친족은 모두 한집안이니, 군국에 종사를 두고 규합하여 가르치게 하라. 이천석 관리 가운데 덕이 있는 자를 종사로 삼도록 하라. 교령을 따르지 않는 자와 억울하게 생업을 잃은 자가 있으면, 종사가 전언을 글로 써서 종백에게 보내고 청하여 듣게 하라. 매년 정월에 종사에게 비단을 열 필씩 하사하라."

희화羲和 유흠 등 네 명을 시켜 명당과 벽옹을 수리하게 해서, 한나라가 문왕의 영대나 주공이 지은 낙읍과 부합하게 했다. 태복 왕운 등 여덟 명에게 풍속을 살피고 교화를 펼치며 만국이 그 취지에 잘 따르게 했다. 모두 열후에 책봉했다. 천하에 소실된 경전이나 옛 기록, 천문, 역산, 음악, 자학, 사서, 방술, 약학에 정통하거나 오경, 『논어』, 『효경』, 『이아爾雅』를 가르칠 수 있는 자를 소집하고, 그가 있는 곳에

238 『논어』「태백泰伯」.

서 초거輻車에 말 한 마리를 매어 장안으로 보내게 했다. 이에 이른 자가 수천 명이었다.

윤월, 양효왕梁孝王 현손의 이손 유음劉音을 왕으로 세웠다.

겨울 12월 병오일, 황제가 미앙궁에서 죽었다. 천하에 대사면령을 내렸다. 담당 관리가 의논해 "예에 따르면 신하는 관례를 치르지 않은 임금을 장사 지내지 못합니다. 황제 나이가 14세이니, 예에 따라 염하고 관례를 행해야 합니다."라고 했다. 황제가 상주를 받아들이고 강릉康陵에 장사 지냈다. 조칙을 내렸다.

"황제는 어질고 은혜를 베푸셨으니, 돌이켜 보면 슬프지 않은 것이 없다. 병이 나면 기운이 역행하여 말도 제대로 하지 못하고, 그래서 유조조차 남기지 못했다. 잉첩을 모두 귀가시켜 시집보내게 하고, 효문제 때처럼 하라."

[찬贊]: 효평의 치세 동안에는 정치가 왕망에게서 나와 선함과 공적을 드러내어 스스로 높였다. 그 문사를 보니 외방의 온갖 오랑캐가 모두 복종하려 했고, 길한 조짐에 좋은 응답이 있었으며, 칭송하는 소리가 아울러 일어났다. 위로는 기이한 조짐이 나타나고 아래로는 백성이 원망하게 되어서는 왕망도 숨길 수 없었다.